LES IDÉOLOGIES POLITIQUES

PRESSES DE L'UNIVERSITÉ DU QUÉBEC
Le Delta I, 2875, boulevard Laurier, bureau 450
Québec (Québec) G1V 2M2
Téléphone : 418-657-4399 • Télécopieur : 418-657-2096
Courriel : puq@puq.ca • Internet : www.puq.ca

Diffusion / Distribution :

CANADA et autres pays
Prologue inc.
1650, boulevard Lionel-Bertrand
Boisbriand (Québec) J7H 1N7
Téléphone : 450-434-0306 / 1 800 363-2864

SUISSE
Servidis SA
Chemin des Chalets
1279 Chavannes-de-Bogis
Suisse

FRANCE
AFPUD
Sodis

BELGIQUE
Patrimoine SPRL
168, rue du Noyer
1030 Bruxelles
Belgique

AFRIQUE
Action pédagogique
pour l'éducation et la formation
Angle des rues Jilali Taj Eddine
et El Ghadfa
Maârif 20100 Casablanca
Maroc

La *Loi sur le droit d'auteur* interdit la reproduction des œuvres sans autorisation des titulaires de droits. Or, la photocopie non autorisée – le « photocopillage » – s'est généralisée, provoquant une baisse des ventes de livres et compromettant la rédaction et la production de nouveaux ouvrages par des professionnels. L'objet du logo apparaissant ci-contre est d'alerter le lecteur sur la menace que représente pour l'avenir de l'écrit le développement massif du « photocopillage ».

DANIC PARENTEAU et IAN PARENTEAU

LES IDÉOLOGIES POLITIQUES
LE CLIVAGE GAUCHE-DROITE

2010

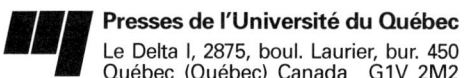

Presses de l'Université du Québec
Le Delta I, 2875, boul. Laurier, bur. 450
Québec (Québec) Canada   G1V 2M2

Catalogage avant publication de Bibliothèque et Archives nationales du Québec et Bibliothèque et Archives Canada

Parenteau, Danic, 1973-

   Les idéologies politiques : le clivage gauche-droite

   Comprend des réf. bibliogr.

   ISBN 978-2-7605-1585-7

   1. Idées politiques. 2. Gauche (Science politique). 3. Droite (Science politique). I. Parenteau, Ian, 1973- . II. Titre.

JA71.P37 2008   320.5   C2008-941426-8

Nous reconnaissons l'aide financière du gouvernement du Canada par l'entremise du Programme d'aide au développement de l'industrie de l'édition (PADIE) pour nos activités d'édition.

La publication de cet ouvrage a été rendue possible grâce à l'aide financière de la Société de développement des entreprises culturelles (SODEC).

Mise en pages : CAPTURE COMMUNICATION
Couverture – Conception : RICHARD HODGSON
         Œuvre : PATRICK PARENTEAU, *Peinture n⁰ 11,* huile sur bois, 70 cm × 75 cm

1 2 3 4 5 6 7 8 9 PUQ 2010 9 8 7 6 5 4 3 2 1

Tous droits de reproduction, de traduction et d'adaptation réservés
© 2008 Presses de l'Université du Québec

Dépôt légal – 3ᵉ trimestre 2008
Bibliothèque et Archives nationales du Québec / Bibliothèque et Archives Canada
Imprimé au Canada

À Jasmine et Gustave.

/ Remerciements

Les auteurs tiennent à remercier Yves Trottier et Véronique Briand pour leur lecture de ce texte et leurs commentaires, de même que monsieur le professeur Jean-Guy Prévost pour ses suggestions éclairées. Un remerciement tout attentionné va à Myriam Guénette et à Martine Lauzé pour leurs judicieux conseils, leur patience et leur inestimable soutien tout au long de la rédaction de ce livre.

Ian Parenteau a bénéficié de l'appui financier du Programme de perfectionnement pour les personnes chargées de cours de l'Université du Québec à Montréal.

/ Table des matières

REMERCIEMENTS IX

PARTIE 1 – INTRODUCTION
INTRODUCTION 3
    Bibliographie 8

CHAPITRE 1
QU'EST-CE QU'UNE IDÉOLOGIE POLITIQUE? 9
    1.1.   Le concept d'« idéologie »: ses origines historiques 11
    1.2.   Les deux dimensions de l'idéologie politique 13
    Bibliographie 16

CHAPITRE 2
LE CLIVAGE GAUCHE-DROITE 17
    2.1.   Les origines historiques du clivage gauche-droite 17
    2.2.   Idéologies de gauche et idéologies de droite 19
    2.3.   Gauche et droite: définitions 23
    Bibliographie 34

PARTIE 2 – FAMILLES D'IDÉOLOGIES DE CENTRE, DE GAUCHE ET DE DROITE

CHAPITRE 3
LE CENTRE: *LE LIBÉRALISME* 37
    3.1.   Ses origines historiques 39
    3.2.   Ses idées maîtresses 42
    Conclusion 62
    Bibliographie 63

Chapitre 4
La droite : *le conservatisme* 65
    4.1.   Ses origines historiques 66
    4.2.   Ses idées maîtresses.. 68
    Conclusion... 80
    Bibliographie... 81

Chapitre 5
La gauche et l'extrême gauche : *le socialisme et le communisme* 83
    5.1.   Ses origines historiques 85
    5.2   Ses idées maîtresses.. 88
    Conclusion... 99
    Bibliographie... 100

Chapitre 6
L'extrême gauche : *l'anarchisme* 103
    6.1.   Ses origines historiques 104
    6.2.   Ses idées maîtresses.. 106
    Conclusion... 115
    Bibliographie... 116

Chapitre 7
La droite : *le libertarianisme* 117
    7.1.   Ses origines historiques 118
    7.2.   Ses idées maîtresses.. 119
    Conclusion... 129
    Bibliographie... 129

Chapitre 8
L'extrême droite : *le fascisme* 131
    8.1.   Ses origines historiques 134
    8.2.   Ses idées maîtresses.. 136
    Conclusion... 148
    Bibliographie... 149

PARTIE 3 – Familles d'idéologies au positionnement multiple sur le clivage gauche-droite

Chapitre 9
Le nationalisme.. 153
    9.1.   Les origines historiques du nationalisme 154
    9.2.   Définitions du concept « nation »............................... 157
    9.3.   Son idée maîtresse : l'exaltation du sentiment national......... 159
    9.4.   Son positionnement multiple sur le clivage politique 162
    Conclusion... 167
    Bibliographie... 168

CHAPITRE 10
L'ÉCOLOGISME... 169
    10.1. Ses origines historiques 170
    10.2. Son idée maîtresse : le respect de l'environnement 172
    10.3. Son positionnement multiple sur le clivage politique 176
    Conclusion.. 180
    Bibliographie.. 181

PARTIE 4 – CONCLUSION
    Conclusion.. 185

ANNEXES
    Tableau A – Synthèse des idées maîtresses
    des grandes familles d'idéologies 191

    Tableau B – Synthèse du rapport des grandes familles d'idéologies
    à l'endroit de certaines notions clés................................ 192

    Tableau C – Synthèse des traits distinctifs
    de la gauche et de la droite 193

    Tableau D – Schéma relationnel des grandes familles d'idéologies........ 194

/ **PARTIE 1**

Introduction

/ INTRODUCTION

Depuis l'apparition du terme « idéologie » au tournant du XVIIIe siècle dans la France prérévolutionnaire, celui-ci a servi à nommer un grand nombre de réalités distinctes suivant les contextes particuliers dans lequel on l'emploie, les motivations de ceux qui y recourent, aussi bien que le cadre de pensée dans lequel il s'insère. Reconnaissons que ce terme est de nature polysémique. À cette ambiguïté de sens s'ajoute une histoire tumultueuse où, à plus d'une reprise, on a décrété à tort la disparition du concept même.

En effet, au sortir de la Seconde Guerre mondiale, par exemple, certains penseurs libéraux étasuniens, tels Daniel Bell (*The End of Ideology* [La fin des idéologies], 1960) et Seymour Martin Lipset (1922-2006) (*L'homme et la politique*, 1963), ou français, tels que Raymond Aron (1905-1983) (*L'opium des intellectuels*, 1955), vont proclamer la « fin des idéologies ». À leurs yeux, la défaite des régimes fascistes de l'Axe au profit des pays libéraux – Royaume-Uni, États-Unis et France en tête – et du bloc communiste – essentiellement l'URSS – devait signifier la mise au rancart définitive de ce que plusieurs perçoivent comme l'une des principales causes de la catastrophe qu'a été la dernière grande guerre : les idéologies politiques. Le dernier grand conflit mondial aurait été d'abord et avant tout une guerre entre camps idéologiques. Aussi la défaite du fascisme européen ouvrait-elle la voie à une nouvelle ère où enfin les sociétés – à tout le moins en Europe de l'Ouest et en Amérique – seraient parvenues à se libérer de l'emprise des idéologies.

Toutefois, ce pronostic de la mort des idéologies n'aura été, comme il nous est permis de le voir avec un demi-siècle de recul, qu'une simple illusion. Les idéologies, loin d'avoir disparu, vont revenir sur le devant de la scène politique sous un jour nouveau au tournant des années 1960 partout sur la planète, y compris en Europe et en Amérique, continents qui prétendaient pourtant s'être affranchis de l'emprise de ce concept. Les idéologies politiques émergent alors à nouveau à cette époque sous des formes inédites, dans un discours renouvelé et, presque partout, portées par de nouveaux acteurs politiques, dont des femmes, des exclus et des populations pauvres de nombreux pays du tiers-monde. Cette renaissance des idéologies politiques sera essentiellement due à la montée en puissance de nouvelles variantes idéologiques, souvent radicales, telles que le maoïsme, le tiers-mondisme, le féminisme, mais également réformistes, comme l'écologisme et le nationalisme anti-impérialiste. Ces mouvements d'idées seront à l'origine des nombreux mouvements politiques qui vont marquer cette décennie de contestation, que ce soient les mouvements de protection des droits civils dans les pays industrialisés, de libération nationale ou de résistance contre l'impérialisme dans les pays du Sud.

Ce sursaut des idéologies va pourtant finir par graduellement s'épuiser, si bien qu'au début de la décennie 1980 force est de constater que ces dernières ont perdu presque toute leur influence dans le champ de l'action et de l'analyse politiques. Seule demeure alors l'opposition majeure, sur la scène internationale, entre les deux camps idéologiques ennemis que constituent alors les États-Unis d'Amérique et leurs alliés du camp libéral, d'un côté, et l'URSS et ses satellites du bloc communiste, de l'autre. À la suite de la chute du mur de Berlin en 1989 – événement politique majeur qui va rapidement entraîner l'effondrement de tous les régimes communistes de l'Europe de l'Est –, certains analystes s'empressèrent de décréter à nouveau la fin des idéologies politiques ; cette fois-ci étant la bonne. Cette mort sera annoncée sous la forme d'un constat plus général selon lequel l'histoire du monde serait à notre époque parvenue à son terme. Cette thèse sera notamment soutenue par le penseur libéral étasunien Francis Fukuyama dans un article retentissant paru en 1989, justement intitulé « La fin de l'histoire » (et dans son ouvrage qui suivra, *La fin de l'histoire et le dernier homme*, 1992). S'appuyant sur une relecture du philosophe idéaliste allemand Hegel (1770-1831), Fukuyama voyait dans l'effondrement des systèmes communistes est-européens la fin pure et simple des conflits idéologiques. À ses yeux, cet événement signifiait le triomphe du libéralisme – et du régime économique avec lequel il est le plus souvent associé, le capitalisme – sur toute autre idéologie politique. Ce ne serait plus qu'une question de temps avant que l'ensemble des pays de la planète abandonne toute idéologie et en vienne à adopter ce modèle de société. La fin de la guerre froide devait donc marquer la fin de toute solution de rechange idéologique au modèle étasunien. Ainsi, au début des années 1990, et pour une seconde fois en moins de cinquante ans, annonçait-on à nouveau la mort des idéologies.

Or, bien qu'on l'on ne puisse nier la domination actuelle dont jouit le libéralisme sur l'ensemble de la planète depuis l'effondrement du communisme est-européen, cela ne signifie pas que les idéologies politiques sont dépassées, qu'elles ne comptent plus et encore moins qu'elles sont mortes. Ces dernières existent bel et bien toujours et continuent d'exercer une influence structurante considérable sur l'ensemble des sociétés politiques occidentales. La défaite des fascismes européens en 1945 n'a pas conduit à la fin des idéologies politiques, pas plus que l'effondrement des régimes communistes est-européens dans les années 1990. La pérennité du concept tient au fait que *les idéologies politiques constituent toujours de véritables forces au cœur du jeu politique, de même que de véritables outils conceptuels pour penser la sphère politique.* Si elles sont toujours vivantes, c'est qu'elles seules peuvent remplir, comme nul autre schème théorique ou outil discursif ni aucune autre force mobilisatrice ne peuvent le faire, les fonctions incontournables et essentielles de donner un sens à la réalité et de servir de guide à l'action politique.

Le présent ouvrage vise à offrir un survol de huit grandes familles idéologiques politiques : *le libéralisme, le conservatisme, le socialisme-communisme, l'anarchisme, le libertarianisme, le fascisme, le nationalisme* et *l'écologisme*. On entend par famille idéologique un regroupement d'idéologies partageant toutes un certain nombre d'idées fondamentales communes qui font leur marque distinctive. Les grandes familles idéologiques ne constituent pas des blocs homogènes, car elles sont toutes traversées par plusieurs tendances, mouvances ou variantes, laissant ainsi voir des tensions, des frictions ou quelquefois certains désaccords importants. Mais, malgré cette diversité et les tensions qui lui sont inhérentes, les grandes familles idéologiques se présentent comme des *ensembles relativement cohérents d'idées fondamentales*, ensembles au contenu doctrinaire suffisamment consistants et particulier pour que l'on puisse reconnaître à chacun une identité propre. Sans vouloir prétendre à l'exhaustivité parfaite, cet inventaire de grandes familles idéologiques se veut le plus complet possible ; aussi notre ouvrage prétend-il couvrir l'ensemble des principales forces idéologiques qui structurent le champ politique des sociétés occidentales depuis les débuts de la modernité. On peut dire que toute idéologie politique, quelle qu'elle soit, peut en définitive ou bien se rattacher de manière particulière à l'une ou l'autre de ces huit grandes familles, ou bien se présenter, sous une version hybride, comme une alliance recoupant deux ou plusieurs de ces grandes familles.

La méthode qui préside à l'organisation du présent ouvrage repose sur deux volets. D'une part, notre présentation sera d'abord *comparative* en ce qu'elle vise à exposer ce qui fait le propre de chacune des grandes familles idéologiques lorsqu'on les compare entre elles. Comme le soulignait le sociologue québécois Fernand Dumont (1927-1997) dans son étude *Les idéologies* (1974), « [l]es idéologies font d'abord question parce qu'elles sont concurrentes. […] L'idéologie se révèle dans le pluralisme des idéologies. » Il n'y a idéologie que parce qu'il y a *des* idéologies ; de même, il n'y a de famille idéologique que parce qu'il y a *des* familles idéologiques. Ainsi, tout effort de compréhension d'une famille idéologique n'est possible que sous la forme d'une analyse comparative, car espérer penser une famille idéologique en elle-même, comme s'il s'agissait d'un objet autonome en soi, coupée des autres forces idéologiques desquelles elle se distingue, s'avère impossible. D'autre part, pour que ce travail comparatif soit mené, encore faut-il qu'il repose sur une analyse *synthétique*. En effet, entreprendre une telle comparaison n'est possible que si nous parvenons à axer notre attention sur un nombre circonscrit d'éléments pour chacune des grandes familles idéologiques à l'étude, sans quoi toute comparaison entre elles serait une tâche impossible. C'est donc par une présentation générale de ce que nous appelons les « idées maîtresses » qui sont propres à chacune des familles idéologiques, c'est-à-dire ce qui sert chez elles de principes fondamentaux, que nous mènerons notre exposition. Notre démarche vise de ce fait une compréhension de la cohérence interne de ces regroupements d'idéologies, soit la logique à l'œuvre dans chacun d'eux. Cette démarche, estimons-nous, se veut conforme à l'objectif principal poursuivi dans le présent ouvrage, celui d'offrir un survol général et introductif au thème des idéologies politiques.

Précisons davantage notre approche et notre méthode. Dans l'exposition qui suit, il ne sera pas question de refaire la genèse du concept d'idéologie, soit, dans une démarche à visée strictement conceptuelle, montrer son évolution et ses divers usages ou fonctions dans le temps et dans les différentes disciplines de la connaissance. Comme nous l'avons souligné d'entrée de jeu, ce concept étant de nature polysémique, il se prête très bien à de tels débats théoriques. Mais là n'est pas notre propos. Fidèles à l'objectif général que nous nous sommes proposé, nous nous contenterons ici d'une définition opératoire du concept d'idéologie. Par son niveau de généralité, cette définition pourra rendre compte du pluralisme des idéologies et des familles auxquelles celles-ci se rattachent – autrement dit, cette définition doit pouvoir s'appliquer à toutes les idéologies et à toutes les familles idéologiques sans exception –, en ne sacrifiant pas pour autant la spécificité de ce concept clé au cœur du politique. Aussi, dans sa définition la plus simple, et sur laquelle repose cet ouvrage, une idéologie politique désigne-t-elle *une conception du monde* et *un programme politique*. Le prochain chapitre est consacré à une exposition de ce concept.

Nous n'aborderons pas non plus ici – à la différence notamment de la démarche inaugurée par le communiste allemand Karl Marx (1818-1883) et reprise par le champ de la sociologie où cette approche est encore largement dominante – la question de l'enracinement historique ou social des différentes familles idéologiques, à savoir le lien qu'elles entretiennent chacune avec leur réalité sociale ou historique respective comme lieu de leur émergence et de leur développement. Une telle démarche nous tiendrait éloignés de l'objectif comparatif qui guide notre ouvrage. En effet, à trop mettre l'accent sur le contexte historique ou social particulier propre à chacune des familles d'idéologies, on court le risque de faire de ces grandes familles des entités uniques et en quelque sorte incomparables. Au début des chapitres qui suivent, chacun étant consacré à l'exposition de l'une des huit grandes familles idéologiques, nous nous limiterons à offrir quelques brefs repères quant aux origines historiques de ces grandes familles; mais, au-delà de ces remarques introductives, l'essentiel de notre propos portera principalement sur une exposition des idées maîtresses qui constituent ces familles. Faire ressortir ces idées maîtresses, estimons-nous, contribuera à l'atteinte de l'objectif général qui préside à l'ouvrage. En effet, se concentrer sur ces idées fondamentales permet d'opérer une comparaison entre les différentes familles idéologiques auxquelles sont associées ces idées : les idées d'une famille pourront par exemple ici être saisies dans un rapport d'opposition avec celles d'une autre famille idéologique, laissant ainsi voir une relation d'incompatibilité entre ces deux familles. Ailleurs, ces mêmes idées s'afficheront dans la continuité d'une idée appartenant à une autre famille idéologique, laissant alors plutôt voir une certaine correspondance entre les deux familles auxquelles se rattachent ces idées.

De plus, afin de mener à bien cette analyse comparative et synthétique, nous aurons recours à un outil conceptuel qui permet une classification des idéologies politiques et des grandes familles auxquelles celles-ci sont associées selon un même cadre de référence. Cet outil est celui du «clivage politique», que l'on nomme ailleurs aussi «échiquier» ou «arène» politique et que la langue anglaise désigne par «*political spectrum*». Se déployant sous la forme d'un axe qui, de son point central, va vers la gauche et vers la droite, le clivage politique permet de situer chacune des idéologies et des familles idéologiques sur ce plan linéaire gradué à deux pôles, en attribuant à chacune une coordonnée qui permette sa mise en rapport avec les autres familles idéologiques. Le deuxième chapitre présentera de façon générale ce clivage et les deux axes qui le structurent, la «gauche» et la «droite».

Conformément à l'approche comparative qui structure le présent ouvrage, chacune des familles idéologiques à l'étude recevra un traitement relativement équitable, peu importe son positionnement par rapport au clivage politique (qu'elle soit de gauche ou de droite), sa radicalité (qu'elle soit de gauche ou de droite), sa radicalité (qu'elle soit radicale, révolutionnaire, réactionnaire, réformiste, contre-réformiste ou modérée) ou son influence réelle sur l'histoire politique récente occidentale. Ce parti pris méthodologique vise à corriger une tendance assez répandue dans les ouvrages d'introduction aux idéologies, qui consiste à accorder une place disproportionnée au libéralisme, et cela, en comparaison avec les autres grandes familles idéologiques. À défaut de pouvoir bénéficier d'une place aussi importante dans l'exposition que celle réservée au libéralisme, certaines familles idéologiques – notamment l'anarchisme, le libertarianisme, le nationalisme ou l'écologisme – sont souvent reléguées aux marges de l'analyse. Si ces forces idéologiques n'ont certes pas joué un rôle aussi déterminant que le libéralisme sur le cours de l'histoire moderne occidentale, pareil traitement ne nous apparaît pas justifié lorsqu'il s'agit de comprendre les grandes familles idéologiques dans leur ensemble, c'est-à-dire de bien saisir ce qui fait le propre de chacune d'elles par rapport aux autres. Aussi, malgré son importance historique, le libéralisme sera-t-il traité sur un pied d'égalité avec les autres familles idéologiques dans cet ouvrage.

Enfin, par ce livre, nous entendons combler un important besoin : celui de rendre disponible au lectorat francophone un ouvrage introductif aux idéologies politiques. En effet, si les lecteurs anglophones bénéficient d'une abondance d'ouvrages sur le sujet, ce n'est pas le cas pour ceux de langue française. Les étudiants collégiens ou universitaires, de même que le public plus large, pourront trouver en cet ouvrage un guide utile pour mieux saisir le champ politique et les forces qui le traversent.

BIBLIOGRAPHIE

Aron, Raymond (1955). *L'opium des intellectuels*, Paris, Calmann-Lévy.
Bell, Daniel (1960). *The End of Ideology: On the Exhaustion of Political Ideas in the 1950s* (La fin des idéologies. Sur l'épuisement des idées politiques dans les années 1950), Glencoe (Illinois), Free Press.
Dumont, Fernand (1974). *Les idéologies*, Paris, Presses universitaires de France.
Fukuyama, Francis (1989). « The End of History » [« La fin de l'histoire »], *The National Interest*, Été.
Fukuyama, Francis (1992). *La fin de l'histoire et le dernier homme*, trad. D.-A. Canal, Paris, Flammarion. Titre original : (1989). *The End of History and the Last Man*.
Lipset, Seymour Martin (1963). *L'homme et la politique*, trad. G. et G. Durand, Paris, Seuil. Titre original : (1960). *Political Man : The Social Bases of Politics*.

/ *Chapitre* **1**

QU'EST-CE QU'UNE IDÉOLOGIE POLITIQUE ?

Définissons d'emblée ce que nous entendons par idéologie politique : dans sa formule la plus simple, l'idéologie se définit comme une conception du monde et un programme politique. L'idéologie porte toujours en elle ces deux dimensions inséparables. D'abord, en tant que conception du monde, elle offre une manière de comprendre le monde en lui conférant un sens. Elle prétend apporter une explication de ce qui est, de ce qui s'offre à voir, et cela, en vue de mettre au jour sa signification. Ensuite, dans la mesure où elle est un programme politique, toute idéologie porte toujours déjà en elle un appel à agir sur le monde. L'idéologie engage toujours indéniablement à l'action, en conformité avec la conception du monde qui la sous-tend. Elle se prononce sur ce qui devrait être fait et sur ce qu'il faut faire. Comme telle, l'idéologie est toujours par définition « normative ». Elle repose sur des jugements de valeur et des choix moraux. Ce sont ces deux dimensions de l'idéologie qu'il convient de mieux comprendre dans les pages suivantes.

Précisons d'abord que le présent ouvrage se veut une analyse des principales familles d'idéologies politiques. On distingue les idéologies politiques des idéologies tout court en fonction de leur appartenance à la sphère politique comme principal horizon de leur déploiement, de leur évolution et de leur confrontation. Les idéologies politiques se distinguent en ce sens d'autres mouvements de pensée, tels que l'humanisme (qui place l'être humain au centre du monde), le féminisme (qui place la femme au centre de ses préoccupations) ou le postmodernisme (qui estime que notre époque est celle d'une sortie de la modernité), du fait que l'horizon de déploiement des idéologies politiques se limite au champ politique. Concrètement, on observe que, derrière toute force politique, tout mouvement politique, tel qu'un parti politique, se trouvent toujours une ou des idéologies politiques. C'est là la manifestation première et la plus visible des idéologies dans le champ politique. Comme conceptions du monde et programmes d'actions politiques, les idéologies politiques fournissent aux acteurs politiques des outils théoriques, des orientations générales, de même que des repères fondamentaux. Dans le cadre de cet ouvrage, le terme « idéologie » – qui sera généralement employé seul – désignera donc toujours une idéologie politique, de même le terme « famille idéologique » désignera toujours des regroupements d'idéologies politiques.

De nature politique, les idéologies ont donc pour objet le *pouvoir*, précisément sa configuration à l'intérieur d'une société. Le pouvoir doit ici être entendu dans son sens général, soit en tant que capacité d'initiative et d'action dans son milieu d'un acteur donné conformément à ses intérêts. Tout ce qui a trait à l'exercice du pouvoir constitue l'objet propre de l'idéologie, que ce soit, par exemple, la manière dont s'effectue sa répartition, le principe de légitimation qui le fonde, ses finalités ultimes, sa prise, son maintien ou sa destitution. De plus, dans la mesure où elles se déploient également comme programme politique, les idéologies représentent toujours des efforts en vue *d'agir sur la configuration du pouvoir dans la société*. Les idéologies visent à produire des effets sur le politique. Cette visée essentielle de toute idéologie, comme nous le verrons au prochain chapitre, se décline suivant deux axes opposés : il s'agit ou bien à gauche de *changer le monde*, ou bien à droite de *préserver l'ordre du monde*.

Par ailleurs, tenter de définir ce qu'est une idéologie, c'est déjà, et inévitablement, se prêter au jeu idéologique. Toute définition de ce concept est toujours et déjà *politique*, puisqu'elle engendre toujours une certaine polémique. En effet, chaque idéologie porte déjà en elle une *certaine* manière de comprendre le concept d'idéologie. À chaque idéologie correspond une manière propre de définir ce concept. Dans le même ordre d'idées, en raison de son caractère politique, force est de reconnaître qu'il n'existe aucune lecture des grandes idéologies ou des grandes familles idéologiques qui soit absolument neutre *d'un point de vue idéologique*. Cette lecture reste toujours marquée par l'appartenance à l'une d'entre elles.

Cela étant admis, nous croyons qu'il est possible, par-delà cette polysémie et cette question inévitable de partialité descriptive, de définir à la fois ce concept et les principales variantes dans lesquelles il se décline, à savoir les principales idéologies et les familles idéologiques auxquelles celles-ci se rattachent, dans une démarche qui puisse recueillir un consensus suffisamment large de part et d'autre du clivage politique. En effet, d'un côté, en raison de son haut degré de généralité, nous estimons que la définition opératoire du concept d'idéologie sur lequel repose le présent ouvrage peut servir une telle fin. D'un autre côté, nous croyons possible une saisie des principales familles d'idéologies qui soit conforme à une exigence d'impartialité, à la condition de concentrer l'analyse sur les principales *idées maîtresses* sur lesquelles ces familles se fondent, idées au nombre limité qui renvoient aux grandes thèses facilement identifiables propres à chacune de ces familles.

1.1. LE CONCEPT D'«IDÉOLOGIE»: SES ORIGINES HISTORIQUES

Le terme «idéologie» apparaît pour la première fois sous la plume du penseur français Antoine-Louis-Claude Destutt de Tracy (1754-1836) à la fin du XVIIIᵉ siècle. Il est formé des deux mots grecs ἰδέα qui signifie «idée» et λόγος qui désigne la «connaissance» ou le «savoir». L'idéologie se veut au départ une science des idées, c'est-à-dire une théorie générale des connaissances, au même titre que la biologie est la science de la vie (βίος qui signifie «vie») ou la sociologie (du latin *societas* qui signifie «association»), celle des sociétés. «Idéologie» désigne ici la science des idées en général, et pas exclusivement celle des idées politiques. À ce titre, dans l'esprit du créateur de ce mot, cette nouvelle discipline vise à l'origine à remplacer le mot «philosophie», jugé désuet. C'est bien dans ce contexte politique particulier, celui de la France prérévolutionnaire, que ce nouveau terme tente de s'imposer comme le reflet, dans les idées, des changements radicaux qui ont lieu alors dans cette société.

Dès son apparition, le terme «idéologie» va revêtir, dans son acception générale, une connotation péjorative associée à une déformation de la réalité, échappant ainsi au sens premier du terme tel que l'a voulu celui qui est à l'origine du mot. Napoléon Bonaparte (1769-1821), ce faisant, va bien malgré lui grandement contribuer à rendre populaire ce néologisme, s'en servant d'ailleurs dans ce sens négatif afin de s'attaquer à ceux qui disent appartenir au camp des «idéologues», à savoir Destutt de Tracy lui-même, Pierre-Jean-Georges Cabanis (1757-1808), Pierre-Claude-François Daunou (1761-1840) et même l'abbé Sieyès (1748-1836), auteur du célèbre pamphlet politique *Qu'est-ce que le tiers état?* (1789), dont la publication va grandement contribuer au déclenchement des troubles révolutionnaires en France. Pour Bonaparte, les idéologues sont incapables de quitter la sphère des idées pour saisir le réel tel qu'il se présente concrètement. Dans cette optique, les idéologies sont conçues comme de véritables obstacles à une bonne compréhension de la réalité. Ce sens péjoratif est aujourd'hui encore bien vivant dans le discours de certains détracteurs de ce concept.

Il ne s'agira pas dans le présent ouvrage de passer en revue les différentes définitions de ce concept élaborées au fil du temps dans les diverses disciplines de la connaissance, que ce soient la philosophie, la sociologie, la science politique, la psychologie, etc., ces définitions étant trop nombreuses et souvent incompatibles les unes par rapport aux autres. Pareil projet dépasserait de toute façon largement l'objectif que nous nous sommes fixé ici. Toutefois, étant donné l'importance de la pensée du penseur et militant communiste allemand Karl Marx dans le travail de réflexion au sujet du concept d'idéologie, un bref survol de sa pensée sur cette question s'impose. La réception de la pensée de Marx sur ce concept déborde largement le groupe des seuls milieux militants d'obédience marxiste, car son influence est, encore aujourd'hui, considérable dans le domaine des sciences sociales.

Il se dégage de la pensée de Karl Marx une pluralité de sens pour ce concept. Trois acceptions dominantes peuvent toutefois être retenues. Premièrement, suivant une préoccupation plus philosophique, l'idéologie désigne une fausse manière de concevoir le réel qui est propre au courant de pensée «idéaliste», auquel sont associés des philosophes allemands tels que Emmanuel Kant (1724-1804), Johann Gottlieb Fichte (1762-1814), mais surtout, à ses yeux, Georg Wilhelm Friedrich Hegel (1770-1831). C'est précisément en réponse à ce courant de pensée que Marx va développer sa philosophie «matérialiste» (voir *L'idéologie allemande. Thèses sur Feuerbach*; 1845-1846). De manière générale, on définit l'idéalisme comme une position qui considère que derrière la réalité se cachent d'abord et avant tout des idées; comprendre le monde, c'est comprendre les idées qui le meuvent et agir sur celui-ci passe d'abord par une action sur les idées. Le matérialisme, qui est une réaction à l'idéalisme, estime plutôt que ce sont des forces matérielles ou, plus précisément chez Marx, des forces économiques qui structurent la réalité. L'approche idéaliste est conçue selon ce dernier comme une mauvaise manière de saisir le réel, comme une façon abstraite, donc coupée du réel – entendue comme forces matérielles –, de concevoir la réalité. Deuxièmement, suivant une préoccupation plus politique et un sens péjoratif, l'idéologie est associée chez Marx à une classe sociale particulière. Ce concept désigne alors la manière propre à la bourgeoisie, cette classe dominante dans le présent ordre politico-économique, le capitalisme, de saisir le réel et de lui donner un sens. L'idéologie s'inscrit ainsi dans un effort de justification de l'ordre établi, ordre qui est à l'avantage de cette classe sociale: l'idéologie sert ici essentiellement une fin, qui est celle d'une stratégie de domination de la part de cette classe bourgeoise sur l'ensemble de la société. Troisièmement, l'idéologie désigne chez Marx, d'une manière moins polémique, et dans une perspective moins militante et plus sociologique, la manière propre à chacune des classes sociales de penser le monde, c'est-à-dire la manière dont chacune des deux grandes classes sociales, la bourgeoisie et le prolétariat, pense le monde dans une perspective qui est la sienne en vue de lui donner un sens. Ainsi, à chaque classe sociale correspond une manière propre de concevoir le monde.

Que le terme idéologie ait pu faire l'objet d'une réflexion plus poussée au sein de la pensée marxiste n'a pas été sans effets sur la manière que les autres idéologies ont aujourd'hui d'apprécier la pertinence, voire la valeur de ce concept. Cela est visible dans le fait que, pour nombre de penseurs, au premier plan ceux qui se rangent à droite, ce concept est généralement perçu comme étant par définition « marxiste » ou plus largement, à tout le moins, comme appartenant aux grandes familles idéologiques de gauche ; et c'est précisément pour cette raison qu'il faut, à leurs yeux, s'en méfier. En effet, de tous les critiques de ce concept, les idéologies de droite sont celles qui semblent éprouver le plus de difficulté à reconnaître la validité de ce concept et qui, par suite, refusent plus généralement de l'employer, allant même jusqu'à en proscrire l'usage. Par exemple, c'est souscrivant à une telle méfiance que le philosophe politique français Raymond Ruyer (1902-1987) décrit les idéologies dans son ouvrage comme des « nuisances », ajoutant qu'elles sont « les pestes noires de notre temps » (*Les nuisances idéologiques*, 1972). De même, à l'opposé, c'est également sur la base de cette contribution marxiste que, d'une manière générale, la gauche ose plus facilement se réclamer de ce concept. En effet, ce concept constitue un thème de réflexion et un référent discursif souvent populaires dans ce camp politique.

Toutefois, même s'il a pu faire l'objet d'une conceptualisation plus grande au sein de l'école marxiste, ce concept n'appartient pas en exclusivité à cet univers idéologique. Il ne s'agit pas là d'un concept marxiste. Le concept d'idéologie possède une valeur intrinsèque qui déborde la seule perspective élaborée par Marx, en ce qu'il désigne bien quelque chose dont on peut aisément observer les effets sur le champ politique, dans le discours politique par exemple et, au premier plan, dans l'organisation des forces politiques en partis politiques sur la base de camps « idéologiques ». Bien qu'il puisse être défini suivant plusieurs acceptions par les idéologies elles-mêmes – comme nous l'avons souligné plus haut, ce concept est par définition polysémique –, il n'appartient pourtant en propre à aucune idéologie particulière, dans la mesure où il est le fondement de chacune d'elles.

1.2.   LES DEUX DIMENSIONS DE L'IDÉOLOGIE POLITIQUE

Au début de ce chapitre, nous avons d'emblée défini l'idéologie en faisant ressortir ses deux dimensions essentielles ; celle-ci est à la fois une *conception du monde* et *un programme politique*. Il convient de saisir ces deux dimensions et leur articulation pour mieux définir ce concept. Si l'idéologie est une conception du monde, elle n'est jamais que cela, puisqu'elle est aussi, toujours et déjà, un programme politique. Mais, pareillement, elle n'est pas non plus qu'un programme politique, puisque, comme telle, elle repose, toujours et déjà, sur une certaine conception du monde. Dans son ouvrage consacré à l'étude de ce concept, *Les idéologies*, Fernand Dumont décrit avec clarté la nature de cette ambivalence inscrite dans l'idéologie : « Conférer un sens à la situation par l'action, reconnaître un sens à la situation afin que l'action soit possible : c'est d'abord dans cette conjonction élémentaire que l'idéologie trouve racine. » Essayons de mieux saisir ce double rapport qui va de la description à la prescription et de la prescription à la description.

Si l'idéologie s'articule comme une conception du monde, ce n'est jamais uniquement en vue d'une simple visée contemplative, mais toujours dans l'optique d'exercer une certaine influence sur celui-ci. Concrètement, ce que poursuit l'idéologie dans son effort de compréhension du monde, c'est conférer un *sens* au réel. C'est pour cette raison que l'idéologie est toujours animée d'un parti pris manifeste, d'une certaine manière que l'on peut dire « partiale » de voir le monde, comme le reflet de valeurs et de choix normatifs qui seuls peuvent rendre possible le dévoilement d'un sens à la réalité. Ce n'est toujours qu'à la lumière de valeurs particulières, de positions normatives, pour lesquelles l'idéologie sert en quelque sorte de matrice conceptuelle et de canal d'expression, que la réalité peut nous apparaître intelligible, puisque porteuse de sens. C'est précisément cette dynamique inhérente à l'idéologie qui permet de rendre compte de la visée prescriptive qu'elle recèle déjà en elle en tant que conception du monde. Comprendre le monde à la lumière de l'idéologie signifie s'investir dans celui-ci, agir sur le monde, car c'est lui conférer un sens. Précisons cette idée.

Pour illustrer cette dimension de l'idéologie, allons-y d'une comparaison entre idéologie et science. Ce qui distingue la première de la seconde est le fait que la science a pour objectif général de montrer « comment » fonctionne le réel, alors que l'idéologie prétend montrer le « pourquoi » de ce fonctionnement. La science est guidée par un désir de décrire le réel, l'idéologie ambitionne de l'expliquer. La principale fonction des sciences est toujours en effet de dévoiler les lois qui se cachent derrière le fonctionnement de la nature ou de la société. En revanche, la science sera toujours par définition incapable, aussi poussée soit-elle, aussi sophistiquées soient ses théories, de nous dire « pourquoi » cela fonctionne de cette façon ou, autrement dit, de fournir une « interprétation explicative » du réel. Voilà un objectif qui incombe seul à l'idéologie en tant que conception du monde.

Par la suite, on peut donc voir comment, à la différence des sciences, le critère de « véracité », critère fondamental pour ces dernières, est difficilement applicable aux idéologies. Ce que donnent à voir les idéologies en tant que conception du monde n'est jamais de fait un portrait « vrai » du réel, ni au contraire « faux », mais une explication qui permette d'en révéler le sens. Il ne s'agit pas ici d'affirmer que l'idéologie n'est pas tenue de se soumettre à l'exigence de la vraisemblance, puisqu'on peut sans conteste juger si la description du réel sur laquelle elle se fonde est fidèle à ce qui s'offre à la vue, notamment lorsque son analyse porte sur un problème particulier. Mais, lorsqu'on l'applique à l'ensemble de l'idéologie et à ses idées maîtresses, ce critère de véracité est inapproprié. En réalité, toute description idéologique du monde sera toujours à la fois ni « vraie » ni « fausse ». Par exemple, comment serait-il possible de juger de la justesse ou non de l'affirmation que le but de la vie des êtres humains est celui d'être libre, ainsi que le professe la famille idéologique libérale ? Pareillement, comment pourrait-on déclarer vraie ou fausse la thèse qui admet que la tradition constitue une source d'autorité à laquelle nous devons respect, comme le soutient le conservatisme ? À ces deux questions, aucune réponse « vraie » ou « fausse » n'est possible. Avec l'idéologie, il s'agit toujours d'une description du réel fondée sur une valeur ou sur un choix normatif *qui conditionne le sens* à donner à la réalité, qu'aucune connaissance scientifique, aussi sophistiquée soit-elle, ne pourra jamais élever en savoir « vrai ».

Au surplus, ce que suppose cette conception de l'idéologie en tant que conception du monde est que *le sens n'existe pas dans la réalité elle-même*, mais ne se dévoile toujours que dans *la manière de concevoir ce qui est*, c'est-à-dire dans le geste qui consiste à saisir conceptuellement le monde. Espérer saisir la réalité sans la médiation d'un déchiffrage idéologique est quelque chose d'impossible ; tout au mieux, ce qui se donnerait alors à voir serait quelque chose de complètement sans intérêt, voire tout simplement inintelligible, car la réalité ainsi saisie serait inévitablement dénuée de toute *signification* pour l'observateur, puisque complètement dépourvue de sens. Si la réalité peut nous apparaître porteuse de sens, c'est qu'immanquablement l'on s'inscrit dans le monde par le biais d'une certaine lecture idéologique du monde.

Ensuite, ayant analysé le premier rapport qui unit les deux dimensions de l'idéologie, celui qui va de la description (conception du monde) à la prescription (programme politique), tournons-nous maintenant vers une compréhension du rapport inverse, celui qui allie la prescription à la description.

Reconnaître que dans l'idéologie toute prescription est toujours tributaire d'une certaine description ne signifie pas simplement que la prescription, pour être recevable, doive toujours reposer sur une description préalable de la situation ou du contexte dans lequel une action est prescrite. On conviendra aisément à une telle exigence élémentaire. Plus fondamentalement, dans ce second rapport constitutif de toute idéologie, il s'agit ici de reconnaître qu'avec l'idéologie ce n'est très souvent que par l'action que le sens du réel peut être dévoilé, autrement dit, *c'est l'action qui permet de conférer un sens à la réalité*. Puisque la réalité ne consiste toujours qu'en une interaction impliquant un sujet et son milieu, ce n'est donc toujours que dans l'action avec ce milieu que le sujet peut donner un sens à la réalité. C'est dans la prescription que s'illumine la description. Avec l'idéologie, le sens du réel ne se dévoile pas simplement ou exclusivement dans la conceptualisation, soit dans l'observation ou la contemplation, mais aussi, et toujours, dans l'action elle-même.

Ainsi est-il illusoire de croire qu'il est possible d'agir efficacement sur le réel en l'absence d'un biais idéologique. Une action qui ne serait pas soumise à l'idéologie ne pourrait être qu'absurde, puisque se priver de celle-ci c'est se passer de ce qui procure un sens au réel dans lequel on pose une action. En appeler à agir dans le réel sans idéologie serait ainsi chercher à agir dans un monde dénué de tout sens, ce qui rendrait l'action elle-même déployée dénuée de toute signification. Toute action doit donc toujours reposer sur une manière particulière de penser le monde, ce qu'articule l'idéologie. On ne saurait se débarrasser des idéologies.

Après cette description générale de l'idéologie politique, tournons-nous maintenant vers l'outil de classification des grandes familles idéologiques sur lequel repose le présent ouvrage, le clivage gauche-droite.

BIBLIOGRAPHIE

Marx, Karl (1968). *L'idéologie allemande. Thèses sur Feuerbach*, trad. inconnu, Paris, Éditions sociales. Titre original : (1845-1846). *Die Deutsche Ideologie. Thesen über Feuerbach*.

Ruyer, Raymond (1972). *Les nuisances idéologiques*, Paris, Calmann-Lévy.

Sieyès, Emmanuel Joseph (1789). *Qu'est-ce que le tiers état ?*

/ *Chapitre* 2

LE CLIVAGE GAUCHE-DROITE

2.1. LES ORIGINES HISTORIQUES DU CLIVAGE GAUCHE-DROITE

Suivant la typologie la plus courante, les principales idéologies politiques et, par extension, les familles auxquelles elles se rattachent se rangent en deux grands camps opposés, la « gauche » et la « droite ». Cette division bipolaire se fonde sur le partage, chez chacune des idéologies que rassemblent ces deux vastes camps, d'idées semblables ou compatibles sur le plan politique, d'attitudes proches, voire complémentaires, quant à la manière de concevoir le monde, de même qu'elle s'appuie sur les actions politiques que commande la situation politique. Cet outil théorique n'est pas sans reproches, et les analystes ou penseurs sont nombreux à décrier sa rigidité – une idéologie ne peut siéger qu'en un seul endroit sur cet axe –, sa tendance à réduire les divergences importantes qui peuvent exister à l'intérieur d'un même camp idéologique – les idéologies occupant une même position sur cet axe ne sont pas toujours très compatibles – et le fait qu'il ne permet pas toujours de rendre suffisamment compte des rapports complexes qu'entretiennent les idéologies politiques entre elles. En réponse à ces critiques, nous avons ainsi vu au cours des dernières années se développer de nouveaux outils de classification, on pense notamment à la « boussole politique », au modèle de Eysenck et au diagramme de Nolan ou à celui de Pournelle. Tous ces modèles reprennent à leur compte cet axe bipolaire tout en le développant plus à fond en y ajoutant un ou plusieurs autres axes. Malgré le mérite de ces nouvelles approches, et les avantages qu'elles confèrent à l'analyse, nous estimons que le clivage gauche-droite, en raison de la préférence dont il jouit encore de nos jours – force est de reconnaître qu'il est encore le modèle le plus répandu, tant auprès des acteurs politiques, des analystes, des commentateurs que des penseurs politiques – et de sa relative simplicité, constitue un outil de choix dans le cadre de l'ouvrage ici proposé, celui d'une introduction aux grandes familles idéologiques. Aussi ce clivage servira-t-il de base à la présentation des principales idéologies qui suivra dans ce livre.

La distinction bipolaire gauche-droite remonte à la fin du XVIIIe siècle. C'est dans le contexte de la France prérévolutionnaire que cette division sera pour la première fois introduite en politique. Ce clivage est d'ailleurs contemporain du néologisme « idéologie » qui, comme nous avons eu l'occasion de le voir au chapitre précédent, est également apparu à cette époque en France. Durant l'été 1789, à la suite de la convocation des États généraux, on met sur pied à Paris une assemblée constituante en vue d'élaborer une nouvelle constitution politique pour la France. Dès le départ, les différentes forces politiques en présence vont s'organiser en deux principaux camps « idéologiques » ; les termes « gauche » et « droite » servent alors à nommer ces deux camps, comme le reflet de leur disposition spatiale dans la salle où se tient cette assemblée. D'un côté, ceux qui se tiennent à gauche du président de l'assemblée veulent limiter le droit de veto dont jouit le roi dans l'élaboration des lois, pouvoir dont il disposait à cette époque, ainsi que ceux qui contestent radicalement la légitimité du monarque. De l'autre côté, à droite, se rassemblent ceux qui étaient favorables au maintien, voire au renforcement de cette prérogative royale.

La droite désigne donc à l'origine les forces politiques liées à l'aristocratie, dont le monarque lui-même fait partie. Elle est favorable au maintien de l'influence de cette classe sur la société, par le maintien d'un rôle fort pour ce dernier dans le système politique. À l'opposé, les forces réunies à gauche contestent cette influence et remettent en question le pouvoir dont dispose le roi. Cette position trouve d'abord appui au sein des classes populaires, ce que l'on nomme alors dans la France de l'Ancien Régime, le *tiers état*, à la tête duquel on trouvait la bourgeoisie, cette nouvelle classe sociale issue du développement du capitalisme naissant. La gauche est alors celle qui, à différents degrés, conteste la légitimité du pouvoir royal en lui opposant un idéal « républicain », idéal que les événements centraux de la révolution qui s'annonce contribueront à réaliser. Cette assemblée siège de juin 1789 jusqu'en septembre 1791 et constitue, en quelque sorte, le fer de lance de la Révolution française, qui va véritablement éclater de manière violente avec la prise de la Bastille le 14 juillet 1789. Cette révolution incarne l'un des événements politiques les plus importants de la modernité en Occident, dans la mesure où les principes politiques qui verront le jour durant cette période sont les plus caractéristiques de notre époque (souveraineté populaire, reconnaissance des droits et libertés, émergence de la nation comme sujet politique, etc.). C'est donc dans un contexte particulier, celui de la période prérévolutionnaire de 1789, qui conduira au renversement de l'Ancien Régime et de l'absolutisme monarchique, que le clivage gauche-droite est né.

Il serait vain de ranger aujourd'hui les idéologies politiques par rapport au maintien ou non du veto royal, cette question étant devenue obsolète. Mais la logique qui a présidé à cette distinction demeure toujours pertinente. L'idée d'une division des principales forces du champ politique en *deux* grands camps opposés a en effet bien survécu. C'est sur cette base que ce clivage peut encore de nos jours servir comme outil de classification des idéologies politiques.

2.2. IDÉOLOGIES DE GAUCHE ET IDÉOLOGIES DE DROITE

Les idées maîtresses propres aux idéologies de gauche ou aux idéologies de droite ont évolué et continueront de le faire au fil du temps selon le contexte politique et au gré des acteurs politiques. Une idée associée à la gauche au XVIIIe siècle pourrait très bien être classée à droite à notre époque, au même titre que celle que l'on dit à droite aujourd'hui pourrait fort bien être rangée à gauche au siècle prochain. Pareillement, gauche et droite ne signifient pas toujours exactement la même chose d'une société à une autre. Une idée classée à gauche dans tel pays peut très bien passer pour être de droite dans un autre, et vice-versa. Ajoutons à cela que gauche et droite ne désignent jamais des blocs idéologiques homogènes, correspondant toujours à rien d'autre que deux regroupements d'idéologies ou de familles idéologiques distincts ayant leurs caractéristiques propres, leurs traditions et évoluant selon leurs dynamiques internes. S'il y a une gauche et une droite, celles-ci n'existent toujours que sous la forme d'une diversité d'idées, de modèles et d'acteurs, que travaillent des expériences historiques particulières et qui sont liés à des sociétés politiques particulières.

Pourtant, malgré cette ambiguïté et cette polysémie, l'idée qu'il existe, dans toute société politique, une division en deux grands camps idéologiques des forces politiques en présence demeure quant à elle toujours valide. Cette typologie binaire permet encore de très bien comprendre le champ politique, à tout le moins dans le cas des sociétés occidentales, puisqu'il est vrai que ce clivage ne parvient pas toujours adéquatement à rendre compte de certaines sociétés politiques non occidentales. C'est pourquoi le présent ouvrage entend seulement porter sur une analyse des grandes familles idéologiques dans le contexte occidental actuel.

Le clivage politique entre une gauche et une droite, donc entre deux, et seulement deux grands blocs idéologiques, est assurément l'un des traits caractéristiques les plus importants de toute société politique occidentale, quelle qu'elle soit. On peut dire que ce clivage représente en Occident *l'un des premiers, sinon le premier antagonisme politique* ; il est la division sur laquelle reposent et trouvent appui toutes les autres distinctions politiques, qu'elles relèvent de la politique économique, des politiques sociales, de la politique étrangère, etc. À l'exception des sociétés où la question nationale n'est pas encore réglée, voire chez celles où cette question a refait surface, où l'on voit alors le champ politique s'organiser suivant une ligne de partage entre les forces nationalistes et les autres, gauche et droite servent bien toujours de « matrices » au jeu politique. Concrètement, la force de ce clivage tient au fait que celui-ci offre aux acteurs politiques une solution alternative ou, d'une manière plus réductrice, deux façons distinctes et cohérentes de concevoir le monde et de penser l'action politique, faisant ainsi écho aux deux dimensions intrinsèques de toute idéologie (voir p. 9). On observe que, dans la plupart des sociétés politiques, notamment en Europe ou en Amérique latine, ce clivage occupe une place prépondérante sur la scène politique, les forces politiques se réclamant explicitement d'une appartenance à l'un ou l'autre de ces deux grands camps idéologiques. Ailleurs, dans d'autres sociétés politiques en Occident, les termes « gauche » et « droite » n'apparaissent presque jamais dans le discours politique, ou sinon très peu, comme c'est le cas, par exemple, aux États-Unis d'Amérique. Bien qu'agissant d'une manière discrète, comme un processus fonctionnant en arrière-plan, le clivage politique n'en continue pas moins dans ces sociétés d'exercer une influence considérable.

Les termes « gauche » et « droite » ne représentent toujours que des dénominations *relatives* et non absolues. La gauche n'est à gauche *que dans la mesure où* elle se rapporte à la droite qui, elle, n'est de droite *que dans la mesure où* elle se distingue de la gauche. Pour concevoir et comprendre l'un des deux camps, il faut nécessairement l'opposer à l'autre. Autrement dit, gauche et droite ne renvoient pas à des idées politiques au contenu arrêté et immuable. Ce contenu évolue et change au fil des époques et des sociétés. Saisir la gauche et la droite n'est possible que si l'on accepte que ces concepts tiennent le rôle de référents ou de repères qui peuvent donc changer de société en société, d'une époque historique à une autre et au regard de l'autre camp idéologique auxquels ils se rapportent inévitablement.

Ajoutons que le clivage gauche-droite s'affiche toujours sous la forme d'une échelle *graduée*, qui s'étend depuis le centre du clivage vers les deux pôles opposés. Les différentes forces idéologiques de la gauche et de la droite se tiennent toutes sur cette échelle, laquelle se divise en *trois* degrés. Sur l'aile gauche on trouve ainsi un *centre gauche*, une *gauche* et une *extrême gauche*, alors que sur l'aile droite, se démarquent un *centre droit*, une *droite* et une *extrême droite*. Si l'on inclut le *centre*, le clivage politique laisse donc voir sept principales coordonnées. Par ailleurs, précisons qu'il est possible de trouver à une même coordonnée plus d'une idéologie, sans que ces idéologies soient nécessairement liées entre elles. Ainsi, par exemple, trouve-t-on à droite à la fois la famille conservatrice et la famille libertarienne, alors qu'à l'extrême gauche sont présentes aussi bien la famille communiste que la famille anarchiste.

Que ce soit sur l'aile gauche ou sur la droite, plus on va vers les extrêmes, plus les mesures engagées afin de mettre en œuvre les différents aspects d'une idéologie s'afficheront sans retenue et plus l'objectif vers lequel tend l'application de ces mesures pourra apparaître radical. Les idéologies des extrêmes sont *radicales*; elles sont « révolutionnaires » à gauche et « réactionnaires » à droite, celles de gauche étant *réformistes* et celles de droite *contre-réformistes*. Aux deux extrémités du clivage, on trouve des idéologies qui en appellent à des moyens radicaux, par exemple, à gauche, pour mener une rupture fondamentale avec les structures politiques en place, ou bien, à l'opposé, à droite, pour préserver d'une manière draconienne l'ordre du monde. Dans certains cas, ces idéologies radicales, qu'elles soient de gauche ou de droite, peuvent prendre une forme « totalitaire », cherchant alors, lorsqu'elles sont au pouvoir, à s'imposer sans partage sur la société et à exercer sur l'ensemble de la population un contrôle total. Quant au centre, qui incarne le point de jonction entre la gauche et la droite, on y trouve alors une famille idéologique dominante, le libéralisme, dont la particularité est qu'elle peut aussi bien pencher à gauche (jusqu'au centre gauche) qu'à droite (jusqu'au centre droit), suivant les expériences politiques particulières au sein desquelles on la retrouve. Plus on se tient au centre, plus les mesures défendues par les diverses idéologies s'y rapportant apparaissent modérées et plus l'objectif poursuivi s'affichera dans la continuité de l'ordre établi. C'est d'ailleurs par une analyse de cette famille idéologique du centre que commencera notre exposition au prochain chapitre.

Avant que nous allions plus loin, une remarque s'impose ici. Contrairement à ce qu'on trouve dans certaines critiques du concept d'idéologie, notamment celles qui émanent des représentants de la famille idéologique du centre, le libéralisme, il n'est pas justifié de considérer que les seules véritables idéologies sont celles qui siègent aux extrêmes du clivage politique, qu'elles soient révolutionnaires comme à l'extrême gauche ou réactionnaires comme à l'extrême droite. On peut certes souligner, suivant la remarque formulée par le politologue français

Philippe Braud dans son ouvrage *Sociologie politique* (1998), qu'une «idéologie moins frontalement contestée se donne moins à voir comme idéologie» que celle qui prend place à l'une ou l'autre des extrémités du clivage et qui a plus de chance de susciter des critiques généralement plus fortes et donc plus audibles. Mais une idéologie n'a pas à être révolutionnaire ou réactionnaire. Une idéologie modérée, telles les idéologies libérales qui peuvent siéger au centre du clivage, n'est pas moins une idéologie qu'une idéologie appartenant à la famille fasciste qui siège à l'extrême droite ou que celle appartenant à la tradition anarchiste d'extrême gauche. Tout comme il existe des idéologies révolutionnaires, il y en a des réformistes; tout comme il y a des idéologies conservatrices, il y a des idéologies progressistes. En somme, la question de la nature radicale ou non d'une idéologie n'est pas un critère de spécificité de celle-ci.

De plus, le caractère radical ou modéré d'une idéologie varie lui-même selon le contexte. Une idéologie peut très bien être radicale à une époque et modérée à une autre et vice-versa. La radicalisation ou le chemin inverse, celui qui conduit une idéologie radicale à devenir plus modérée, est le plus souvent attribuable à l'évolution du contexte politique de la société au sein de laquelle prennent place ces idéologies. En temps de crise, par exemple lors d'une guerre, d'une crise économique grave, voire d'une crise écologique, on verra généralement les idéologies plus radicales recueillir un soutien plus marqué; le centre de gravité politique de la société se déplaçant alors vers les extrêmes. La montée du fascisme en Europe durant l'entre-deux-guerres illustre parfaitement cette dynamique où, en raison d'une aggravation de la conjoncture politique et économique (notamment en raison de la Grande Dépression), les idéologies radicales sont parvenues à s'imposer dans la plupart des pays européens, au détriment des idéologies plus modérées. Au contraire, lorsque la conjoncture politique et économique s'est graduellement rétablie, au fil des années 1950 et au début des années 1960, les idéologies modérées se sont mises à occuper à nouveau le devant de la scène politique européenne.

Bien qu'avec la gauche et la droite nous ayons affaire à des camps opposés, dans l'exposition qui suivra on ne saurait se contenter de définir la droite comme la simple image renversée de la gauche et vice-versa. Il faudra éviter de voir chacun de ces deux camps idéologiques sous un angle strictement négatif. En effet, au-delà de l'opposition et de la confrontation qui viennent renforcer les traits de chacun de ces deux camps, gauche et droite ont toutes deux une *spécificité* propre nous permettant de les concevoir de façon positive.

2.3. GAUCHE ET DROITE : DÉFINITIONS

Pour définir ce qui fait le propre des idéologies de gauche et de droite, nous concentrerons notre exposition sur trois éléments principaux : les *conceptions du monde*, les *programmes politiques* et ce que nous nommons les *principes de légitimation* propres à ces deux camps.

Il s'agira dans un premier temps de saisir les grands traits des *conceptions du monde* qui sont inhérentes à la gauche et à la droite, c'est-à-dire la manière, propre à chacun de ces deux camps, de concevoir la réalité en lui conférant un sens. Car, la gauche et la droite, en tant qu'elles désignent des camps idéologiques, possèdent deux manières différentes et opposées de comprendre le monde, d'en saisir le sens et de juger de ce qui est acceptable ou inacceptable. Dans un second temps, il s'agira de comprendre leur *programme politique*, c'est-à-dire les principes qui structurent l'action politique particulière vers laquelle penchent la gauche et la droite. Gauche et droite ont aussi en effet deux manières distinctes d'agir sur le réel, de penser ce qu'il est possible de faire et d'espérer. Dans un troisième temps, on s'intéressera aux *principes de légitimation* de la gauche et de la droite, à savoir le principe qui permet de venir lier les deux dimensions de toute idéologie, à savoir la conception du monde à laquelle on les associe et le programme politique qui en découle. Le principe de légitimation est ce qui assure la cohésion interne de toute idéologie en tant qu'élément liant ses deux dimensions constitutives. Car gauche et droite possèdent enfin deux manières distinctes de penser, d'argumenter et de raisonner.

2.3.1. La gauche

Les idéologies de gauche partagent toutes une *conception du monde* qui repose sur un constat, celui du caractère *inéquitable* de l'ordre établi. Toute pensée de gauche, puisqu'elle est l'expression d'une idéologie, est foncièrement normative. Elle est fondée sur un jugement de valeur portant sur le système social, économique ou politique en place qui se nourrit d'une insatisfaction. Concevoir le monde consiste donc toujours, pour la gauche, à dresser le portrait de la configuration du pouvoir, c'est-à-dire la manière dont il est inéquitablement réparti entre les différentes sphères de la société (ou d'une manière plus générale dans le monde). Cette conception du monde s'articule chez les idéologies de gauche sous la forme de trois principaux schémas explicatifs, c'est-à-dire trois manières distinctes d'identifier et de penser la principale source de cette iniquité, de ses principales victimes, de même que ceux à qui profite cette situation. Ces trois schémas explicatifs n'étant pas mutuellement exclusifs, ils peuvent, au gré des conjonctures et des luttes politiques, cohabiter au sein d'une même idéologie et ainsi exercer, çà et là, une influence plus ou moins grande.

Premièrement, le schéma le plus classique de la gauche, celui qui est le plus répandu et auquel renvoie le plus généralement tout discours de gauche, est celui qui oppose «le petit nombre» au «grand nombre». La gauche reconnaît l'existence d'un déséquilibre systématique dans la société entre ce dont jouissent les membres des classes dominantes, qui sont toujours minoritaires en nombre dans toute société, et ce qui revient aux classes dominées qui, à l'opposé, forment toujours une majorité en nombre dans toute société. Le caractère inéquitable de l'ordre établi provient d'un tel *déséquilibre entre ces deux principaux groupes*, soit entre les différentes ressources disponibles dans la société, qu'elles soient financières, culturelles, symboliques, etc., qui reviennent à chacun. C'est un tel schéma que l'on trouve, par exemple, dans la tradition communiste marxiste, pour qui l'histoire moderne se résume à une lutte entre la classe prolétarienne (la classe du grand nombre) et la classe bourgeoise (le petit nombre). Ce schéma caractérise la manière traditionnelle qu'a la gauche de saisir le monde. La reconnaissance plus ou moins grave de l'ampleur de cette iniquité marquera le degré de radicalité de chacune des idéologies qui composent ce camp.

Deuxièmement, depuis la fin des années 1950, on a vu ce schéma traditionnel être progressivement délaissé par une partie de la gauche au profit d'un nouveau schéma élargi nourri par un fort sentiment anti-impérialiste. Suivant ce second schéma, l'ordre mondial est caractérisé par un rapport de force inéquitable entre les «pays dominants (occidentaux)» et les «pays dominés (non occidentaux)» de la planète. Si ce schéma n'est pas en soi nouveau, puisqu'il préoccupait déjà la gauche au début du XXe siècle – on pense aux écrits du communiste russe Lénine (1870-1924) sur l'impérialisme, *L'impérialisme, stade suprême du capitalisme* (1916) –, ce n'est pourtant qu'à partir du milieu de ce siècle qu'il va plus largement s'imposer à gauche comme principal schéma explicatif, notamment au sein de la gauche «tiers-mondiste» (qui se décline autant à l'extrême gauche, à gauche qu'au centre gauche) et, aujourd'hui, parmi celle qui se rassemble au sein du vaste mouvement «altermondialiste» (également d'extrême gauche, de gauche et de centre gauche). Pour cette partie de la gauche, le caractère inéquitable de l'ordre établi relève principalement d'un *déséquilibre structurel au sein de l'ordre mondial*, entre ce dont jouissent les pays dominants, qui exercent une influence prépondérante sur cet ordre (influence politique, économique, militaire, intellectuelle ou culturelle) et ce qui revient aux pays dominés (successivement nommés pays du «tiers-monde» dans les années 1960, «en voie de développement» à partir de la fin de la décennie 1970 ou simplement « du Sud » aujourd'hui), dont l'influence sur l'ordre mondial est négligeable. Selon les degrés d'iniquité que reconnaît la gauche, cette situation en appelle donc à différents constats d'insatisfaction plus ou moins accablants.

Troisièmement, à partir du début des années 1960, on observe également l'apparition à gauche d'un autre schéma afin de rendre compte de la principale cause de l'iniquité qui caractérise l'ordre établi. Ce schéma, qui va principalement s'imposer au centre gauche – l'extrême gauche et la gauche préférant généralement s'en tenir au premier ou au second schéma –, consiste à reconnaître l'iniquité qui frappe dans toute société les « minorités », et cela, face au pouvoir dont jouit sur elles la « majorité ». Il s'agit alors dans cette conception du monde de dresser le constat des *injustices sous toutes ses formes dont sont victimes ces groupes minoritaires* dans la société, que ce soient les minorités nationales (dans le cas de pays multinationaux), les minorités culturelles (les immigrants ou les groupes culturels marginalisés dans la société), les minorités d'orientation sexuelle (gais, lesbiennes et transsexuels), voire les minorités basées sur des handicaps (les personnes handicapées physiques ou intellectuelles). Ce troisième schéma est préoccupé par les « exclusions » dont sont victimes les minorités. Là encore, suivant les différents degrés d'insatisfaction qui marquent la gauche, cette situation conduit à différents constats d'iniquité.

De ces trois schémas explicatifs découlent certaines mesures et actions caractéristiques des idéologies de gauche. Le premier principe du *programme politique* auquel invite la gauche, et ce, indistinctement du schéma explicatif sur lequel il se fonde, est celui de *changer le monde*. Toutes les idéologies de gauche souscrivent à l'idée qu'un autre monde est possible. Sur la base du caractère inéquitable des structures en place, ce que dévoilent chacun à leur manière les trois schémas explicatifs, la gauche conteste la légitimité de l'ordre établi, c'est-à-dire des institutions sociales, économiques et politiques de la société. Son principal objectif politique consiste ainsi à *rééquilibrer le rapport de force* qui existe entre ceux qui sont favorisés par le système en place (que ce soient « le petit nombre », les « pays dominants » ou « la majorité ») et ceux qui précisément sont désavantagés par ce dernier (« le grand nombre », les « pays dominés » ou les « minorités »). Et, de tous les changements qu'elle réclame en vue de parvenir à cet objectif, la question de la répartition du *pouvoir* dans la société (ou sur la scène internationale, suivant le second schéma) s'affiche comme l'enjeu le plus important. Ainsi que nous l'avons défini au chapitre précédent (voir p. 10), le pouvoir renvoie ici à un concept général, soit la capacité d'initiative et d'action d'un groupe donné dans la société en vue de ses intérêts. Dans tout programme de la gauche, répartir le pouvoir consiste à *redonner du pouvoir* à ceux que le système désavantage dans sa configuration présente et, au contraire, à *restreindre le pouvoir* dont jouissent ceux à qui profite le système en place.

Ce rééquilibrage peut faire appel à plusieurs moyens dont le degré de radicalité est très variable, degré qui correspond au niveau d'insatisfaction que nourrissent les idéologies à l'égard de l'ordre établi. Plus ce niveau d'insatisfaction à l'égard du système en place sera marqué, plus les mesures en vue de changer le monde s'avéreront radicales et apparaîtront urgentes. En fonction des diverses idéologies qui composent ce camp, on distinguera trois grandes tendances. Au centre gauche, cette situation, jugée problématique, en appellera en général à la mise en œuvre de simples *changements* au sein de l'ordre politique sans véritable remise en cause des structures en place, alors qu'à gauche, en réponse à cette situation jugée inacceptable, on optera plus communément pour des *réformes* affectant les fondements de cet ordre. Enfin, l'extrême gauche voit dans la *révolution* la seule solution en vue de faire face à cette situation révoltante. Peu importe le degré d'insatisfaction à l'endroit du système en place et la stratégie proposée pour y remédier au sein de leur programme politique, les idéologies de gauche aspirent toutes, à leur manière, à changer le monde.

Ainsi, par son action visant à changer le monde, la gauche s'offre comme une idéologie « progressiste », d'où l'autre nom par lequel on désigne également ce camp idéologique. Son travail ou ses victoires sont perçus par ses tenants comme contribuant, à long terme, à un *progrès* du genre humain, de la société en général ou de l'ordre mondial dans son ensemble, et cela, par rapport aux sociétés antérieures ou aux précédentes configurations du système international. Pour la gauche, si l'histoire peut être la scène d'un progrès pour le genre humain, cela est attribuable au travail accompli par ceux qui, portés par les idéaux progressistes, nous ont précédés ou nous suivront. Toute pensée de gauche est toujours explicitement ou implicitement tributaire d'une certaine conception historique et progressiste du monde, dont l'importance et la place dans les différentes idéologies de gauche peuvent grandement varier. Dans sa forme la plus poussée, et peut-être la plus emblématique, cette tendance est illustrée par l'une des idées centrales du communisme marxiste, à savoir le « déterminisme historique », c'est-à-dire l'idée que l'histoire est conditionnée par un schéma progressif par lequel la classe prolétarienne (le grand nombre) sera inéluctablement conduite à sa libération totale, et cela, par un renversement révolutionnaire de l'ordre établi dans lequel domine la bourgeoisie (le petit nombre). Pour cette tradition idéologique, toute l'histoire du monde se résume à un lent, mais inévitable, progrès du genre humain. Même sous une forme plus modérée, cette idée d'un progrès à accomplir, ou déjà en partie accompli, occupe une place fondamentale dans toutes les conceptions du monde et les programmes politiques de ce camp idéologique.

Vouloir changer le monde constitue le premier principe du programme politique de la gauche, dans la mesure où cet objectif est universellement partagé par toutes les idéologies de ce camp, qu'elles prennent place à l'extrémité du clivage politique, qu'elles se rangent plus au centre, qu'elles soient au pouvoir ou qu'elles aspirent à l'être. Cela dit, on pourra bien ici et là trouver dans le programme politique de certaines idéologies ou de certains partis politiques se réclamant de la gauche des actions qui visent à préserver certaines mesures, certaines institutions politiques ou certains programmes actuellement en place. Ces actions seraient donc en quelque sorte en porte-à-faux avec l'orientation globale de ce camp idéologique. Cela s'explique par le fait que, dans ces cas, ces mesures, institutions ou programmes sont généralement considérés comme des « acquis », soit des progrès accomplis par ceux qui ont mené la lutte par le passé. Il importe de défendre ces acquis, dans un contexte où ils sont remis en cause, par exemple certains programmes qui sont propres à contrer les iniquités du système, comme des mécanismes de répartition de la richesse, des incitatifs fiscaux favorables aux pauvres ou la gratuité pour certains services publics, etc. Or, même si ces actions peuvent apparaître « conservatrices », il ne faudrait pas pour autant y voir la marque d'une quelconque idéologie de droite. Saisir la nature de toute action politique en vue d'en comprendre la filiation idéologique – savoir si telle action appartient à une idéologie de droite ou de gauche – exige d'élever son regard au-dessus de l'action en tant que telle, de son caractère immédiatement conservateur ou progressiste, afin d'apercevoir l'orientation générale vers laquelle tendent ces actions, c'est-à-dire l'objectif dernier à l'atteinte duquel celles-ci contribuent et les justifications fournies en vue de les soutenir. C'est uniquement dans cette perspective générale qu'il devient possible de saisir et de ranger une action, et par extension une formation ou une idéologie politique, dans l'un ou l'autre des camps idéologiques.

Enfin, analysons le troisième élément caractéristique des idéologies de gauche. Le *principe de légitimation* de la gauche, c'est-à-dire ce qui justifie tant sa manière de concevoir le monde que son programme d'action politique, est celui de la *raison instrumentale*. Toute la gauche repose sur une conviction plus ou moins forte que l'être humain possède les capacités de comprendre rationnellement le monde en vue de le transformer. Pour les tenants de la gauche, la raison est plus qu'une simple faculté de compréhension du monde, car elle peut également servir à *imaginer un autre monde*. Cela signifie qu'aux yeux des idéologies de gauche, changer le monde consiste à élaborer, à l'aide de la raison, un projet de société que les représentants de la gauche vont se charger de réaliser concrètement. Tous les grands textes de la gauche, que ce soient, par exemple, le *Manifeste du Parti communiste* (1848) de Karl Marx et de Friedrich Engels (1820-1895), *Le nouveau monde industriel et sociétaire* (1829) de Charles Fourier (1772-1837) ou *Idée générale de la révolution au XIXe siècle* (1851) de Pierre-Joseph Proudhon (1809-1865), consistent en des « plans » en vue de fonder ici et maintenant un monde nouveau. Ainsi, contrairement à ce que certains représentants du pouvoir pourront toujours affirmer, les institutions en place n'ont rien d'immuable, ainsi donc peuvent-elles être transformées. Au contraire, à gauche, le monde est toujours abordé comme un projet, un monde à construire, à transformer ou à améliorer. Que le moyen le plus approprié pour mener cette action sur le monde soit la révolution, la réforme ou un simple changement, au cœur de toute conception du monde et de tout programme de la gauche réside cette idée qu'il nous est possible d'agir sur le réel en vue de le transformer. Rien ne résume mieux cette idée de transformation du monde par la raison, sous une forme ici radicale, que le mot d'ordre du penseur le plus influent du communisme, Karl Marx, tel que formulé dans ses *Thèses sur Feuerbach* : « Les philosophes n'ont fait jusqu'ici que conceptualiser le monde de différentes façons, mais ce qui importe, *c'est de le transformer* [nous soulignons]. »

Ainsi, les trois principaux éléments de la gauche permettent de mieux saisir ce qui fait le propre de toute idéologie appartenant à ce camp. Premièrement, les trois schémas explicatifs de ce camp – l'iniquité du rapport entre le grand nombre et le petit nombre, le rapport d'iniquité entre les pays dominants et les pays dominés et le rapport entre la majorité et ses minorités – permettent d'illustrer la conception du monde sur laquelle repose la gauche. Cette conception se nourrit fondamentalement d'un constat qui est celui de l'iniquité du présent ordre établi. Deuxièmement, le programme politique de la gauche consiste essentiellement, en réponse au caractère inéquitable, donc inacceptable de l'ordre établi, à travailler à changer le monde. Troisièmement, ce qui permet de lier ces deux premiers éléments est l'idée que la raison puisse servir comme instrument de transformation du monde : d'abord, concevoir rationnellement le monde, pour ensuite pouvoir le transformer.

2.3.2. La droite

La *conception du monde* à laquelle souscrit la droite se fonde sur un constat, celui que l'ordre du monde *est légitime*. Pareillement à la gauche, mais dans une direction diamétralement opposée, la droite est toujours et déjà une pensée normative, puisqu'elle se nourrit d'un sentiment de satisfaction à l'égard de l'ordre du monde. Précisons la nature de cette attitude fondamentale. Le sentiment de satisfaction qui alimente toute pensée de droite n'est pas en premier lieu dirigé vers l'ordre établi, c'est-à-dire le système en place, les institutions sociales, économiques ou politiques telles qu'elles existent ici et maintenant dans la société, car les idéologies qui se réclament de ce camp savent se montrer dans certains contextes aussi critiques à l'égard de ces institutions que les idéologies de gauche. La gauche n'a pas le monopole de la pensée critique, de la résistance ou de l'opposition. Au fondement de toute idéologie de droite repose l'idée qu'il existe, par-delà les institutions en place, un ordre du monde, c'est-à-dire une structure pratiquement intemporelle ou éternelle qui assure à la réalité son organisation harmonieuse et lui procure sa stabilité. Et cet ordre du monde mérite notre respect, car il est conforme à l'ordre des choses, autrement dit, cet ordre est bien tel qu'il *devrait* être. C'est donc à l'endroit de cet ordre du monde qu'est destiné le sentiment de satisfaction qui anime les idéologies de droite et éventuellement, par extension, à l'endroit du système en place, s'il s'avère que celui-ci est conforme à cet ordre. Afin de rendre compte du caractère légitime de cet ordre, la droite va recourir à quatre principaux schémas explicatifs, soit quatre façons de saisir la nature de ce dernier. Tout comme les trois schémas explicatifs sur lesquels se fonde la gauche, ceux qui animent la droite ne sont pas mutuellement exclusifs. Ils peuvent, au gré des conjonctures et des luttes politiques, cohabiter à l'intérieur d'une même idéologie et ainsi exercer, çà et là, une influence plus ou moins grande.

Le premier schéma explicatif classique de la droite, celui qui est le plus largement partagé par l'ensemble des forces politiques de ce camp, aussi bien au centre droit, à droite qu'à l'extrême droite, est celui qui se fonde sur « le poids de la tradition ». Suivant ce schéma, si l'ordre du monde peut apparaître légitime, c'est qu'il est le *résultat d'un long processus* : la réalité n'est toujours que le fruit d'un lent travail accompli par les époques et les générations antérieures. L'ordre du monde porte en lui le poids de la tradition et, s'il mérite notre respect, c'est qu'il a su résister à l'épreuve du temps, qu'il a, en quelque sorte, « fait ses preuves ». Que cet ordre ait réussi à se maintenir jusqu'à aujourd'hui sert, aux yeux de la droite, de témoignage de la force de cet agencement, autrement dit de sa légitimité. À l'égard de ce schéma explicatif, les idéologies de droite peuvent éprouver une satisfaction plus ou moins grande, suivant les différentes tendances qui animent ce camp idéologique.

Deuxièmement, pour une partie de la droite, que l'on peut appeler la droite « religieuse », à cette conception générale vient s'ajouter une explication quant à l'origine de cet ordre. Pour cette droite, qui se décline autant à l'extrême droite (fondamentalisme) qu'au centre droit, en passant par la droite tout court, la religion et ses dogmes occupent une grande place dans cet ordre. Suivant cette perspective fondée sur la foi, si l'ordre du monde peut être conçu comme légitime, cela tient au fait qu'il est *d'origine divine*, c'est-à-dire qu'il est l'œuvre de Dieu. Derrière la réalité se trouve un ordre divin ; Dieu étant parfait, sa création ne saurait donc elle-même être autrement que parfaite, et par suite légitime – encore qu'on puisse trouver dans le monde du « péché », du « mal » et bien d'autres « vices ». Tout ce qui se donne à voir dans le monde est légitime et conforme à l'ordre des choses, puisque cela est l'œuvre du Dieu créateur. C'est une telle idée qu'exprime dans une formule sans appel le fameux mot de Leibniz repris et modifié par Voltaire (1694-1778) avec ironie dans son roman *Candide ou l'optimiste* (1759), « tout est pour le mieux dans le meilleur des mondes possibles ». Là encore, ce schéma explicatif jouit au sein des différentes idéologies de droite d'une influence plus ou moins grande, en fonction de leur radicalité.

Le troisième schéma explicatif de la droite est celui de la droite « économique », au premier plan celle qui se décline dans le libertarianisme. Si l'on peut se satisfaire de la manière dont se présente l'ordre du monde, cela tient au fait qu'au fondement de cet ordre on trouve des mécanismes « spontanés » autostructurants. Ces mécanismes, ces forces matérielles fonctionnent en quelque sorte dans l'ombre, de manière autonome, et assurent à la réalité sa cohésion interne en lui procurant son organisation harmonieuse et stable. La réalité fonctionne d'elle-même et sait mieux que quiconque comment elle doit le faire, dans la mesure où elle sait elle-même parvenir à un rendement optimal. Si l'ordre du monde est légitime, cela tient à sa capacité d'assurer lui-même sa propre organisation harmonieuse.

Le quatrième et dernier schéma explicatif de la droite est celui que l'on peut appeler « social-darwiniste ». Ce schéma, qui tire son inspiration d'une interprétation simpliste de la pensée du biologiste anglais bien connu Charles Darwin (1809-1882), est celui sur lequel se fonde exclusivement la droite réactionnaire (extrême droite fasciste). Ce dernier schéma reprend, tout en le radicalisant, le premier schéma exposé plus haut en lui inculquant une signification « biologisante ». Selon ce schéma, si l'ordre du monde peut nous apparaître satisfaisant, cela tient au fait qu'il est le résultat d'un long processus de sélection *naturelle*. Cette sélection consiste en un processus par lequel les personnes, les classes sociales ou les nations les plus fortes, de même que les plus grandes civilisations, ont réussi à s'imposer, et cela, au détriment des éléments les plus faibles de l'humanité. L'histoire du monde est celle d'une inévitable compétition entre les différents éléments qui composent l'humanité, où seuls les meilleurs peuvent espérer survivre. Elle est une lutte constante dans laquelle tous sont continuellement soumis à la dure « loi du plus fort », qui permet de sélectionner les éléments les plus aptes en vue de l'élimination des plus faibles, naturellement voués à périr («*survival of the fittest*»). Si l'ordre du monde peut être considéré comme légitime, cela tient au fait qu'il sait reconnaître et accorder la première place aux meilleurs éléments.

Ensuite, il découle de ces quatre schémas explicatifs un *programme politique* simple qui consiste essentiellement à *préserver l'ordre du monde*, celui qui, indistinctement des quatre schémas, assure à la réalité son caractère légitime, de même que son organisation harmonieuse et sa stabilité. C'est ce trait particulier qui explique le nom de «conservatisme» par lequel on désigne également ce camp idéologique, nom que se donnent le plus souvent les conservateurs eux-mêmes – ajoutons sur cette question que contrairement à la gauche, qui accepte plus volontiers l'appellation de «gauche», la droite refuse plus généralement l'étiquette de «droite».

Pour mieux saisir ce programme politique, il convient ici d'apporter une précision supplémentaire sur la conception du monde à laquelle souscrit la droite, et cela, indistinctement des quatre schémas explicatifs sur lesquels peut se fonder cette conception. Toute conception du monde de la droite repose toujours sur l'idée qu'il existe une *menace à l'ordre du monde*, soit un danger mettant en péril la pérennité de cet ordre légitime. Cette idée de menace trouve le plus souvent son expression dans une conception largement répandue dans les discours de droite, suivant laquelle nos sociétés sont actuellement affligées d'une «décadence», soit d'un état de dépérissement généralisé, d'un mouvement plus ou moins marqué qui, à terme, risque de les mener à leur perte. Cette décadence, dont l'ampleur et la gravité sont inégalement appréciées par les divers représentants de ce camp idéologique, est bien visible dans différents domaines de la vie, suivant les différentes tendances: décadence morale pour les droites religieuses (généralisation de comportements déviants, non-respect de certaines règles morales, désobéissance à l'endroit des autorités morales, etc.), décadences culturelles pour les droites traditionalistes (perte de repères identitaires, abandon de pratiques culturelles traditionnelles, importation de pratiques et de comportements venant de l'extérieur), etc. Ce constat d'une menace et l'idée de décadence par laquelle celle-ci se manifeste jouent effectivement un rôle fondamental dans toutes les idéologies de droite. Au sentiment de satisfaction manifesté par ce camp idéologique à l'égard de l'ordre du monde se mêle toujours immanquablement un sentiment de crainte, celui de voir précisément cet ordre légitime perdre de sa force, dépérir, voire disparaître. Ce sentiment de *satisfaction/crainte* tient lieu de conjoncture élémentaire pour toute pensée de droite, conjoncture sur laquelle vient se greffer un programme politique.

Ainsi, même si son action en est une de préservation, l'action de la droite ne saurait se résumer à de l'immobilisme, à de l'inaction ou à de la passivité. En effet, puisque la décadence qui afflige notre époque a pour origine une menace dirigée contre l'ordre du monde, agir politiquement consiste d'abord et avant tout, pour la droite, à contrecarrer cette menace en vue de sauvegarder cet ordre. Contrer cette menace se traduira par des mesures dont le degré de radicalité peut être d'une ampleur semblable aux mesures déployées par la gauche pour transformer le monde; certaines droites privilégient des méthodes plus modérées (contre-réformistes), alors que d'autres droites préféreront des méthodes plus radicales (réactionnaires). Les possibilités d'action politique de la droite sont donc aussi nombreuses ou variées que celles que l'on trouve à gauche.

Enfin, le *principe de légitimation* de la droite, c'est-à-dire ce qui justifie tant sa manière de concevoir le monde que son programme d'action politique, est celui d'une *résignation devant l'ordre du monde*. Toutes les idéologies conservatrices se fondent sur la reconnaissance que l'être humain est soumis à l'autorité d'un processus qui le dépasse et qui assure à la réalité son organisation harmonieuse et stable, suivant les quatre principaux schémas explicatifs de la droite. Concrètement, la résignation à cet ordre signifie l'admission *de l'incapacité de l'être humain à pouvoir véritablement transformer le cours du monde*. Toute pensée de droite, à la différence des idéologies de gauche, repose sur une certaine humilité, celle de l'admission d'une impuissance qui invite à la résignation: il existe *d'importantes limites* quant à ce que nous sommes capables de faire ou à ce qu'il nous est permis d'espérer lorsque nous agissons sur le monde. Ces limites sont celles que nous impose l'ordre du monde, sur lequel on ne peut agir et qui, en quelque sorte, agit en nous et sur nous. En cela, le principe de légitimation de la droite est diamétralement opposé à celui de la gauche. L'ordre du monde doit être préservé, car, qu'on le veuille ou non, il est illusoire, comme le soutient la gauche, de croire pouvoir le transformer radicalement. Ainsi, pour résumer, on peut dire qu'*au pouvoir de la raison instrumentale à gauche, la droite préfère la résignation à l'ordre du monde*.

Dans ce rejet du principe de la raison instrumentale de la part de la droite, il ne faudrait toutefois pas voir un quelconque signe d'une pensée «irrationnelle». Seulement, ce qui distingue toute pensée de droite d'une pensée de gauche est le fait que celle-ci se montrera généralement plus sceptique quant à la puissance de la raison, notamment quant à *ses capacités de pouvoir véritablement transformer le monde*. Pour la droite, il est illusoire de croire qu'à l'aide de la raison on puisse transformer l'ordre du monde, car fondamentalement ce dernier est par définition immuable. Cette attitude sceptique à l'endroit des capacités de la raison humaine vise donc d'abord non pas la capacité de compréhension que porte en elle cette faculté, soit le fait de pouvoir comprendre rationnellement la réalité, car les représentants de la droite, sauf peut-être ceux de certaines droites religieuses – les tenants du créationnisme, par exemple –, ne sont pas généralement antiscientifiques. Ce que critique la droite est principalement l'idée qu'il soit possible de faire usage de la raison comme d'un instrument en vue de transformer le monde.

Par l'analyse des trois principaux éléments fondamentaux de la droite, il nous a été possible de mieux montrer ce qui fait le propre de ce camp idéologique. Premièrement, les quatre schémas explicatifs de la droite – l'ordre du monde est issu de la tradition, l'ordre du monde est d'origine divine, l'ordre du monde repose sur des processus spontanés et l'ordre du monde consiste en une sélection naturelle – permettent d'illustrer la conception du monde sur laquelle repose ce camp idéologique. Cette conception se nourrit d'un constat qui est celui d'une satisfaction à l'égard non pas directement du système en place, tel qu'il se donne à voir ici et maintenant, mais, plus fondamentalement, de l'ordre du monde. Nous avons également vu que ce sentiment de satisfaction est toujours accompagné à droite par un sentiment opposé de crainte, celle qui découle de la reconnaissance de l'existence d'une menace à l'endroit de cet ordre. Deuxièmement, le programme politique de la droite consiste essentiellement en une réponse au caractère légitime de l'ordre du monde qu'il faut préserver ce dernier contre tout ce qui pourrait vouloir en contester sa légitimité ou travailler à le renverser. Troisièmement, ce qui permet de lier ces deux premiers éléments est l'idée que l'être humain doit se résigner à accepter que l'ordre du monde agit sur lui, c'est-à-dire que toute sa pensée et ses actions sont conditionnées par cet ordre.

Enfin, au terme de cette brève description de ce qui distingue la gauche et la droite, apportons une dernière précision au sujet du concept d'idéologie et du clivage gauche-droite. Les concepts d'idéologie et l'idée d'un partage des forces politiques en deux grands camps idéologiques opposés sont des produits appartenant entièrement à la modernité, cette période de l'histoire occidentale qui est toujours la nôtre. En effet, on ne trouve rien de ce qui peut ressembler à des idéologies, ni même rien d'un clivage entre forces de gauche et forces de droite dans les sociétés occidentales prémodernes. D'une part, si ces sociétés ne connaissaient pas le concept d'idéologie, c'est que, pour résumer grossièrement, la pensée de ces époques n'avait pas pour objectif de comprendre le monde en vue d'agir sur celui-ci comme c'est le cas avec les idéologies, autant celles de gauche que celles de droite. Au contraire, la pensée des anciens s'articulait plutôt comme un effort de contemplation en vue de saisir les valeurs suprêmes, que ce soient la Vérité, le monde des Idées, la parole divine ou de tout autre référent transcendantal (qui n'appartient donc pas à ce monde). Ce qui guide fondamentalement le besoin des idéologies, en tant que conception du monde et programme politique, était absent de la manière de pensée des anciens. D'autre part, on note que, s'il n'existait pas dans ces sociétés de clivage gauche-droite, on pouvait tout de même reconnaître l'existence d'un partage des forces politiques en deux principaux camps, suivant un plan qui était alors vertical : au sommet de la hiérarchie sociale, les forces « aristocratiques » liées à la noblesse ; en bas, les forces « du peuple », liées à la plèbe, à la paysannerie, aux serfs ou aux gens du peuple en général. On peut donc dire que l'un des principaux traits de la modernité est d'avoir conduit à une « horizontalisation » du clivage politique, c'est-à-dire d'avoir réussi à ramener sur un même plan les principales forces politiques, plan sur lequel peuvent désormais se tenir deux forces opposées, une gauche et une droite.

Ce travail introductif terminé, entamons maintenant l'exposition des huit grandes familles idéologiques en nous intéressant à la première d'entre elles, la plus importante, la famille libérale.

BIBLIOGRAPHIE

Braud, Philippe (1998). *Sociologie politique*, Paris, LGDJ/Montchrestien.

Fourier, Charles (1829). *Le nouveau monde industriel et sociétaire*.

Lénine (1945). *L'impérialisme, stade suprême du capitalisme*, trad. inconnu, Paris, Éditions sociales. Titre original : (1916). *Империализм как высшая стадия капитализма*.

Marx, Karl et Friedrich Engels (1848). *Manifeste du Parti communiste*. Titre original : (1848). *Manifest der Kommunistischen Partei*.

Proudhon, Pierre-Joseph (1851). *Idée générale de la révolution au XIXe siècle*.

Voltaire (1759). *Candide ou l'optimiste*.

/ **PARTIE 2**

Familles d'idéologies
de centre, de gauche
et de droite

/ *Chapitre 3*

LE CENTRE
Le libéralisme

La famille idéologique libérale occupe à notre époque le centre du clivage politique. Son influence s'étend du centre gauche jusqu'au centre droit. Suivant les expériences nationales particulières ou les différentes tendances qui l'animent, le libéralisme regroupe des idéologies plus progressistes dans son aile gauche – on parle alors de « libéralisme progressiste » ou de « libéralisme social-démocrate » – ou, à l'opposé, des idéologies plus conservatrices dans son aile droite – on parle alors de « libéralisme conservateur ». Ajoutons également à ces distinctions que, lorsque l'on parle de « libéralisme social », on désigne en général l'aile gauche de cet ensemble idéologique, alors qu'à l'opposé l'expression « libéralisme économique » renvoie plutôt à son aile droite. Enfin, on observe qu'en Europe le terme « libéralisme » est généralement associé au libéralisme économique ou de droite, alors que dans les Amériques c'est plus souvent au libéralisme social ou de gauche que renvoie ce terme. Cette filiation opposée de part et d'autre de l'Atlantique est principalement attribuable à la place plus grande dont jouissent le socialisme ou même le communisme – qui se situent tous deux plus à gauche que le libéralisme – sur le vieux Continent, en comparaison du Nouveau Monde où, précisément, ces deux familles idéologiques de gauche sont moins influentes, la forte présence du communisme et du socialisme sur la plupart des scènes politiques nationales en Europe ayant pour effet de tasser plus à droite les idéologies libérales sur le clivage politique. Le constat de départ de la famille libérale en est donc un, dans son aile progressiste, d'insatisfaction, à l'égard des institutions politiques, sociales ou économiques actuelles et, dans son aile conservatrice, de satisfaction à l'égard de l'ordre du monde. Le présent effort de synthèse entend rendre compte de cette double tendance inscrite dans le libéralisme.

Ainsi, dans la mesure où les idéologies libérales siègent au centre, avec des variations tendant légèrement vers la gauche ou vers la droite, cet ensemble repose en son fondement sur plus d'un schéma explicatif. Depuis les années 1960, dans son aile progressiste, le libéralisme manifeste une préférence marquée pour les deuxième et troisième schémas explicatifs de la gauche. En effet, le libéralisme de gauche accorde une grande importance aux questions liées à l'exclusion des minorités, à la diversité culturelle, à l'intégration, etc., mais aussi, à celles qui sont relatives à l'aide humanitaire dans les pays du Sud, au développement international, à la répartition des ressources à l'échelle planétaire, etc. Dans son aile droite, le libéralisme repose principalement sur la reconnaissance de la validité du troisième schéma explicatif de la droite, c'est-à-dire celui selon lequel il existe derrière la réalité un ordre économique capable, par lui-même, de garantir une organisation harmonieuse de la société. La préférence marquée de cette famille idéologique pour ces trois schémas pourra s'éclairer dans l'exposition qui suit.

Le positionnement central de la famille libérale, qui penche ici un peu à gauche, là un peu à droite, trouve son illustration la plus nette dans le fait que celle-ci se distingue des autres familles idéologiques par le caractère « modéré » de sa conception du monde et par la « retenue » de son programme d'action politique. Le libéralisme affiche une évidente « économie de moyens », si on le compare avec les idéologies qui logent aux extrêmes du clivage politique, celles d'obédience communiste ou fasciste, par exemple. Ce caractère modéré n'a pas toujours distingué le libéralisme. En effet, à l'origine, lorsqu'il est apparu dans le contexte de l'Europe de l'Ancien Régime, le libéralisme se démarquait par son caractère véritablement révolutionnaire ; ce dont témoigne le fait qu'il ait été derrière toutes les grandes révolutions politiques des premiers Temps modernes, que ce soit la Glorieuse Révolution menée en Angleterre en 1688 et 1689, la révolution américaine (1776), de même que la plus importante révolution politique de la modernité, la Révolution française (1789). Force est de reconnaître qu'avec le temps la famille libérale a graduellement été de plus en plus attirée vers le centre, devenant ainsi toujours plus modérée. Ce mouvement est attesté par la vive aversion qu'elle manifeste aujourd'hui à l'égard de toute stratégie radicale, qu'elle soit révolutionnaire (communisme ; extrême gauche), réformiste (socialisme ; gauche), contre-réformiste (conservatisme ; centre droit et droite ou libertarianisme ; droite) ou réactionnaire (fascisme ; extrême droite).

Cette retenue, caractéristique des idéologies libérales à notre époque, s'explique également par la position quasi hégémonique dont celles-ci jouissent dans la plupart des pays occidentaux. En effet, depuis la fin de la Seconde Guerre mondiale et la défaite du fascisme, de même que depuis la chute du communisme est-européen au tournant de la décennie 1990, le libéralisme s'est imposé comme principale force idéologique partout en Occident. Il est aussi aujourd'hui l'ensemble idéologique par excellence de l'ordre établi presque partout dans le monde occidental. Il s'agit ici simplement de dresser un constat et non de célébrer ce fait – à la manière de l'essayiste libéral étasunien Francis Fukuyama dans son essai retentissant *La fin de l'Histoire et le dernier homme*, dans lequel, sur un ton triomphant, il reconnaissait dans cette domination de la démocratie libérale et du régime capitaliste le terme de l'histoire de l'humanité. Tous les pays occidentaux sont aujourd'hui organisés autour des grands principes libéraux, avec, suivant les différentes sociétés politiques, une inclinaison plus prononcée vers le libéralisme de gauche (on pense notamment à l'Allemagne, à la France ou au Québec, par exemple) ou, au contraire, vers le libéralisme de droite (au premier plan les États-Unis d'Amérique, la Russie, l'Irlande, etc.).

S'il n'existe aucun doute quant à l'importance dont jouissent concrètement les idéologies libérales à notre époque, dans le présent ouvrage cette importance s'affichera de façon plus modeste. En effet, conformément à notre objectif, il s'agit ici de parvenir à une compréhension des principes fondamentaux qui animent les grandes familles idéologiques, compréhension qui passe par une démarche comparative au sein de laquelle *chacune* de ces familles est appelée à recevoir un traitement comparable. Ainsi, nous mettrons l'accent sur la spécificité du libéralisme, c'est-à-dire ce qui le distingue des autres familles idéologiques, plutôt que sur la place qu'il occupe dans le monde.

3.1. SES ORIGINES HISTORIQUES

Ainsi que le soulignait le politologue québécois André Vachet dans son étude majeure *L'idéologie libérale. L'individu et sa propriété* (1988), le libéralisme est historiquement la « première des familles idéologiques », en ce que son apparition au XVIe siècle marque le début de la modernité. Comme nous l'avons analysé un peu plus haut, c'est en effet cette force idéologique qui va ouvrir la voie à ce qui constitue l'un des principaux traits de cette période historique qui est toujours la nôtre, à savoir cette conviction que *la réalité est quelque chose dont le cours peut être modifié*. Ce qui distingue la modernité de toutes les périodes précédentes est cette idée que la réalité est loin d'être immuable et fixée pour l'éternité. Chez les anciens, la réalité était perçue comme une chose sur laquelle il nous est fondamentalement impossible d'agir ; pour eux, les êtres humains étaient libres d'agir et d'interagir entre eux, mais ils ne se savaient pas autorisés à pouvoir changer leur réalité propre. Et cette grande transformation est, comme nous le verrons plus loin, grandement redevable de la première des idées maîtresses du libéralisme, l'idéal de liberté.

Qui plus est, si le libéralisme peut être considéré comme la première famille idéologique, c'est que son apparition a dans une large mesure coïncidé avec la naissance même du concept d'idéologie. Bien que l'émergence des idées libérales date de quelque deux siècles avant l'apparition de ce concept qui remonte, pour sa part, à la fin des années 1790 – la pensée du penseur français Étienne de La Boétie (1530-1563) et son *Discours de la servitude volontaire* (environ 1548) sert ici de jalon historique pour le libéralisme –, force est de reconnaître que c'est d'abord en raison de l'influence du libéralisme et de ses principales idées maîtresses sur l'ensemble de la société européenne de l'époque que ce concept, cet outil théorique va pouvoir se répandre et s'imposer aux penseurs de cette période. En effet, c'est grâce à la liberté d'opinion et de pensée, à la conviction dans la liberté naturelle dont jouissent les êtres humains, à la certitude du caractère malléable de la réalité, idées dont cette famille idéologique se fait à ses origines l'ardent promoteur, que cette nouvelle « science des idées » a pu prendre son envol et exercer l'influence qu'on lui connaît toujours aujourd'hui sur le champ politique.

Le libéralisme dispose d'un corpus théorique extrêmement riche, au sein duquel on compte les ouvrages classiques suivants: *Discours de la servitude volontaire* d'Étienne de La Boétie, le *Second traité du gouvernement civil* (1690) du philosophe anglais John Locke (1632-1704), *De l'esprit des lois* (1748) du penseur français Montesquieu (1689-1755), *Le Contrat social* (1762) du philosophe genevois Jean-Jacques Rousseau (1712-1778), la *Déclaration d'indépendance des États-Unis d'Amérique* (1776) du politicien Thomas Jefferson (1743-1826), *Recherche sur la nature et les causes de la richesse des nations* (1776) de l'économiste écossais Adam Smith (1723-1790), *De la liberté des anciens comparée à celle des modernes* (1819) du penseur français Benjamin Constant (1767-1830), *De la liberté* (1859) du philosophe anglais John Stuart Mill (1806-1873), *Essai sur les libertés* (1965) de Raymond Aron, *Théorie de la justice* (1971) du philosophe étasunien John Rawls (1921-2002) ou *La liberté des modernes* (1999) du penseur québécois Charles Taylor.

Ainsi, dans la mesure où il est la première famille idéologique, le libéralisme va servir d'inspiration, en tant que modèle théorique, à toutes les autres idéologies et familles idéologiques qui verront le jour par la suite. Il ne s'agit pas d'affirmer que c'est du libéralisme que procèdent toutes les autres idéologies, car les idéologies fascistes, par exemple, marquent plutôt une rupture radicale avec la tradition libérale. Mais le libéralisme est bien la première des grandes familles d'idéologies politiques modernes à avoir fait l'objet d'un travail de conceptualisation, c'est-à-dire à avoir donné corps à des « idéologies » comme telles. De cette première famille idéologique vont donc découler toutes les autres idéologies politiques. Cette descendance se manifeste doublement.

D'une part, elle s'articule sous la forme d'un prolongement du libéralisme de manière plus radicale, par la reprise, dans la continuité, de certaines de ses idées maîtresses en leur assignant un sens renouvelé ou en leur accordant une importance plus marquée que celle dont elle jouit au sein de la pensée libérale. Le communisme, le socialisme et l'anarchisme, comme nous le verrons dans les chapitres suivants, s'offrent en ce sens comme des prolongements du libéralisme de centre gauche. Bien que ces trois familles idéologiques de gauche rejettent dans l'ensemble le libéralisme, sur le fond elles adhèrent toutes à certaines de ses idées maîtresses, au premier plan, aux idéaux de liberté et d'égalité, qui sont également centraux chez elles. Pareillement, on peut aussi considérer le libertarianisme comme une extension, sous une impulsion plus radicale, du libéralisme de centre droit. Ajoutons même, pour souligner la complexité de cette filiation, qu'il est possible de voir dans le libertarianisme une famille idéologique alimentée par un fort rejet, par delà le libéralisme, des idéaux chers au communisme et au socialisme, eux-mêmes issus du libéralisme de gauche.

D'autre part, la descendance du libéralisme prend également la forme d'une vive réaction à son encontre. Ainsi, des familles idéologiques telles que le conservatisme (centre droit et droite) et le fascisme (extrême droite) doivent être d'abord comprises comme des réactions au libéralisme. Précisément, on ne peut saisir ces deux ensembles d'idéologies de droite sans comprendre le lien intime existant entre ces dernières et le libéralisme, qui est celui d'un rejet. Bien que le conservatisme vise à préserver l'ordre du monde au nom de son caractère légitime et que le fascisme tende à renforcer l'ordre naturel du monde qui repose sur le principe de la sélection naturelle, ces deux familles idéologiques tirent toutes deux leurs principales origines d'un rejet radical du libéralisme. Ainsi, placé au centre, le libéralisme sert de lieu d'origine d'où vont émaner toutes les principales idéologies politiques de la modernité, soit sous la forme de prolongements plus radicaux de cette dernière, soit comme tentatives en vue de la réfuter. La famille libérale est bien incontournable, dans la mesure où il est impossible pour les Modernes de ne point se positionner par rapport à elle.

3.2. SES IDÉES MAÎTRESSES

Le libéralisme s'articule autour de cinq grandes idées maîtresses, lesquelles définissent la conception du monde qui lui est propre et le programme d'action politique auquel celle-ci donne corps : I) liberté, II) égalité, III) société atomistique, IV) méfiance à l'égard de l'autorité politique et V) propriété. Analysons ces idées une à une.

3.2.1. Liberté

C'est l'idéal de *liberté* qui sert de principe fondamental au libéralisme, idéal qui a donné son nom à cette famille idéologique et dont celle-ci se veut porteuse. La liberté représente pour le libéralisme un idéal et la plus importante de ses idées maîtresses, dans la mesure où elle structure sa conception du monde et le programme politique qui s'en inspire. Les idéologies libérales ne sont pas les seules idéologies à attribuer une telle une importance à cette idée de liberté, puisqu'on peut voir que celle-ci occupe également une place prépondérante dans le socialisme-communisme ou le libertarianisme. Mais ce qui est caractéristique du libéralisme est le fait que son émergence en tant qu'ensemble d'idéologies tient grandement à la primauté accordée à cet idéal.

De plus, l'influence majeure dont a pu jouir et continue de jouir le libéralisme en Occident depuis le début de la modernité est liée à cet idéal de la liberté. Sans trop exagérer, on peut dire que cette idée maîtresse porte en elle toute la modernité. Car être libre, ainsi que l'entend le libéralisme classique, signifie d'abord et avant tout, pour les êtres humains, *se savoir capables d'agir sur le réel*. Autrement dit, être libre, c'est le fait pour un être humain de pouvoir exercer une influence sur sa vie, sur sa destinée et sur le cours du monde ; c'est être autonome. Du coup, être libre, c'est refuser de croire que la réalité dans laquelle nous prenons place est quelque chose d'immuable ou de fixe pour l'éternité, puisqu'il nous est possible d'agir sur elle, afin que le réel puisse s'accorder avec la manière dont on souhaite qu'il soit. Or, c'est précisément pareille conception de la réalité qui est au fondement de la modernité, conception qui part d'un refus de voir la réalité comme quelque chose de fixe et d'immuable. Liberté et ouverture sur un univers de possibles, sur une réalité ouverte puisque malléable, sont bien intimement liées. Et c'est cet idéal dont va principalement se faire le porteur le libéralisme à ses origines, sous la forme d'un processus de « libération » face à la conception du monde des Anciens. En effet, l'idée de liberté qui s'est imposée aux Modernes au sortir du Moyen Âge, donnant ainsi naissance à cette nouvelle force idéologique, n'a été rendue possible qu'au prix d'un effort par lequel ces derniers sont graduellement parvenus à *s'affranchir* des nombreuses contraintes qui étaient jusque-là exercées sur eux. Le premier travail du libéralisme a consisté en une libération des contraintes de nature spirituelle, au moyen d'un affranchissement de l'Église et de sa pensée autoritaire et dogmatique au profit d'une pensée autonome et rationnelle, en une émancipation dans le domaine économique, par une destruction de l'ordre économique féodal au nom de la prise en charge par chaque individu de sa vie économique ou, finalement, dans le domaine politique, en un renversement des régimes politiques absolutistes ou autoritaires de l'Ancien régime et en leur remplacement par des régimes politiques libéraux et démocratiques dans lesquels les citoyens jouissent d'une plus grande liberté. C'est dans la mesure où les Modernes ont réussi à s'affranchir de ces contraintes que la réalité a pu se présenter à eux comme quelque chose de malléable. Ce sont bien là tout le premier sens et toute la véritable portée de cet idéal de liberté promu par le libéralisme. Précisons maintenant en quoi consiste cet idéal.

Premièrement, la liberté s'offre au libéralisme sous une forme *individuelle*. C'est l'individu, c'est-à-dire la personne prise individuellement, qui est le porteur ou l'agent de cette liberté. Suivant l'analyse de Benjamin Constant, dans son essai devenu classique *De la liberté des Anciens comparée à celle des Modernes*, être libre ne consiste pas pour la cité, pour le royaume ou pour le pays, bref pour une « collectivité », à pouvoir jouir de la liberté telle que les anciens la concevaient. Il s'agit plutôt pour chacun des membres de la société, pris individuellement, de pouvoir exercer cette liberté pour eux-mêmes et en leur propre nom. Est libre celui qui peut vivre sa vie, employer ses facultés et ses capacités comme il l'entend.

Deuxièmement, si la liberté peut être reconnue comme l'un des traits essentiels de l'individu, c'est qu'elle est d'origine *naturelle*; l'individu naît libre, il ne le devient point. La liberté n'est pas un privilège octroyé aux individus par les institutions ou les pouvoirs politiques. La liberté n'est pas en ce sens une création de l'être humain, car être libre est quelque chose qui, pour reprendre une formule empruntée aux sciences de la nature, est en quelque sorte inscrit dans le code génétique de l'humanité; l'être humain la porte en lui dès sa naissance. Aussi, la liberté est ce qui structure la vie des individus; toutes leurs actions et leurs manières de concevoir le monde sont conditionnées par sa recherche et sa préservation. Cette dimension de la vie des individus est si essentielle selon le libéralisme que, lorsqu'il arrive que des individus en soient dépossédés, il est alors naturel pour ces derniers de s'efforcer de la reconquérir. C'est ce qui amena Étienne de La Boétie, l'un des premiers penseurs du libéralisme, à écrire au sujet de la liberté dans son *Discours de la servitude volontaire*: « Nous ne sommes pas seulement nés avec elle, mais aussi avec la passion de la défendre. » L'être humain est libre et souhaite le demeurer.

Pour venir soutenir l'idée du caractère naturel de la liberté des individus, le libéralisme va s'appuyer sur une distinction conceptuelle qui met en opposition deux systèmes de droits distincts au sein desquels s'inscrit la liberté : le premier est dit « droit naturel » et le second « droit positif ». Le droit positif désigne le système des lois artificielles, celles qui prévalent dans toutes les sociétés du monde en tant que système légal, système créé par les êtres humains et qui découle donc d'une convention. Afin de venir appuyer l'idée que la liberté est inscrite dans la nature de l'être humain, les premiers penseurs libéraux proclament qu'au-delà du droit positif il existe un droit plus fondamental, une sorte de système de lois naturelles dont la portée serait universelle – qui vaudrait donc pour tout individu, sans égard à la société particulière dans laquelle il s'inscrit et peu importe l'époque à laquelle il vit. Le droit naturel, autrement dit la loi de la nature, est ainsi conçu comme étant antérieur au droit positif. Aussi cette distinction sert-elle à consacrer le caractère fondamental de la liberté des individus : si les individus sont libres, cela ne tient pas d'un décret trouvant appui sur le droit positif, comme si cela était un privilège accordé aux individus par les pouvoirs politiques, mais bien du droit naturel, de ce système de lois inscrites dans la nature de l'être humain.

Concrètement, cette idée que la liberté relève du droit naturel s'articule dans le programme politique du libéralisme par le biais de la reconnaissance de droits et de libertés *inaliénables* pour tous les individus. La liberté étant en quelque sorte « sacrée », aucun gouvernement ni aucun dirigeant, et cela, peu importe le contexte, ne devraient être autorisés à enfreindre ce droit inviolable. Aussi pouvait-on entendre durant les troubles de juillet 1789 les révolutionnaires français scander « La liberté ou la mort ! » Les individus jouissent de droits naturels et toute l'action politique du libéralisme se veut un effort afin d'imposer ces droits là où ils ne sont pas reconnus, de les renforcer là où ils demeurent fragiles et de les préserver là où ils sont menacés. C'est cette idée de l'existence d'une telle liberté naturelle qui va donner naissance aux grandes déclarations et chartes de droits et libertés de la personne, telles qu'on les trouve formulées à l'occasion de la plupart des grandes révolutions politiques de la modernité, que ce soit le *Bill of Rights* (déclaration des droits) édicté en Angleterre en 1689 à la suite de la Glorieuse Révolution, la *Déclaration d'indépendance des États-Unis d'Amérique* de 1776 (qui comporte dans sa première partie une importante déclaration quant aux droits des citoyens) officialisant la sécession de la colonie britannique d'Amérique de sa mère patrie et la *Déclaration des droits de l'homme et du citoyen* de 1789 au moment de la Révolution française. On peut ainsi lire, par exemple, à l'article premier de cette dernière déclaration que « les hommes naissent et demeurent libres et égaux en droits ».

Troisièmement, l'idéal de liberté se définit pour le libéralisme classique d'abord *en termes négatifs*. À la lumière de la distinction conceptuelle offerte par le penseur libéral anglais Isaiah Berlin (1909-1997) dans son article majeur de 1969, «Deux conceptions de la liberté», on peut en effet montrer que la liberté est au départ essentiellement conçue par la famille libérale de manière négative. Dans cet article, la liberté «négative», qu'il oppose à celle qui est «positive», est définie comme un état marqué par l'absence de contraintes extérieures; est libre celui qui peut agir tel qu'il l'entend dans la mesure où ne s'exerce sur lui aucune limitation extérieure, que ces limitations émanent de l'État – par exemple une loi interdisant telle ou telle action –, de la société – par exemple une pratique traditionnelle proscrivant tel ou tel comportement – ou même des autres – par exemple le poids de l'influence du groupe qui prend la forme d'une contrainte. La seconde, qui est dite «positive», renvoie à un état dans lequel une personne ou une collectivité se reconnaît comme étant maître d'elle-même et de sa destinée; en ce sens, est libre celui qui possède la capacité d'exercer par et pour lui-même sa liberté. Dans le libéralisme classique, la liberté est principalement conçue en termes négatifs, comme le définit dans son ouvrage *Le Léviathan* (1651) Thomas Hobbes, l'un des penseurs qui, bien qu'il ne loge pas lui-même totalement à l'enseigne du libéralisme, aura une influence déterminante sur les idéologies libérales émergentes :

> Par *liberté*, j'entends, selon la signification propre du mot, l'absence d'obstacles extérieurs, lesquels obstacles peuvent souvent enlever une part du pouvoir d'un homme pour faire ce qu'il voudrait, mais ne peuvent pas l'empêcher d'user du pouvoir restant, selon ce que son jugement et sa raison lui dicteront.

Être libre, selon le libéralisme classique, consiste pour l'individu, par exemple, à pouvoir penser comme il le veut, à se réunir avec qui il veut, à pouvoir être propriétaire, à pouvoir circuler (à l'intérieur des frontières et à l'extérieur), à être libre de mener sa vie comme bon lui semble, etc., bref, à pouvoir vivre sans être soumis à des contraintes extérieures venant limiter ses choix.

Enfin, soulignons que cette importance accordée à l'idée de liberté comme première idée maîtresse du libéralisme témoigne de l'influence du courant de pensée moderne de l'«humanisme» sur cette famille idéologique. L'humanisme consiste en un mouvement de pensée qui est, en ce sens, plus général que l'idéologie politique et qui s'articule sous la forme d'une attitude philosophique plaçant l'être humain et les valeurs humaines au cœur de son questionnement et de ses préoccupations. La conception du monde que propose l'humanisme est fondée sur une vision anthropocentrique du monde – du grec ancien ἄνθρωπος qui signifie être humain et du mot « centre ». Pour paraphraser le penseur présocratique Protagoras, on peut dire qu'avec l'humanisme moderne l'homme s'affiche véritablement comme « la mesure de toute chose », parce qu'il constitue le nouvel objet de toutes les attentions. Autrement dit, l'être humain devient dès lors, en remplacement de Dieu, le nouveau « centre du monde ». En cela, cette nouvelle école de pensée se distingue, par exemple, de la conception « théocentrique » qui prévalait à l'époque médiévale – du grec ancien θεός, qui signifie dieu, et du mot « centre » – dans laquelle Dieu occupe le « centre du monde », comme objet de toutes les attentions de la pensée et de l'action des êtres humains. Cette nouvelle préoccupation pour l'être humain va se traduire, par exemple, dans le principe de la tolérance, c'est-à-dire une plus grande ouverture à l'égard des choses avec lesquelles on n'est pas en accord, une acceptation plus grande des comportements qui s'écartent des normes morales d'une société ou une manière plus respectueuse de traiter la vie humaine, par le recours à des peines et à des châtiments moins sévères ou précisément plus « humains ». Par ailleurs, si l'influence de ce courant de pensée sur le libéralisme est indéniable, encore faut-il reconnaître que la plupart des idéologies de gauche portent elles aussi la marque de cette influence. En effet, à l'exception de certains courants communistes et de certains courants d'anarchisme libertaire radicaux, pour qui l'humanisme apparaît comme une valeur bourgeoise à rejeter, le socialisme (gauche) de même que les principaux courants au sein du communisme et de l'anarchisme libertaire sont grandement redevables de cette conception anthropocentrique développée par l'humanisme. À l'opposé, l'influence de ce mouvement se fait très peu sentir à droite, avec même, à l'extrême droite fasciste ou chez la droite religieuse, un rejet complet de ce mouvement, lequel est associé à une forme de décadence de la société humaine, comme une atteinte à l'ordre du monde au sein duquel précisément l'être humain n'occupe pas la place centrale, celle-ci étant celle de Dieu, de la nation ou des meilleurs éléments de la nature. Enfin, on ne peut non plus manquer de souligner dans quelle mesure la conception « écocentrique » – qui vient du grec οἶκος, qui signifie maison et par extension l'environnement dans lequel on vit – que propose l'écologisme radical constitue un rejet de cette vision anthropocentrique qui domine en Occident depuis les débuts de la modernité.

3.2.2. Égalité

Le libéralisme repose sur l'acceptation du principe *d'égalité* parmi les êtres humains. Tous les êtres humains sont fondamentalement égaux ; ils possèdent tous une même valeur intrinsèque. Cette égalité peut être qualifiée de « numérique », pour reprendre la distinction opérée par Aristote dans *Les politiques*, en ce qu'elle consacre une même valeur intrinsèque pour chaque individu, et cela, par rapport à tous les autres pris un à un. À cette forme d'égalité le penseur grec opposait l'égalité « proportionnelle », qui se fonde sur l'égalité de chacun, non pas par rapport à tous, mais proportionnellement aux personnes de leur rang respectif. Étienne de La Boétie exprime de manière éloquente cette idée d'égalité numérique lorsqu'il écrit : « Ce qu'il y a de clair et d'évident, que personne ne peut ignorer, c'est que la nature, ministre de Dieu, gouvernante des hommes, nous a tous créés et coulés en quelque sorte dans le même moule, pour nous montrer que nous sommes tous égaux, ou plutôt frères. » Cette idée marque ainsi l'abandon de la conception de la société qui avait jusque-là prévalu en Occident, depuis l'Antiquité jusqu'au sortir de la Renaissance, et qui reposait sur une hiérarchie naturelle parmi les êtres humains, dont la répartition inégale des statuts et des rangs au sein de la population se voulait la transcription légale ou politique. C'est ce dont témoigne le fait qu'il existe dans toutes les sociétés prémodernes un système légal dans lequel on trouve toujours une classe dominante, dont les membres jouissent d'une *supériorité* en statut et en privilèges par rapport au reste de la population. On pense par exemple aux hommes libres dans la cité athénienne à l'époque de Platon et d'Aristote, aux patriciens dans la Rome antique, aux aristocrates dans les différents royaumes de l'Europe médiévale. La famille libérale refuse cette inégalité considérée par les anciens comme appartenant à la nature des choses, car, à ses yeux, les êtres humains sont au contraire fondamentalement égaux ; aucun n'est intrinsèquement supérieur aux autres.

De plus, comme la liberté, cette égalité parmi les êtres humains tient selon le libéralisme de la constitution *naturelle* de ces derniers. Tous les êtres humains naissent égaux ; cette égalité est inscrite dans ce qu'ils sont naturellement. Elle n'est point un privilège qui serait octroyé aux êtres humains par les institutions ou par le pouvoir politique ; en ce sens, l'égalité n'est pas une création de ces derniers, mais un fait de la nature.

Dans les faits, cette égalité naturelle repose principalement sur trois conditions naturelles élémentaires partagées par l'ensemble du genre humain. Premièrement, si les êtres humains sont naturellement égaux, c'est qu'ils partagent une *même condition physique*. Dans toute société, il existe (et existera) toujours des différences quant aux capacités physiques des uns par rapport aux autres, les uns étant plus forts que les autres, plus agiles, plus résistants, etc. Cependant, bien que ces différences qui séparent les individus soient incontestables, elles apparaissent somme toute bien relatives, lorsque l'on compare ce qui distingue le genre humain dans son ensemble des autres espèces animales. Autrement dit, les ressemblances qui existent parmi les êtres humains, sur le plan des capacités physiques, sont en définitive bien plus grandes que les différences qui les séparent. Aussi, le plus fort des hommes n'est pas à ce point fort qu'il puisse réclamer un statut supérieur à celui des autres. Deuxièmement, cette égalité repose également sur le partage d'une *condition intellectuelle équivalente* parmi les êtres humains. Comme pour les capacités physiques, ce qui différencie les individus en ce qui a trait à leurs capacités de réflexion, c'est-à-dire ce qui fait que les uns sont plus intelligents que les autres, plus imaginatifs, qu'ils font preuve d'une meilleure capacité d'analyse, apparaît relativement accessoire en comparaison de ce qui les rassemble tous, en tant qu'êtres dotés de la faculté de raison. Rien, peut-être, n'exprime mieux cette idée qu'un passage célèbre tiré du *Discours de la méthode* (1637) de René Descartes (1596-1650), dont la pensée est imprégnée de cet idéal moderne d'égalité :

> Le bon sens [c'est-à-dire la raison] est la chose du monde la mieux partagée ; car chacun pense en être si bien pourvu que ceux même qui sont les plus difficiles à contenter en toute autre chose n'ont point coutume d'en désirer plus qu'ils en ont.

Troisièmement, cette égalité parmi les individus découle du fait que, malgré toutes les divergences qui les séparent quant à leurs goûts, leurs penchants ou leurs préférences, force est de reconnaître que ceux-ci portent généralement leurs désirs sur les mêmes choses : ils forment une «*communauté d'intérêts*», c'est-à-dire qu'ils partagent tous, à quelques différences près, des intérêts similaires. Les êtres humains aspirent presque tous à des idéaux semblables, ils sont largement attirés par les mêmes objets, les mêmes valeurs et ils cherchent tous à satisfaire les mêmes besoins essentiels. C'est ce qui, par ailleurs, permet de rendre compte en grande partie de la nature presque inévitable des conflits parmi les êtres humains. Tous désireux d'obtenir les mêmes choses, les êtres humains présentent donc une tendance inévitable à continuellement entrer en conflit les uns avec les autres afin de pouvoir mettre la main sur ces choses que tous convoitent. Ainsi, c'est de ces trois conditions, physique, intellectuelle et fondée sur des intérêts communs, que découle principalement l'égalité naturelle parmi les individus.

La reconnaissance du caractère naturel de cette égalité amène le libéralisme à consacrer cet idéal, à la manière de l'idéal de liberté, comme un *droit inaliénable* qui doit également prendre place dans les grandes déclarations de droits. L'action politique du libéralisme se fonde sur l'acceptation que l'égalité parmi les êtres humains relève d'un droit naturel qui doit être protégé et que toute remise en cause fondamentale de cette égalité ne peut être acceptée – et cela, en fonction de divers niveaux de tolérance aux inégalités que l'on trouve au sein de cette vaste famille idéologique. C'est cette idée qui se trouve enchâssée par exemple dans le second paragraphe de la *Déclaration d'indépendance des États-Unis d'Amérique* rédigée par Thomas Jefferson : « Nous tenons ces vérités pour évidentes par elles-mêmes : que tous les hommes naissent égaux, que le Créateur les a dotés de certains droits inaliénables, parmi lesquels la vie, la liberté et la recherche du bonheur. » L'admission de cette égalité naturelle parmi les êtres humains va entraîner trois réformes politiques majeures dans les sociétés où le libéralisme va parvenir à s'imposer à la suite des grandes révolutions politiques qui secoueront la modernité : l'abolition des privilèges, la naissance de la démocratie et l'adoption de la règle de la majorité.

Premièrement, l'acceptation de cette condition naturelle d'égalité parmi les individus va conduire à l'abolition des systèmes de privilèges tels qu'ils existaient dans toutes les sociétés occidentales de l'Antiquité jusqu'au Moyen Âge. Ces sociétés prémodernes étaient toutes fondées sur la reconnaissance d'une hiérarchie naturelle parmi les êtres humains, hiérarchie qui était cautionnée par un système de droits, d'avantages et de privilèges accordés à ceux qui occupent le haut de l'échelle sociale, sur la base précisément de la supériorité de leur statut naturel, et dont à l'opposé étaient privées les basses classes, en tant qu'êtres humains de statut inférieur. Parmi ces privilèges, on peut par exemple citer, dans l'Athènes classique, le droit de prendre part aux décisions politiques, droit qui était strictement réservé aux seuls citoyens, soit les hommes nés à Athènes, de père et de mère athéniens ; le droit de se marier, privilège qui n'était accordé dans la Rome ancienne qu'aux seuls membres appartenant à un *gens*, soit les patriciens, et dont étaient précisément privés les plébéiens ; ou le droit à la propriété dont seules pouvaient jouir les classes aristocratiques dans l'Europe féodale. Le principe de l'égalité naturelle avance plutôt l'idée qu'à valeur fondamentale corespondent des privilèges égaux. C'est pourquoi, parmi les principales réformes qui seront entreprises durant les grandes révolutions politiques de la modernité, il y a celles de l'extension à tous, sans distinction, des privilèges qui n'étaient jusque-là réservés qu'à ceux qui occupaient le haut de l'échelle sociale, qu'il s'agisse du droit à la vie, à la recherche du bonheur, à la propriété, bref, de tous ces droits que consacrent désormais les chartes et les grandes déclarations comme des droits inaliénables pour tous.

Deuxièmement, la reconnaissance par le libéralisme de l'égalité naturelle des êtres humains va ouvrir la voie au retour de la démocratie en Occident – étymologiquement, des mots grecs δῆμος qui signifie peuple et « κράτος » qui signifie pouvoir ou force brute – après près de 2000 ans d'absence, depuis sa première manifestation en Grèce classique sous l'impulsion du législateur Solon (594-593 av. J.-C.). Cette égalité naturelle parmi les êtres humains va en effet donner naissance au principe de la *souveraineté populaire*, principe politique démocratique par excellence que vont contribuer à mettre en application toutes les grandes révolutions politiques de la modernité. L'idée que le pouvoir appartient au peuple est la traduction, en termes politiques, de cette égalité numérique naturelle. En effet, reconnaître l'égalité de tous les individus, c'est admettre qu'aucun ne puisse fondamentalement disposer de plus de pouvoir que les autres, que tous, sans exception, en possèdent une part égale – ce que les penseurs grecs nommaient le principe de l'« isocratie » (du grec ἰσο qui signifie « même » et κράτος). Aussi le pouvoir appartient-il au peuple dans son ensemble et à tous les membres qui le composent. C'est l'argument avancé par John Locke dans son ouvrage *Second traité de gouvernement civil*, lorsqu'il décrit la condition dans laquelle vivent les hommes naturellement :

> Cet état est aussi un état d'égalité ; en sorte que tout pouvoir et toute juridiction est réciproque, un homme n'en ayant pas plus qu'un autre. Car il est très évident que des créatures d'une même espèce et d'un même ordre, qui sont nées sans distinction, qui ont part aux mêmes avantages de la nature, qui ont les mêmes facultés, doivent pareillement être égales entre elles sans nulle subordination ou sujétion.

La volonté du peuple, fondée sur la division en parts égales de pouvoir pour chaque membre du peuple, est la seule source véritable de pouvoir politique ; voilà le principe de la démocratie.

Or, l'idée que le peuple est le véritable titulaire de la souveraineté politique marque un rejet du principe politique qui avait jusque-là prévalu dans la plupart des régimes politiques occidentaux avant les grandes révolutions libérales. Ce principe traditionnel est celui qui admettait que le pouvoir politique appartient en propre aux dirigeants de la société, c'est-à-dire à ceux qui, précisément, exercent le pouvoir, qu'ils soient monarques, oligarques ou tyrans. Avec l'acceptation du principe de souveraineté populaire, on admet plutôt que le pouvoir est ce qui appartient non pas aux seuls dirigeants, à l'exclusion donc de ceux contre qui est exercé le pouvoir, mais à l'ensemble des membres de la société, indistinctement de leurs statuts, soit le peuple en entier.

De plus, reconnaître dans le peuple la véritable source de souveraineté signifie également le rejet d'une autre idée qui avait jusque-là prévalu dans l'Ancien Régime et qui a trait à l'origine du pouvoir. Au Moyen Âge, les monarques tiraient la légitimité de leur pouvoir (et de leur statut) d'une source divine. En effet, c'est en quelque sorte parce qu'ils avaient été choisis par Dieu – légitimation qui venait ainsi d'«en haut», et non pas d'«en bas», c'est-à-dire du peuple comme le conçoivent les modernes – qu'ils étaient autorisés à gouverner. C'est un tel principe médiéval de légitimation que l'on trouve toujours inscrit par exemple sur le revers des pièces de monnaie canadienne, comme le vestige de cette pratique prémoderne, sous la formule «Elizabeth II D(ei). G(ratia). Regina», qui signifie Élisabeth II (chef de l'État canadien), reine *par la grâce de Dieu*. Admettre que la source du pouvoir se trouve dans le peuple lui-même constitue donc un renversement complet de la manière que les anciens, et plus particulièrement les contemporains de l'époque médiévale, avaient de se représenter le pouvoir.

Troisièmement, l'admission de cette égalité naturelle va conduire à l'adoption d'une règle de prise de décision propre au régime démocratique, la *règle de la majorité*. Le principe d'égalité naturelle trouve en effet dans cette règle un mode d'expression privilégié. Si les êtres humains sont égaux et s'ils possèdent tous une part égale du pouvoir politique – ce que consacre le principe démocratique –, il en découle donc que la meilleure forme de prise de décision est la règle du plus grand nombre. En effet, puisqu'il est vain d'espérer que cette volonté populaire parvienne toujours, en toutes occasions, à s'exprimer de manière unanime, c'est-à-dire sous la forme d'une conformité de tous les membres sans exception à une même décision, il importe alors de s'assurer que cette décision traduise toujours, à tout le moins, la plus large part possible de cette volonté populaire. C'est ce qui assure la règle de la majorité qui s'applique dans une démocratie.

Toutefois, à la différence de la démocratie ancienne, celle d'Athènes, par exemple, qui s'articulait sous la forme d'une démocratie «directe» en ce que le peuple, c'est-à-dire les citoyens athéniens, exerçait *directement* le pouvoir par l'entremise de l'assemblée citoyenne – aussi, malgré la nature démocratique du régime athénien, n'existait-il pas d'élections –, la démocratie libérale moderne va plutôt préférer le modèle *représentatif*. Dans la démocratie moderne, le peuple, détenteur de la souveraineté politique, n'exerce jamais lui-même directement le pouvoir, préférant le déléguer à des représentants élus ou non élus, tels que des députés, sénateurs, membres du corps législatif, etc., lesquels ont pour mandat de l'exercer en son nom.

Enfin, la question de la liberté constitue, avec celle de l'égalité, l'un des principaux enjeux sur lesquels reposent les deux grandes branches du libéralisme. En effet, parmi les grandes questions qui séparent l'aile gauche de l'aile droite de cette famille idéologique, il y a celle du rapport entre égalité et liberté. À la différence du libéralisme conservateur, le libéralisme progressiste a tendance à mettre davantage l'accent sur la question de l'égalité, au détriment de celle de la liberté. Aussi cette prédominance de la question de l'égalité se traduit-elle par le fait, par exemple, que les idéologies libérales de gauche sont plus généralement enclines à adopter des mesures pouvant venir partiellement limiter certaines libertés individuelles, si celles-ci sont reconnues comme la cause d'inégalités parmi les individus. C'est cette logique qui est par exemple à l'œuvre dans l'idéal de « justice distributive ». Cette conception de la justice repose sur l'idée qu'il est du devoir d'une société juste de mettre en place un système de distribution des richesses afin de s'assurer que tous dans la société bénéficient minimalement de ce qui est nécessaire à leur survie. Ce principe repose donc sur l'idée qu'au nom du principe d'égalité, il est juste de priver certaines personnes de leur liberté de posséder des richesses ou des biens afin de garantir la survie des autres, par une redistribution des ressources ainsi amassées auprès des plus nantis de la société. C'est d'ailleurs cette primauté de l'égalité qui permet d'apprécier la filiation entre le libéralisme de centre gauche et les idéologies de gauche, qu'elles appartiennent au socialisme-communisme ou à l'anarchisme, chez qui cette préférence pour l'égalité va se traduire sous une forme plus radicale par l'idéal d'« égalitarisme ». Aussi, dans ce cas, comme nous le verrons plus loin au chapitre 5 (voir p. 111), cette primauté accordée à l'égalité se fera-t-elle chez ces idéologies de gauche au prix d'un abandon de l'idéal de liberté *individuelle*, cet idéal étant presque toujours pensé à gauche dans sa seule dimension « collective ».

À l'opposé, on remarque que les idéologies libérales de droite favorisent généralement la liberté, au détriment de l'égalité. C'est pourquoi celles-ci consentent plus facilement à accepter un plus grand niveau réel d'inégalités parmi les individus (inégalités sociales, culturelles, économiques) que ne le font les idéologies libérales de gauche, et cela, au nom de *la primauté de la liberté individuelle*. En effet, dans le libéralisme de droite, et cela, en fonction de degrés divers, on considère qu'il n'y a rien de répréhensible à ce que des individus, libres de leurs actions, maîtres de leur destinée, puissent « gravir » les échelons sociaux par leur travail. La réussite individuelle, sous forme de succès dans le domaine économique notamment, grâce à laquelle certains individus parviennent à s'élever au-dessus des autres et cessent dès lors en pratique d'être les égaux des autres, est bien l'une des valeurs qui distinguent le libéralisme de droite de celui de gauche. Cela témoigne par ailleurs de l'affinité qui existe entre cette branche du libéralisme et le libertarianisme, pour qui cet idéal de la liberté individuelle, sous une forme plus poussée, va devenir l'idée maîtresse centrale, au prix de l'abandon complet de la question de l'égalité. Comme nous le verrons au chapitre 7, pour le libertarianisme, la liberté individuelle n'a pas de prix ;

elle doit donc absolument être préservée, même si cela devait conduire à un accroissement des inégalités naturelles parmi les êtres humains.

3.2.3. Société atomistique

La troisième idée maîtresse du libéralisme porte sur la manière que cette famille idéologique a de concevoir la société. L'admission par le libéralisme d'une liberté naturelle, dont les individus seraient les porteurs, de même que celle de leur égalité numérique, va déboucher sur une *conception « atomistique » de la société*. Sous l'impulsion de l'humanisme et de sa conception anthropocentrique du monde, le libéralisme va transformer la manière dont on avait jusque-là conçu les êtres humains et par suite la société dans son ensemble. Pour le libéralisme, tout être humain est d'abord et avant tout un « individu », c'est-à-dire qu'il constitue en quelque sorte un « atome » – les êtres humains représentent la plus petite entité « indivisible » ; ils sont des « individus ». Naturellement libre, détenteur de droits inaliénables, à la poursuite de ses propres intérêts qu'il revient à lui, et à lui seul, de déterminer, l'individu jouit d'une autonomie presque parfaite vis-à-vis des individus qui l'entourent et, par-dessus tout, de la société au sein de laquelle il prend place. L'individu représente en quelque sorte le « fondement de la société », dans la mesure où il la précède. Ainsi, dans la conception libérale de la société, celle-ci est conçue comme n'étant rien d'autre qu'un simple *agrégat*, celui des individus qui en sont membres. Privée d'essence propre, la société s'affiche comme un élément extérieur qui vient en quelque sorte se greffer aux individus qui la composent, comme un simple « dérivé » provenant de la cohabitation, à l'intérieur d'un même horizon territorial et historique, d'une collection d'individus.

Cette conception atomistique marque une rupture profonde avec la manière dont les anciens concevaient la société. Cette vision est en effet en porte-à-faux avec la conception « holistique » – du grec ὅλος qui signifie la « totalité » – de la société, qui avait jusque-là prédominé en Occident et qui existe toujours dans de nombreuses sociétés de la planète. Dans une perspective libérale, la société est considérée comme la simple addition des individus qui la composent. Elle n'a pas une valeur plus grande que les individus qui en sont membres. Or, toutes les sociétés traditionnelles partagent une conception de la société qui voit dans celle-ci un *tout*, comme une sorte d'« être collectif », possédant une existence propre et jouissant d'une prépondérance insigne vis-à-vis des membres qui le composent, lesquels lui sont subordonnés. Dans cette conception, l'ensemble représente toujours *plus que la somme de ses parties*, car il possède une essence propre. Aussi, dans cet univers, les êtres humains ne sont pas vus comme des individus à part entière, des êtres autonomes et libres, ce qui ferait d'eux les détenteurs de droits inaliénables comme dans la perspective libérale. Ils sont considérés en tant que simples membres d'un ensemble auquel ils appartiennent tous. Leur existence est presque entièrement déterminée par leur relation ou leur filiation à l'ensemble plus large, que ce soit celui d'une famille, d'un clan, d'une tribu ou de la nation prise globalement. C'est cette conception de la société que va venir faire éclater le libéralisme, et cela, d'une double façon.

D'une part, au nom de l'idéal d'égalité, la famille libérale réfute le principe de diversité sur lequel se fondent les sociétés holistiques. Toute société holistique tire toujours sa cohérence et son harmonie de l'agencement interne des *différentes* parties qui la composent, soit des différents sous-groupes (états, ordres, classes, castes, etc.) qu'elle porte en elle. Concrètement, cet agencement, qui repose sur la hiérarchie dite naturelle des êtres humains, prend la forme d'un système de privilèges et de droits différents pour chacun des sous-groupes, mais aussi de l'attribution de rôles distincts pour ceux-ci. Or, l'idéal d'égalité qui est au fondement du libéralisme se veut le renversement de ce principe, affirmant plutôt la non-différence de tous les êtres humains sur la base de leur égalité naturelle. En ce sens, d'un point de vue traditionnel, l'idéal d'égalité défendu par le libéralisme porte bien en lui une certaine visée «uniformisante», dynamique qui est contraire à l'esprit de distinction et de hiérarchie sociale sur lequel reposent les sociétés holistiques.

D'autre part, au nom de l'idéal de liberté individuelle, le libéralisme s'oppose à la forte cohésion sociale que l'on trouve dans les sociétés traditionnelles. Si la société holistique tire son harmonie de l'attribution de rôles distincts pour chacun des sous-groupes qui la composent, encore faut-il dire que cette harmonie repose toujours sur une forte cohésion sociale, qu'exerce la société sur tous ses membres, tant les êtres humains pris individuellement que les sous-groupes dans lesquels ils s'insèrent, afin que ces derniers demeurent là où la société les veut assignés. Les sociétés holistiques reposent en effet toujours sur des mécanismes diffus d'autorité et d'influence dirigés à l'endroit de ses membres, mécanismes qui sont déterminants pour ces derniers en ce qu'ils viennent renforcer l'idée qu'ils tirent tous leur identité de leur relation au tout. Dans les sociétés holistiques, point d'existence propre pour les êtres humains en dehors de leur place à l'intérieur de la société. Concrètement, c'est ce dont témoigne le fait que, dans les sociétés anciennes, les êtres humains jouissent toujours de moins de libertés individuelles que dans les sociétés libérales, la société et son impératif de cohésion sociale ayant préséance sur les individus. Or, que le libéralisme soit parvenu à renverser cette conception de la société repose sur la grande confiance que celui-ci place dans les capacités des individus. En effet, si l'être humain a pu s'élever au statut d'individu, d'être autonome et de nouveau fondement de la société, c'est qu'il est fondamentalement *un être de liberté*. L'être humain n'est pas dépendant de quiconque ni de quoi que ce soit pour vivre sa vie : il n'existe aucune contrainte qui puisse venir limiter la manière dont il entend vivre sa vie. L'individu sait ce qu'il désire et il convoite ce qui est bon pour lui. Son existence n'a pas à être déterminée par la société ; l'individu est le seul maître d'œuvre de sa vie.

Enfin, cette autonomisation des individus vis-à-vis de la société entraîne la naissance d'une division jusque-là inconnue des sociétés traditionnelles, mais qui va jouer un rôle central dans le libéralisme, entre ce qu'il faut désormais nommer la « sphère privée » et la « sphère publique ». Ainsi libérés de cette détermination existentielle à l'égard de la société, les individus peuvent désormais revendiquer une sphère d'action exclusive ou privée sur laquelle il sera interdit pour la société d'avoir prise, comme un domaine retranché du tout et de son influence. Dans cette sphère privée, lieu d'épanouissement personnel en retrait de la société, l'individu peut dès lors régner en maître, en souverain, vivre sa vie comme il le souhaite. À l'opposé, ce que l'on nomme la sphère publique désigne tout l'espace restant, celui qui subsiste en partage parmi les individus et qui découle de leur coexistence à l'intérieur d'une même société. Cette sphère est le lieu privilégié du politique, comme le lieu des luttes pour le pouvoir sur la société. Comme nous le verrons maintenant, toute l'action politique du libéralisme, trouvant appui sur cette division originaire de la société en deux sphères largement indépendantes, voire mutuellement exclusives, vise en quelque sorte à renforcer la sphère privée au détriment de l'influence de la sphère publique.

3.2.4. Méfiance à l'égard de l'autorité politique

La quatrième idée maîtresse du libéralisme consiste en une vive *méfiance à l'égard de toute autorité politique*. Cette méfiance trouve d'abord son origine dans la conception atomistique de la société qui est propre à cet ensemble d'idéologies. En effet, dans cette perspective, où les individus sont considérés comme le fondement de la société et où, par extension, celle-ci est perçue comme quelque chose d'extérieur venant se greffer à eux, tout pouvoir politique, donc toute autorité vouée à la gouverne de la société, ne peut être autrement perçu qu'en tant que contrainte ou entrave à la pleine jouissance de la liberté individuelle. C'est en effet dans une *conjoncture élémentaire d'opposition* que le pouvoir est généralement conçu par le libéralisme, à la manière d'un jeu à somme nulle où toute appartenance au pouvoir se fait forcément au détriment de la liberté des individus et où, à l'opposé, toute la liberté dont peuvent jouir les individus n'existe toujours qu'en soustraction de ce qui revient au pouvoir. Et l'issue de ce jeu, estime le libéralisme, est généralement défavorable pour les individus.

Cette méfiance à l'égard de toute autorité politique qui, dans une certaine mesure, en est bien une à l'égard de la société elle-même, trouve son origine dans les premiers combats politiques menés par le libéralisme classique, lesquels ont pu contribuer à faire de cette nouvelle pensée, de cette nouvelle force politique, un véritable ensemble idéologique. En effet, l'un des principaux éléments fédérateurs des forces et des idées politiques qui ont donné naissance aux idéologies libérales est un rejet radical des régimes politiques «absolutistes», tels que ceux qui existaient dans l'Europe des débuts de la modernité. Ce système politique caractéristique de l'Ancien Régime repose sur une conception hiérarchique et holistique de la société à la tête de laquelle trône un monarque qui, tirant son autorité de Dieu et son titre d'une filiation héréditaire, exerce son pouvoir politique sans limites sur la société et ses membres. Dans ce régime, pas de partage du pouvoir et point d'opposition possible. La critique de ce régime est constitutive des idéologies libérales classiques, dans la mesure où dans celle-ci se dévoile la conception du pouvoir qui est propre à la pensée libérale. Voyons d'abord en quoi consiste cette critique.

Bien que le libéralisme condamne l'absolutisme, il ne rejette pas le principe d'autorité *tout court*, en s'opposant à toute forme d'autorité politique. La pensée libérale n'est pas anarchiste, ni même «anarchisante», puisque cette idéologie possède bien une conception positive du pouvoir, soit une manière particulière de concevoir ce dernier, notamment quant à ses origines, ses modalités d'application et à ses fins. La méfiance du libéralisme à l'égard de l'autorité vise d'abord et avant tout une tendance inhérente à tout pouvoir, à laquelle précisément aurait largement succombé l'absolutisme européen, qui est de devenir *abusif*. Cette tendance, estime le libéralisme, semble en quelque sorte inscrite dans la nature même de tout pouvoir politique. Pour reprendre les mots de Montesquieu dans son ouvrage *De l'esprit des lois*, «c'est une expérience éternelle que tout homme qui a du pouvoir est porté à en abuser». Tout pouvoir tend inévitablement à déborder de son lieu d'origine pour s'exercer, avec excès, au-delà de sa destinée originelle. Cette tendance est révélée par deux des principaux traits des régimes absolutistes européens: leur autoritarisme et leur nature arbitraire.

Premièrement, le libéralisme s'oppose à la nature *autoritaire* du pouvoir tel qu'il est exercé par les régimes absolutistes. L'autoritarisme politique se définit comme une forme de pouvoir dans laquelle celui-ci est exercé *sans partage* et appliqué *sans retenue* à l'égard de ceux qui y sont soumis. En effet, dans les régimes absolutistes européens de l'époque, le pouvoir était totalement concentré entre les mains du chef d'État, en l'occurrence le monarque. Emblématique de cette concentration du pouvoir est l'exemple de Louis XIV, le Roi Soleil, dont l'histoire conservera cette formule sans équivoque – bien que son authenticité soit contestée –, et dont la clarté n'a d'égal que l'ambition de son auteur : « L'État c'est moi ! » Dans cette France de l'Ancien Régime, l'État était alors conçu comme une simple « propriété » du roi, sur laquelle il pouvait exercer toute son autorité en pleine exclusivité. Aussi, dans les régimes politiques absolutistes, n'existe-t-il point d'assemblées de députés, d'assemblées législatives, de conseils d'élus, si ce n'est toujours que dans une visée strictement consultative. En effet, il arrivait que le monarque nomme des « ministres », dont la fonction était de l'assister dans ses fonctions de chef d'État, mais ces derniers n'étaient jamais dotés de réels pouvoirs, dans la mesure où ils n'étaient en fait que de simples conseillers exécutant les volontés du monarque.

Par ailleurs, dans les régimes absolutistes, le pouvoir s'exerce toujours sans retenue, dans la mesure où il commande une obéissance stricte à son endroit de la part de tous ceux qui y sont soumis, c'est-à-dire les citoyens. Concrètement, cela signifie que tout régime absolutiste se distingue par le fait que, dans ceux-ci, les citoyens jouissent généralement de bien peu de libertés individuelles. Dans ces sociétés, le pouvoir exerce ainsi, par différents mécanismes, tels que des systèmes de censure, de contrôle de la presse, des lois interdisant certaines associations, etc., un strict contrôle sur les citoyens, en premier sur leur liberté d'opinion. Or, ce contrôle trouve son explication dans le fait que, dans ces régimes, le pouvoir étant personnifié par le monarque, tout acte de pensée libre, et par suite toute opinion divergente non partagée par celui qui incarne le pouvoir dans sa personne, ne peut être perçu autrement que sous le signe d'une insoumission au pouvoir. Dans ce contexte où le pouvoir est totalement incarné dans la personne du monarque, toute critique porte toujours en elle la marque d'une certaine contestation, d'une insoumission à l'égard de son représentant, comme une menace dirigée contre lui.

Deuxièmement, le libéralisme rejette la nature *arbitraire* du pouvoir des régimes absolutistes. Est arbitraire tout pouvoir qui est exercée sans limites par une seule personne, en l'occurrence le monarque, *en fonction de son bon vouloir*. Dans ces régimes, le pouvoir dont jouit celui-ci n'est soumis à aucune condition ou limitation. Cela est visible dans le fait que, dans l'Ancien Régime, les monarques tiraient leur autorité non pas d'une loi fondamentale, mais, à l'opposé, de leur qualité même de monarques.

Dans cette conception du pouvoir, c'est le monarque qui est la source même du pouvoir politique. Aussi, toute manifestation du pouvoir n'était rien d'autre que la simple énonciation de la *volonté* du monarque. C'est pourquoi toutes les lois qui prévalaient dans ces régimes n'étaient toujours en réalité que des «décrets», c'est-à-dire des décisions personnelles du chef de l'État. Dans ces régimes, le roi ou la reine était ainsi, par exemple, libre de promulguer les lois, de les révoquer ou de les amender, de les faire appliquer, de porter des accusations contre quelqu'un, de le juger et de le condamner, et cela, toujours suivant son bon vouloir et au gré de ses humeurs.

Afin de contrer cette tendance autoritaire et arbitraire du pouvoir, le libéralisme va adhérer à un principe politique aujourd'hui largement répandu, celui de la *primauté du droit* (ou de la «*rule of law*» dans la tradition du droit coutumier). Ce principe stipule que tout pouvoir, quel qu'il soit, doit être soumis à l'autorité de la loi, laquelle est suprême; aucun pouvoir, ni même aucun de ses représentants quel qu'il soit, y compris même le chef d'État, n'est au-dessus de la loi. Concrètement, c'est ce principe juridique qui se trouve derrière toutes les constitutions politiques des pays libéraux. Dans ce document constitutionnel, il s'agit de poser les fondements de la loi, sur lesquels vont reposer toutes les lois subséquentes et auxquels doit se soumettre tout pouvoir en découlant. L'objet de cette loi fondamentale est bien d'encadrer le pouvoir, c'est-à-dire de le définir, de fixer ses limites et de le circonscrire suivant les grands principes sur lesquels repose la société.

Cet encadrement du pouvoir par la loi trouve son illustration par exemple dans la division désormais classique du pouvoir en trois branches distinctes, telle qu'elle existe dans la plupart des pays occidentaux de notre époque, à savoir un pouvoir législatif (pouvoir de faire les lois, de les amender ou de les abroger), un pouvoir exécutif (pouvoir d'appliquer les lois ou de gouverner) et un pouvoir judiciaire (pouvoir de faire respecter la loi par les tribunaux). Selon Montesquieu, qui a été le premier, dans son ouvrage *De l'esprit des lois*, à conceptualiser cette division tripartite, s'inspirant en cela du modèle parlementaire britannique de l'époque, une telle division constitue la meilleure sauvegarde contre l'absolutisme politique, car «seul le pouvoir peut arrêter le pouvoir». Autrement dit, rien de mieux pour limiter un pouvoir que de l'opposer à un autre pouvoir. Le pouvoir ainsi divisé, ses trois branches se trouvent placées en quelque sorte *dans un rapport d'équilibre les unes par rapport aux autres*. Les trois branches exercent simultanément, chacune sur les deux autres, une influence réciproque, assurant du coup à l'ensemble un «équilibre des pouvoirs», ce qui favorise le respect du principe de la primauté du droit.

Par ailleurs, cette méfiance à l'endroit de tous les pouvoirs politiques, qui tendent vers l'abus, va également donner corps dans le libéralisme à une autre notion centrale, celle du « contrat social ». Toute pensée libérale classique – celle d'un Locke, d'un Rousseau ou d'un Montesquieu par exemple – repose sur l'admission qu'il aurait existé un état avant celui dans lequel on trouve l'être humain vivant en société. Il y eut un temps où l'être humain vivait encore dans ce que l'on nomme un « état de nature ». Or si l'être humain vit aujourd'hui en société, c'est qu'il en est le créateur. La société est une création humaine. Pour le libéralisme, au fondement de toute société repose une première convention, soit une entente fondamentale passée entre tous les membres de la société, en vue d'instituer cette dernière. Le contrat social est une sorte d'entente fondamentale qui lierait tous les individus sans exception et qui servirait de socle légal sur lequel instituer la société et le pouvoir politique. Cet idéal « contractualiste » occupe une place centrale dans toute la pensée libérale classique. Le contrat social constitue la « première des lois », celle sur laquelle vont venir se fonder toutes les autres.

L'importance de l'idée du contrat social dans le libéralisme se mesure à la lumière des autres idées maîtresses sur lesquelles repose cette famille idéologique. Premièrement, que la société puisse se fonder sur un contrat n'est possible que dans la mesure où les signataires de ce contrat sont des êtres naturellement libres. L'idée que la société puisse être le produit de la création humaine vient servir de preuve tangible du fait que les individus sont bel et bien, par leur nature, maîtres de leur destinée. On peut dire que la fondation de la société par l'entremise d'un contrat social constitue l'acte de liberté suprême pour l'être humain. Deuxièmement, cette conception « contractualiste » de la société vient renforcer l'idée qu'il existe une égalité naturelle parmi les êtres humains. En effet, admettre qu'au fondement de toute société ou, plus précisément ici, de tout pouvoir politique réside une entente passée entre les membres de cette société vient confirmer, par la négative, qu'il n'existe point dans la nature de « leaders naturels », c'est-à-dire de personnes qui, en raison de leur supériorité naturelle indéniable – elles seraient nées comme telles – par rapport aux autres, jouiraient d'un droit « naturel » à gouverner les autres. Par conséquent, s'il n'existe point dans la nature d'individus supérieurs à tous les autres, c'est que tous les êtres humains sont fondamentalement égaux. Dans ce contexte d'égalité parmi tous les êtres humains, tout pouvoir politique légitime ne peut être fondé que sur le consentement initial de tous, soit sur une *convention* passée entre tous les membres de la société. Autrement dit, on peut voir dans cette représentation de l'origine de la société le reflet de la conception du pouvoir propre au libéralisme : la seule véritable source du pouvoir est celle émanant du peuple qui, par l'intermédiaire de chacun des individus qui le composent, est signataire du contrat social. Troisièmement, cette idée d'un contrat social vient confirmer la conception atomistique de la société à laquelle souscrit le libéralisme. En effet, si c'est un contrat passé entre les êtres humains qui sert de fondement à la société, c'est donc que les individus précèdent la société ; autrement dit, la société vient *après* les individus. Aussi la société, puisqu'elle est une création des êtres humains, est-elle quelque chose dérivant des individus, qui en sont les véritables fondements. Quatrièmement, cette idée du contrat social traduit avec clarté toute la méfiance qui anime le libéralisme à l'égard du pouvoir. Comme nous l'avons souligné plus haut, le contrat social est la première façon d'encadrer le pouvoir par la loi. Dans cette conception, c'est aux individus que revient la tâche de fixer les limites du pouvoir, celui-ci ne pouvant lui-même le faire.

Enfin, si la société est véritablement fondée sur un contrat social entre les individus, il s'ensuit que la principale fonction de tout pouvoir politique, ou de la société dans son ensemble, est de *servir ces individus*. Voilà à quoi se résume la fonction essentielle de tout pouvoir politique dans une perspective libérale. L'État ou la société ne poursuivent pas des fins qui leur seraient propres – comment le pourraient-ils s'ils sont privés d'existence propre ? –, mais cherchent plutôt à maintenir un environnement dans lequel les individus puissent poursuivre leurs propres fins. Aussi on peut voir que pour le libéralisme, l'État n'apparaît toujours qu'en tant que simple *instrument au service des individus,* un instrument dont peuvent se servir ces derniers pour arriver à leurs fins. Nous reviendrons sur cette question plus loin pour préciser le sens de ces fins de l'État libéral.

3.2.5. Propriété

La dernière idée maîtresse du libéralisme a trait à la question de la *propriété*. Pour cette famille idéologique, la liberté dont jouissent les individus ne se limite pas simplement à celle de la maîtrise de leur corps (liberté de mouvements, de comportements, d'association, etc.) et de leurs idées (liberté de conscience, d'opinion, de presse, etc.), mais bien aussi à la possession des choses qui les entourent et dont ils se servent pour assouvir leurs besoins et satisfaire leurs intérêts, soit leurs propriétés. Pour le libéralisme, *la propriété constitue un droit naturel*. C'est cette idée qu'exprime John Locke lorsqu'il écrit dans son ouvrage classique *Second traité du gouvernement civil* :

> Bien que la terre et toutes les créatures inférieures appartiennent en commun à tous les hommes, chacun garde la propriété de sa propre personne. Sur celle-ci, nul n'a droit que lui-même. Le

travail de son corps et l'ouvrage de ses mains, pouvons-nous dire, sont vraiment à lui.

L'acte d'appropriation et le produit de cet acte appartiennent en propre au propriétaire de celui-ci et aucune restriction n'est possible. L'importance de cette question de la propriété tient au fait que, dans une perspective libérale, la propriété est conçue comme la simple extension de soi, comme le prolongement de la liberté individuelle dont sont dépositaires tous les êtres humains. Aussi ce droit à la propriété s'inscrit-il, au sein du libéralisme, aux côtés des autres droits dont disposent tous les individus, en vertu de leur nature. On trouve d'ailleurs ce droit à la propriété inscrit dans toutes les grandes chartes ou déclarations libérales de droits. Tel se lit par exemple le dernier article (article 17) de la *Déclaration des droits de l'homme et du citoyen* de 1789 : « La propriété étant un droit inviolable et sacré, nul ne peut en être privé, si ce n'est lorsque la nécessité publique, légalement constatée, l'exige évidemment, et sous la condition d'une juste et préalable indemnité. »

L'influence de la question de la propriété dans le libéralisme atteste le fort lien qui unit cette famille idéologique à une classe sociale particulière, la bourgeoisie. En effet, plus que toute autre force idéologique, le libéralisme est intrinsèquement associé à cette classe sociale qui va émerger à l'époque moderne. La bourgeoisie est un produit de la modernité, de son système économique, le capitalisme, et de son système politique privilégié, la démocratie représentative. Il n'existait pas de classe bourgeoise dans l'Athènes classique, ni dans la Rome classique, ni dans l'empire de Charlemagne. Dans l'Europe de l'Ancien Régime, les bourgeois font encore indistinctement partie, aux côtés des paysans, des serfs et des membres du bas clergé, du « tiers état », ce corps social qui occupe la base de la hiérarchie sociale et le gros de la population. L'essor de la bourgeoisie, s'il s'explique assurément en grande partie par l'émergence du capitalisme, est néanmoins aussi largement attribuable à la diffusion de la conception du monde libérale et à l'action politique menée au nom de cette famille idéologique. Et, parmi les idées caractéristiques du libéralisme, la question de la propriété est sans doute l'une des plus déterminantes pour la bourgeoisie. On se rappelle que cette question constitue l'un des principaux chevaux de bataille de cette classe sociale aux premiers temps de la modernité : si dans l'Ancien Régime le droit à la propriété était un privilège accordé aux seules classes aristocratiques, avec les grandes révolutions libérales de la modernité nous allons assister à une extension à tous de ce droit naturel, au bénéfice premier de cette nouvelle classe sociale.

Ainsi, l'importance de ce droit naturel impose d'ajouter à la mission fondamentale de tout État, telle que nous l'avons définie plus haut, celle de la protection des *propriétés de ses citoyens*. C'est bien cette mission qu'annonce avec éloquence John Locke en écrivant dans le *Second traité du gouvernement civil* : « [L]a fin capitale et principale, en vue de laquelle les hommes s'associent dans des républiques et se soumettent à des gouvernements, *c'est la conservation de leur propriété.* » Pour l'État, être au service des individus sur lesquels il se fonde consiste à travailler à préserver leur vie et leurs propriétés, contre tous ceux qui seraient tentés de les leur dérober.

Enfin, l'importance accordée à l'individu et à la propriété entraîne un fort attachement de la part de cette famille idéologique au système économique par excellence de la modernité, le capitalisme ou l'économie de marché. Le lien qui unit le libéralisme à ce système économique fondé sur la primauté du marché est double. D'une part, le capitalisme n'aurait jamais pu voir le jour sans l'aide de certaines des idées maîtresses promues par le libéralisme. En effet, sans l'idéal de liberté, liberté incarnée et portée par l'individu, on peut difficilement imaginer comment le capitalisme, qui repose sur le principe de la libre entreprise, de la libre concurrence des agents économiques, de la libre recherche de profit par tous ou sur la liberté de mouvement des capitaux, des produits et dans une moindre mesure des personnes, aurait pu voir le jour. Parmi les possibilités offertes par la mise en place des idéaux du libéralisme, il y a celle de l'économie de marché. Mais, d'autre part, l'essor du libéralisme est lui-même en partie attribuable à la montée en puissance du capitalisme. Dans la mesure où ce système économique repose sur l'idéal de marché, le capitalisme a pu contribuer à légitimer la conception du monde qui est propre au libéralisme. On peut dire que la conception atomisée du monde est au libéralisme ce que l'idéal de marché est au capitalisme.

CONCLUSION

Le libéralisme est la famille idéologique qui a marqué en Occident l'entrée dans l'ère de la modernité. C'est à partir du déploiement des idéologies se rattachant à cette vaste famille que la conception de la réalité qui existait auparavant s'est transformée. Grâce à l'émergence des idées maîtresses du libéralisme, et plus particulièrement de la première de celles-ci, la liberté, les sociétés occidentales se sont ouvertes à de nouvelles façons de concevoir le monde et d'autres idéologies, soit par opposition, soit par extension au libéralisme, ont vu le jour.

Les idéologies libérales prennent place à notre époque au centre du clivage politique, se déployant tantôt à gauche, tantôt à droite, où le libéralisme est reconnu, d'un côté, comme progressiste et, de l'autre, comme conservateur. Peu importe la position qu'il occupe, le libéralisme s'articule autour des cinq mêmes idées maîtresses : la liberté, l'égalité, la société atomistique, la méfiance à l'égard de l'autorité politique et la propriété. Bien qu'elles soient toujours présentes, ces idées peuvent avoir préséance les unes sur les autres selon que la tendance libérale est plus à gauche ou plus à droite.

Grandement influencés par le courant de pensée moderne humaniste, tous les concepts de la pensée libérale gravitent autour de l'être humain. Cette place de choix qu'il occupe lui est attribuée par le libéralisme de façon tout à fait naturelle. Tous les êtres humains naissent égaux et jouissent d'une liberté d'origine naturelle. Ces attributs leur confèrent des droits tout aussi naturels, sur lesquels l'autorité politique doit veiller, l'unique fonction du pouvoir politique étant de servir les individus. En ce sens, rien n'existe au-delà de l'être humain.

BIBLIOGRAPHIE

Aristote. *Les politiques*.
Aron, Raymond (1965). *Essai sur les libertés*, Paris, Gallimard.
Berlin, Isaiah (1988). « Deux conceptions de la liberté », dans I. Berlin, *Éloge de la liberté*, trad. J. Carnaud et J. Lahana, Paris, Calmann-Lévy. Titre original : (1969). « Two Concepts of Liberty ».
Bill of Rights. (1689).
Boétie (de La), Étienne (env. 1548). *Discours de la servitude volontaire*.
Constant, Benjamin (1819). *De la liberté des Anciens comparée à celle des Modernes*.
Déclaration des droits de l'homme et du citoyen. (1789).
Descartes, René (1637). *Discours de la méthode*.
Hobbes, Thomas (1971). *Le Léviathan, ou Traité de la matière, de la forme et du pouvoir d'un État ecclésiastique et civil*, trad. F. Tricaud, Paris, Sirey. Titre original : (1651). *Leviathan, or The Matter, Form and Power of a Commonwealth Ecclesiastical and Civil*.
Jefferson, Thomas (1776). *United States Declaration of Independence*.
Locke, John (1984). *Second traité du gouvernement civil*, trad. D. Mazel (1795), Paris, Garnier-Flammarion. Titre original : (1690). *Second Treatise of Civil Government*.
Mill, John Stuart (1990). *De la liberté*, trad. L. Lenglet, Paris, Gallimard. Titre original : (1859). *On Liberty*.
Rawls, John (1987). *Théorie de la justice*, trad. C. Audard, Paris, Seuil. Titre original : (1971). *A Theory of Justice*.
Rousseau, Jean-Jacques (1762). *Du contrat social*.
Smith, Adam (1991). *Recherche sur la nature et les causes de la richesse des nations*, trad. G. Garnier (1881), Paris, Flammarion. Titre original : (1776). *An Inquiry into the Nature and Causes of the Wealth of Nations*.

Taylor, Charles (1997). *La liberté des modernes*, Paris, Presses universitaires de France.

Vachet, André (1988). *L'idéologie libérale. L'individu et sa propriété*, Ottawa, Presses de l'Université d'Ottawa.

/ *Chapitre 4*

LA DROITE
Le conservatisme

Le conservatisme occupe l'aile droite du clivage politique. L'influence de cette famille idéologique se fait sentir sur une portion étendue du clivage politique, celle qui va du centre droit, occupé par le libéralisme de droite, jusqu'à l'extrême droite, où loge le fascisme. Le terme «conservatisme» revêt dans le présent ouvrage une double signification. Il nomme à la fois, dans un sens restreint, une famille d'idéologies particulières et, d'une manière étendue, l'ensemble des idéologies politiques qui occupent l'aile droite du clivage politique, parmi lesquelles on trouve le libertarianisme, le fascisme, de même que le conservatisme comme tel. Dans ce second sens, le terme «conservatisme» est alors l'équivalent à la droite de ce que le terme «progressisme» est à la gauche. Le présent chapitre entend décrire à grands traits la famille conservatrice, entendue ici dans son sens restrictif.

Dans la mesure où il campe à droite, le conservatisme repose sur une conception du monde selon laquelle l'ordre du monde *est légitime*. Ce jugement se fonde sur l'admission qu'il existe derrière la réalité un ordre structurant, lequel assure à cette dernière sa stabilité et son organisation harmonieuse. De plus, comme il nous a été donné de le voir brièvement au chapitre 2, ce jugement de satisfaction est toujours accompagné dans le conservatisme d'une préoccupation, voulant que cet ordre soit actuellement menacé de disparaître. Ainsi, à l'instar des autres familles d'idéologies avec lesquelles il partage l'aile droite du clivage politique, le conservatisme propose un programme politique fondé sur un constat et dont l'objectif principal consiste à «préserver» cet ordre face aux menaces qui pèsent sur lui.

4.1. SES ORIGINES HISTORIQUES

Juste après le libéralisme, le conservatisme représente, historiquement, la *seconde* grande famille idéologique. C'est en vue de contrecarrer l'influence du libéralisme qui va s'imposer presque partout en Occident à partir de la fin du XVIIe siècle, à l'occasion notamment des grandes révolutions politiques modernes (la Glorieuse Révolution de 1688-1689 en Angleterre, la Révolution américaine de 1776 ou la Révolution française de 1789, etc.), que le conservatisme a vu le jour au tournant de ce siècle. Cet ensemble d'idéologies est à l'origine foncièrement « réactionnaire », puisque son action en est précisément une de *réaction* face au libéralisme. Cette relation initiale autour de laquelle va se constituer le conservatisme comme force idéologique va grandement évoluer au fil du temps. En effet, si au départ le libéralisme représente le principal rival du conservatisme, c'est plutôt contre les idéologies de gauche qui vont apparaître sous la forme d'un prolongement plus radical de l'aile gauche du libéralisme que le conservatisme va perdurer et évoluer jusqu'à aujourd'hui. Si bien qu'à partir du XXe siècle le principal « adversaire » politique du conservatisme n'est plus tellement le libéralisme, mais les idéologies de gauche, soit celles qui se rassemblent sous les grandes familles socialiste-communiste et anarchiste. En insistant sur cette relation déterminante du conservatisme entre le libéralisme et les idéologies de gauche, il ne s'agit pas de faire du conservatisme la simple *image renversée* de ces idéologies. Le conservatisme est beaucoup plus que l'antithèse de ces dernières. Comme il nous sera donné de le voir dans les pages qui suivent, la famille idéologique conservatrice repose sur des idées maîtresses distinctes et un contenu théorique autonome, qui ne sont pas exclusivement ou entièrement attribuables à son caractère foncièrement réactionnaire.

Comme grande famille idéologique siégeant à droite, ce que cherche à préserver le conservatisme, ce sont essentiellement les grands principes caractéristiques de l'ordre politique qui prévalait partout en Occident avant son renversement par les grandes révolutions politiques de la modernité, à savoir l'« Ancien Régime ». Au fondement du conservatisme, on trouve une très grande influence des idéaux appartenant au passé, à l'ordre ancien, à la tradition. Or, bien que ses idées maîtresses pointent en direction d'une époque révolue, la première manifestation du conservatisme n'est toutefois pas antérieure à ces grandes révolutions. Ce n'est en effet qu'à leur suite que le conservatisme a émergé en tant que véritable *ensemble d'idéologies politiques*, soit en tant que conception du monde cohérente et autonome donnant corps à un programme politique distinct. L'apparition de cette famille idéologique est en ce sens un événement appartenant pleinement à la modernité, au même titre que l'émergence du libéralisme auquel il est au départ farouchement opposé. Ce serait ainsi se méprendre que de considérer les idéologies conservatrices comme étant simplement « des idéologies de l'Ancien Régime », car le conservatisme appartient totalement à notre époque, à la modernité. S'il appartenait à une époque dépassée, ses idées seraient en quelque sorte immuables et figées, puisque fixées à jamais dans cette époque achevée. Or tel n'est pas le cas. À l'instar de toutes les grandes idéologies, les idéologies qui se rattachent au conservatisme changent, se transforment et savent s'adapter au gré de l'évolution des réalités. Le conservatisme, tel qu'il existe aujourd'hui dans la plupart des pays occidentaux, n'a en effet plus grand-chose à voir avec celui qui animait les mouvements réactionnaires de la fin du XVIIIe siècle en Europe. Bien qu'il puisse trouver sa source d'inspiration du côté de l'Ancien Régime, le conservatisme n'en demeure pas moins un mouvement incontestablement moderne, au même titre que toutes les autres grandes familles d'idéologies politiques.

À la différence du libéralisme – et encore plus du socialisme-communisme ou de l'anarchisme –, le conservatisme ne repose pas sur un corpus théorique très abondant. À l'exception de quelques ouvrages clés, au premier plan l'ouvrage du penseur anglais Edmund Burke (1729-1797) de 1790, *Réflexions sur la révolution de France*, qui représente la première tentative de théorisation du conservatisme, il existe en effet bien peu d'ouvrages théoriques exposant les grands principes ou les idées maîtresses de cet ensemble idéologique. De plus, à la manière de l'ouvrage fondateur de Burke, bon nombre d'écrits conservateurs empruntent généralement la simple forme pamphlétaire, étant rédigés à l'occasion d'événements politiques au cours desquels le conservatisme tient un rôle de premier plan. Ajoutons que cette relative pauvreté théorique est probablement attribuable au fait que, différemment des idéologies de gauche, comme nous aurons l'occasion de le voir au prochain chapitre, les idéologies conservatrices reposent sur une grande méfiance à l'égard de la raison et, au premier plan, de cette idée que la raison puisse agir d'instrument de transformation du monde. Aussi, par extension, celles-ci se montrent-elles moins portées que les idéologies de gauche à s'imposer comme de véritables forces politiques par le biais d'un corpus théorique.

Soulignons enfin que les mots « conservateur » et « conservatisme » employés pour définir une idéologie ou une famille idéologique – ou bien l'ensemble des idéologies politiques de droite, suivant le sens étendu – sont d'origine récente. C'est l'écrivain français Chateaubriand (1768-1848) qui, en fondant dans les années 1820 un journal nommé *Le conservateur*, aurait pour la première fois utilisé ce terme dans le sens qu'on lui prête encore aujourd'hui.

4.2. SES IDÉES MAÎTRESSES

Les idées maîtresses du conservatisme sont au nombre de quatre : I) respect de la tradition, II) hiérarchie sociale, III) moralisme, IV) cohésion sociale. Analysons ces idées une à une.

4.2.1. Respect de la tradition

La principale idée maîtresse du conservatisme est le *respect de la tradition*. Cette première idée se veut le prolongement du premier schéma explicatif propre aux grandes familles d'idéologies de droite (voir p. 29). Pour le conservatisme, l'ordre structurant qui procure à la réalité son organisation harmonieuse, juste et équitable est celui de la tradition. La tradition, dans la mesure où elle porte en elle l'ensemble des sagesses passées et des expériences menées par les générations qui sont venues avant nous, doit inspirer nos actions et la manière dont nous concevons le monde. L'ordre du monde porte en lui le poids de la tradition et, s'il mérite notre respect, c'est qu'il a su résister à l'épreuve du temps, qu'il a, en quelque sorte, « fait ses preuves ». Aux yeux du conservatisme, la tradition agit comme une sorte de filtre sélectif au moyen duquel seul ce qui fonctionne bien est transmis de génération en génération. Si ce qui existe actuellement a pu opérer ainsi depuis de si nombreuses années, voire depuis des siècles, c'est que cela fonctionne et *doit* continuer de le faire. Pour le conservatisme, la tradition offre un fondement solide, à partir duquel on doit concevoir le monde et agir sur lui.

Cette première idée maîtresse du conservatisme est parfaitement fidèle à la façon dont les Anciens concevaient le monde. En effet, dans toutes les sociétés politiques occidentales de l'Antiquité et Moyen Âge, la tradition, sous forme de pratiques cultuelles, de croyances, de mythes fondateurs et de rites de respect adressés aux anciens ou aux morts, agissait toujours comme force déterminante dans l'organisation de l'ordre social, économique et politique de la société. Or, si cette idée trouve son inspiration dans les sociétés anciennes, la formulation *explicite* qu'elle revêt au sein du conservatisme ne peut être comprise qu'à la lumière de la réaction qui anime le conservatisme à l'endroit du libéralisme. On se rappellera que le libéralisme est précisément né d'une volonté d'affranchir les êtres humains et les sociétés du poids de la tradition. En effet, selon la famille libérale, être libre signifie d'abord et avant tout, pour les êtres humains, se savoir capables d'agir sur le réel, autrement dit pouvoir exercer une influence sur leur vie, sur leur destinée et sur le cours du monde. Or, dans une perspective conservatrice, cette conception de la liberté comme porteuse de possibilités *est une illusion*, puisqu'elle est contraire à la réalité. Pour le conservatisme, la réalité, loin de la manière qu'elle a d'être conçue par le libéralisme (et par les idéologies de gauche qui suivent dans son sillage), n'est pas une matière brute, malléable à sa guise. Derrière la réalité se trouve un ordre du monde, un processus structurant sur lequel il est impossible d'agir, dans la mesure où l'être humain y est totalement soumis. C'est cet ordre qui assure à la réalité son organisation harmonieuse et sa stabilité. Tout ce qui est et tout ce qui se donne à voir dans le réel, les institutions de notre époque, nos pratiques, notre mode de pensée, ne sont toujours que le résultat de ce qui nous a précédés. La réalité étant totalement traversée par cette tradition, nier l'influence de cette dernière au nom d'un idéal de liberté comme le proclament les idéologies du centre signifie ni plus ni moins nier la réalité elle-même. C'est une telle logique argumentative que sous-tendent les nombreuses critiques portées par le conservatisme à l'endroit des idéologies de gauche, lesquelles sont taxées d'« irréalistes », voire d'« utopistes ».

C'est, par ailleurs, sur la base de ce respect voué à la tradition que le conservatisme se montre farouchement opposé à l'idée de la révolution, telle que prônée par le communisme et l'anarchisme. Aux yeux du conservatisme, il est totalement insensé de croire qu'il soit possible, comme le soutiennent certains représentants du libéralisme à ses débuts et les idéologies de l'extrême gauche à notre époque, de « repartir » à zéro, autrement dit, dans un grand mouvement de table rase, de refonder la société, comme si cette dernière n'avait jamais existé. Par l'espoir qu'elles entretiennent dans la voie révolutionnaire, ces grandes familles idéologiques de gauche témoignent du fait qu'elles sont incapables d'apprécier la valeur de la tradition, l'autorité dont elle jouit sur le réel et le respect qu'elle mérite. C'est précisément pareil reproche qui est exprimé par Burke lorsqu'il s'en prend de manière virulente aux révolutionnaires français dans son ouvrage de 1790 :

> Tant qu'ils resteront possédés par de telles idées [les idées révolutionnaires], c'est en vain qu'on leur parlerait de ce qu'ont fait leurs aïeux, des lois fondamentales de leur pays, des formes établies d'une constitution dont les mérites sont confirmés par le témoignage solide d'une longue expérience, ainsi que l'accroissement de la puissance nationale et de la prospérité publique. Ils méprisent l'expérience, qui n'est à leurs yeux que la sagesse des ignorants ; et quant au reste, ils ont creusé une mine qui fera sauter d'un coup tous les exemples du passé, tous les précédents, et les chartes, et les Parlements.

Cet attachement du conservatisme à la tradition se manifeste dans son discours et son action par le renvoi à des valeurs dites traditionnelles.

C'est bien le propre de toute pensée conservatrice – on rejoint ainsi l'acception la plus courante de ce terme – que de valoriser tout ce qui émane du passé, de la tradition, des pratiques qui étaient celles des générations qui nous ont précédés. Parmi ces valeurs, il y a, par exemple, celles associées au monde rural, à la campagne, à la terre, etc. Cette filiation entre conservatisme et monde rural trouve d'ailleurs sa preuve dans le fait que, dans toutes les sociétés occidentales, les campagnes sont généralement plus conservatrices que les centres urbains, lesquels, au contraire, sont généralement plus progressistes. On remarque aussi dans le conservatisme un fort accent mis sur le thème de la famille. Celle-ci représente l'institution par excellence dans une société où se transmettent les traditions et les pratiques du passé, le premier lieu de socialisation et de filiation générationnelle. De plus, la famille apparaît généralement aux yeux du conservatisme comme l'une des dernières institutions capables de résister à « l'individualisme », tel que celui qui prédomine dans la plupart des sociétés politiques libérales à notre époque, donc au règne de l'autonomie individuelle qui mène à l'égoïsme, voire à un certain relativisme moral. On note de surcroît dans le conservatisme une forte valorisation du thème du travail. Le travail, le dur labeur quotidien est une dimension de la vie dont on ne pourrait se passer et dans lequel l'être humain doit trouver sa fierté et son honneur. Au gré des expériences nationales particulières, cette valorisation de la tradition peut aussi se combiner avec certaines préférences politiques, notamment sous la forme d'un soutien aux régimes monarchiques, ou d'un certain nationalisme, comme mouvement de préservation de l'identité nationale, celle qui est fière de son histoire et de sa résistance face aux menaces qui pèsent sur elle. Enfin, par suite, par sa promotion des valeurs traditionnelles, le conservatisme se montre en général opposé aux valeurs progressistes comme celles qui touchent à l'égalité entre les hommes et les femmes, aux questions environnementales, aux enjeux liés à la gestion du pluralisme et de la diversité culturelle ou aux questions liées à la sexualité, etc.

On note enfin que, parmi les principaux agents porteurs des valeurs associées au conservatisme, il y a au premier plan l'Église. Si cette institution occupe une place capitale au sein de mouvements conservateurs religieux, elle jouit également d'une influence, certes plus faible, mais non moins indéniable, dans la grande famille des idéologies conservatrices dans leur ensemble. L'Église, en raison du principe sur laquelle elle fonde son autorité, celle émanant du Dieu créateur – accent mis ici sur l'origine –, s'affiche ainsi comme la première institution vouée à la préservation de la tradition, de ce qui nous a été légué par Dieu. En ce sens, il existe une affinité certaine entre les visions du monde propres au conservatisme et celles qui sont propres à l'Église.

4.2.2. Hiérarchie sociale

Les idéologies conservatrices soutiennent qu'il existe *des inégalités naturelles parmi les êtres humains*. Tous les êtres humains ne sont pas parfaitement égaux, et cette inégalité est en quelque sorte inscrite dans leur nature. Cet état de fait est visible dans les grandes différences qui existent parmi eux quant à leurs capacités physiques et intellectuelles ; il faut bien reconnaître que certains sont par leur constitution naturelle, plus forts, plus habiles, alors que d'autres se démarquent par leur intelligence, par leur éloquence, etc.

Puisque ces inégalités sont d'origine naturelle, il serait contraire à la nature, estime le conservatisme, de les nier ou de chercher à les atténuer. Contre ces inégalités naturelles, on ne peut pratiquement rien. Ces inégalités font partie de l'ordre du monde, de la manière dont la réalité a de s'organiser naturellement. Aussi le libéralisme de même que les idéologies de gauche sont dans l'erreur lorsqu'ils croient reconnaître l'existence d'une égalité naturelle parmi tous les êtres humains. Ils font fausse route lorsqu'ils décrètent qu'il est du devoir de la société d'assurer le respect de cette égalité naturelle. C'est une telle critique qu'adresse Edmund Burke aux révolutionnaires français de 1789 :

> Croyez-m'en Monsieur, ceux qui prétendent niveler n'instaurent jamais l'égalité. Dans toutes les sociétés composées de différentes classes de citoyens, il faut qu'il y en ait qui tiennent le premier rang. C'est pourquoi les niveleurs ne font que changer et pervertir *l'ordre naturel des choses* ; ils surchargent l'édifice social en plaçant tout en haut ce qu'il faut mettre en bas, si l'on veut que le bâtiment soit solide [nous soulignons].

Plutôt que de tenter de bouleverser cet ordre inégalitaire naturel, il importe de veiller à ce que la société s'y conforme.

Afin de se conformer à cet état de la nature, il est important, selon le conservatisme, d'organiser la société suivant un *modèle hiérarchique*. Si la société doit être fidèle à ce fait de la nature, son organisation doit être le reflet de cette inégalité naturelle entre les êtres humains. C'est pourquoi, dans toute société bien organisée, il existe toujours des statuts et des privilèges distincts pour chaque membre ou chaque classe, en fonction de cette hiérarchie naturelle. Il apparaît alors tout à fait naturel d'octroyer un statut supérieur aux personnes les plus habiles, les plus intelligentes, les plus fortes, etc., statut dont les personnes de moins bonne valeur seront privées.

Par cette reconnaissance d'une inégalité naturelle parmi les êtres humains, la famille conservatrice se trouve donc à rejeter la conception atomistique de la société défendue par le libéralisme. Dans la perspective libérale, toute société apparaît toujours comme un simple agrégat; les individus étant égaux et autonomes, ils représentent en quelque sorte des atomes sur lesquels vient s'ériger la société. Or, mettre en avant le caractère inégalitaire des êtres humains conduit le conservatisme à défendre une conception «holistique» de la société (voir p. 53), au sein de laquelle chacun des membres n'est pas reconnu comme une unité fondamentale, un atome, mais comme une simple partie d'un ensemble qui le dépasse. La société est ici considérée comme supérieure à l'ensemble des parties qu'elle rassemble en elle.

Ainsi, on peut voir dans quelle mesure la conception de la société à laquelle souscrit le conservatisme est fortement inspirée du modèle d'organisation sociale de l'Ancien Régime et, en général, de ce qui prévalait en Occident avant les grandes révolutions politiques libérales. C'est en effet un tel modèle social qui existait notamment dans l'Athènes classique où l'organisation sociale reposait sur une division des êtres humains entre les hommes libres (les citoyens) et les autres (femmes, métèques, étrangers, esclaves, etc.), dans la Rome antique où cohabitaient les citoyens romains de plein droit (patriciens, plébéiens, nobles, chevaliers ou publicains) aux côtés des hommes libres (affranchis et pérégrins), des esclaves et des étrangers, ou, plus près de nous, dans les sociétés politiques de l'Europe de l'Ancien Régime, au sein desquelles on trouvait des ordres distincts, séparant les membres du clergé, les nobles et les paysans.

Par ailleurs, au cœur de ce système hiérarchique et holistique, se trouve l'idée du «mérite». Cette vertu qui fait que certains se distinguent par l'estime dont ils font l'objet est un idéal auquel toute pensée conservatrice accorde une grande importance. C'est en fonction du mérite que se répartissent de manière hiérarchique les différents statuts conférés à chacune des entités sociales. La place et le statut qui reviennent à chaque classe sociale – et par la suite aux membres qui la composent – correspondent à la valeur intrinsèque de celle-ci par rapport aux autres classes. À chaque classe sociale correspond une place propre au sein de la hiérarchie sociale. Aussi, au sommet de la pyramide sociale on trouve les classes les plus méritantes, celles qui en raison des excellentes capacités démontrées par leurs membres sont les plus dignes d'estime. Ces capacités découlent de leurs qualités intrinsèques (capacités physiques ou intellectuelles), autant que des conditions extérieures qui leur assurent un statut (richesses, éducation, réseaux de soutien, etc.). À l'opposé, au bas de l'échelle sociale, on trouve les classes qui, précisément en raison de leur humble condition, occupent la place inférieure qui leur revient. Tout l'assemblage social auquel souscrit le conservatisme repose sur cette répartition hiérarchique du mérite au sein de la société.

Ainsi, ce rejet de l'idéal d'égalité numérique, cet accent placé sur la différenciation sociale hiérarchique et, d'une manière générale, ce goût prononcé, de la part des idéologies conservatrices, pour l'idéal de mérite trahissent la méfiance qu'entretient cette famille d'idéologies à l'endroit du principe de la souveraineté populaire, premier principe politique du libéralisme. À des degrés divers, le conservatisme se montre en général critique de la démocratie. Si le conservatisme ne va pas, à l'instar du fascisme, jusqu'à rejeter totalement ce régime politique, son attitude à l'égard de la démocratie n'en demeure pas moins équivoque. D'une part, il considère généralement la démocratie comme un régime instable. À ses yeux, ce régime, en raison de la dissension et de l'opposition sur lesquelles il se fonde et auxquelles sont associés les joutes parlementaires, les jeux de pouvoir qui résultent de la répartition du pouvoir entre plusieurs corps (législatif, exécutif, judiciaire), et, par-dessus tout, les élections, est contraire à l'idéal de stabilité et d'harmonie valorisé par cette famille idéologique. D'autre part, les conservateurs se montrent généralement sceptiques quant aux véritables capacités du peuple, détenteur de la souveraineté politique, à se gouverner lui-même. Le conservatisme rejette l'idée qu'il soit à la portée de tous de pouvoir s'exprimer sur la bonne façon de gouverner la société, car en réalité seules les personnes des classes dominantes, des classes les plus méritantes sont capables d'assumer de telles responsabilités. Ainsi les idéologies conservatrices préfèrent-elles généralement les régimes politiques plus stables, fondés sur la tradition et sur le maintien en place des représentants traditionnels du pouvoir. C'est d'ailleurs ce qui explique la préférence marquée de la part de cette famille idéologique pour les régimes monarchiques ou les régimes héréditaires, ou, à tout le moins dans le contexte d'une société démocratique, pour les configurations qui accordent une place de premier plan aux élites politiques, au détriment du peuple, dans la gouverne des affaires de la société.

Enfin, cette conception hiérarchique et holistique de la société s'accompagne généralement dans le conservatisme par un sentiment que l'on pourrait nommer « patriotisme local ». En effet, cette famille idéologique valorise généralement un attachement et une fidélité à la communauté immédiate, la famille, le village, le quartier, la région, etc., comme principe de cohésion sociale. Si c'est le tout qui est garant de l'identité des citoyens, c'est cependant à l'égard du premier milieu de vie que se manifeste le sentiment d'appartenance des citoyens. C'est de ce sentiment d'appartenance à la communauté immédiate qu'Edmund Burke se fait l'ardent promoteur, lorsqu'il écrit que « [l]e premier principe de toutes les affections publiques, on pourrait dire leur germe, c'est l'attachement à la catégorie sociale qui est la nôtre, c'est notre amour du petit groupe dont nous faisons partie. C'est là le premier anneau de la chaîne qui nous conduit à l'amour de la patrie et de l'humanité. » Cet accent mis sur la communauté immédiate peut être saisi à la lumière de la relation d'opposition qui lie le conservatisme au libéralisme et, plus particulièrement, aux idéologies de gauche. En effet, le patriotisme local que promeut le conservatisme est tout le contraire du sentiment de fidélité et d'attachement universaliste ou cosmopolite auquel inspirent les idéologies de gauche, soit un sentiment d'appartenance de tous les êtres humains, par delà leur communauté immédiate, à l'ensemble de l'humanité. Aux yeux du conservatisme, les êtres humains se définiront toujours d'abord par rapport à leur lieu d'appartenance immédiat, qui est celui de leur communauté locale, et ce, avant même d'être citoyens du monde.

4.2.3. Moralisme

Le conservatisme est animé d'une *forte préoccupation morale*. Les questions du Bien et du Mal occupent en effet une place centrale au sein des idéologies qui se rattachent à cette famille idéologique. Cette approche normative est en grande partie redevable à l'influence dont jouit auprès d'elles la pensée religieuse. Comme nous l'avons souligné plus haut, la religion tient effectivement un rôle déterminant dans le conservatisme. Même auprès des mouvements conservateurs où la dimension religieuse se fait moins sentir, cette question morale n'en demeure pas moins une question centrale.

En pratique, cette préoccupation morale se manifeste principalement au sein du conservatisme par deux idées fortes : la première est celle d'une reconnaissance de la nature foncièrement « mauvaise » de l'être humain et la deuxième, celle de la conviction que notre époque est marquée par une décadence morale. Nous avons d'ailleurs brièvement traité de cette seconde question au chapitre 2, en montrant comment celle-ci représente l'un des traits caractéristiques de toute conception du monde appartenant aux idéologies de droite. Il s'agira ici de développer plus à fond cette idée.

D'abord, toute pensée conservatrice exprime une méfiance, plus ou moins marquée, à l'égard de la nature humaine : l'être humain est fondamentalement *mauvais*. Pour reprendre la formule de l'auteur latin Plaute – laquelle est généralement à tort attribuée à Thomas Hobbes, qui l'a reprise dans son ouvrage *Le Léviathan* –, « l'homme est un loup pour l'homme » : *Homo homini lupus*. L'être humain est une menace pour son prochain. Il est, de par sa nature, un être paresseux, orgueilleux, gourmand, concupiscent, avare, coléreux, envieux, etc. Ce n'est pas qu'il agisse toujours de manière à faire le mal, mais il est de sa nature de se laisser aisément tenter par celui-ci. Aussi les nombreux conflits qui existent dans la société, de même que la plupart des maux qui affligent aussi bien les êtres humains eux-mêmes, pris individuellement, que la société dans son ensemble, résultent-ils directement de ce trait de la nature humaine.

Cette conception de l'être humain est diamétralement opposée à la conception prônée par le libéralisme et les idéologies de gauche, qui reconnaissent plutôt en lui un être fondamentalement bon. En effet, c'est bien sur la base de l'admission du caractère foncièrement bon de l'être humain que la famille libérale peut voir en ce dernier un être de liberté, capable d'assumer son destin et d'agir sur le réel en étant foncièrement guidé par la recherche du Bien. Chez les idéologies de gauche, cette idée se traduit par la grande confiance qu'elles ont dans la capacité de l'être humain à transformer le monde pour qu'il devienne meilleur. Pour le conservatisme, au contraire, la nature humaine apparaît fondamentalement mauvaise. Ainsi, si les êtres humains peuvent à l'occasion commettre des actes mauvais, cela découle d'une tendance en quelque sorte inscrite dans leurs gènes. Le libéralisme et les idéologies de gauche soutiennent plutôt que la véritable source de ce mal est la société : c'est sous le poids de l'influence de la société que les êtres humains sont poussés au mal, ce dernier n'étant pas inscrit dans leur nature. La conception conservatrice de la nature humaine, comme pièce maîtresse de réalité telle que vue par cette idéologie, est déterminante pour le programme d'action politique qui s'en inspire. Laissons toutefois ici de côté cette dimension du conservatisme, puisqu'elle fera l'objet d'une analyse détaillée dans la prochaine section.

Ensuite, les idéologies conservatrices souscrivent à l'idée que la société occidentale – ou, à plus petite échelle, la société vue sur le plan national ou régional – est actuellement frappée d'une *décadence morale*. Cette idée d'une décadence morale est en effet toujours présente sous diverses formes dans le conservatisme. Bien que le conservatisme reconnaisse généralement les nombreux progrès ayant été par le passé accomplis par nos sociétés dans des domaines tels que la science, la technique ou l'économie, il déplore le fait que ces progrès aient été presque toujours accompagnés d'un dépérissement moral généralisé de la société. Cette déchéance morale est observable dans plusieurs domaines, sous la forme de nombreux phénomènes qui affligent actuellement la plupart des sociétés occidentales : perte de repères et effritement des valeurs fondamentales ou transcendantales (Dieu, le Bien, le Mal, le péché, etc.), dépravation des mœurs (pratiques sexuelles « contre naturelles », accroissement de l'infidélité en mariage, comportements déviants, etc.), progression de l'égoïsme individualiste (consumérisme, exaltation de la recherche du bonheur immédiat, perte de valeur de solidarité et d'oubli de soi, etc.), abandon au relativisme moral (tout s'équivaut ; le Bien et le Mal ne sont pas des valeurs absolument opposées, puisqu'il existe plusieurs manières de les penser), etc. Aussi, cette idée de décadence repose sur l'idée d'une époque malheureusement révolue, où tout allait mieux sur le plan moral et à partir de laquelle tout n'a été que de mal en pis jusqu'à nos jours. Et c'est sur cette pente descendante que se trouve actuellement la société.

À l'origine de cette décadence, estime le conservatisme, se trouve principalement l'influence des idées défendues par les idéologies du centre, mais surtout celles de gauche. En effet, le conservatisme voit généralement dans ces idéologies la principale cause de ce mouvement de décadence morale dans lequel sont actuellement plongées nos sociétés. Par exemple, on peut facilement reconnaître dans le rejet de la religion prôné par le communisme marxiste et l'anarchisme une dynamique ayant largement contribué à la perte de la foi religieuse dans nos sociétés. De même, on peut voir comment le socialisme, par le soutien qu'il a apporté aux principales luttes menées par les mouvements sociaux au milieu du XXe siècle, est un autre grand responsable de cette perte du sens moral, tel que défendu par le conservatisme. Au même titre, le conservatisme estime que le libéralisme, en raison de l'accent qu'il met sur l'individu, en tant que porteur de droits inaliénables, est grandement responsable de l'individualisme égoïste qui caractérise nos sociétés. Ainsi, on constate qu'un tel pessimisme quant à l'orientation générale de la société tranche nettement avec l'optimisme affiché par les idéologies du centre, de même que, à plus forte raison, par les idéologies progressistes, chez qui l'avenir est précisément conçu non pas comme celle d'un déclin, mais comme une voie ouverte au progrès et à un monde meilleur.

Citons en exemple un ouvrage dans lequel le déclin moral est l'objet d'une ample exposition et dont l'influence sur l'ensemble du courant conservateur au XXe siècle a été déterminante: *Le déclin de l'Occident* (1918 et 1922), d'Oswald Spengler (1880-1936). Ouvrage phare de la «droite révolutionnaire allemande» entre les deux guerres et qui connut un succès considérable à sa parution, cette œuvre est empreinte d'un grand pessimisme quant à l'état moral du monde occidental. Dans cet ouvrage, l'auteur allemand se propose de tracer un portrait général des civilisations et des cultures dans une perspective historique. Sa thèse principale consiste à rejeter l'idée que l'histoire est guidée par le progrès, comme le soutiennent expressément le communisme marxiste et, d'une manière plus générale, toutes les idéologies de gauche. À ses yeux, l'histoire du monde est cyclique. Aussi, la conclusion la plus grave à laquelle conduit son étude est celle qui veut que toute culture soit irrémédiablement appelée, à la manière de tout être vivant, à naître, prospérer, décliner et enfin disparaître. Or, c'est précisément dans cette dernière phase de l'histoire que la civilisation occidentale serait à notre époque engagée. Bien qu'il ait été rédigé à la faveur d'une conjoncture particulière, celle de l'Allemagne au sortir de la Première Guerre mondiale, cet ouvrage, par la conception de l'histoire qu'il développe, notamment dans la phase qui correspond à notre époque, est en parfaite conformité avec la façon de saisir le monde propre au conservatisme. Aussi trouva-t-il dès sa parution un accueil très favorable dans les rangs de cette famille idéologique de droite.

Cette idée de décadence tient donc en quelque sorte lieu de trame de fond sur laquelle repose la conception du monde propre au conservatisme, c'est-à-dire cette conjoncture dans laquelle se trouve actuellement la société et au sein de laquelle le conservatisme doit penser son action politique. Pour mieux saisir la manière dont le conservatisme entend agir contre cette décadence morale et contrecarrer ce trait de la nature humaine, il faut se tourner vers la dernière de ses grandes idées maîtresses, la cohésion sociale.

4.2.4. Cohésion sociale

La dernière grande idée de la famille conservatrice se veut le résultat des trois autres idées maîtresses et elle tient lieu de principal objectif du programme politique du conservatisme. Toute l'action politique du conservatisme peut concrètement se ramener à cette idée simple : *maintenir la cohésion sociale*. Cet objectif doit ici être entendu dans son sens le plus large. Les idéologies conservatrices considèrent que la préservation de l'ordre du monde doit passer par le déploiement de mesures visant à contrer tout ce qui est susceptible de troubler l'ordre public ou de porter atteinte au maintien de l'harmonie de la société.

On peut sans difficulté voir à quel point cet objectif s'inscrit parfaitement dans la conception du monde à laquelle souscrit le conservatisme. Dans la conjoncture particulière de notre époque, marquée par la décadence morale, maintenir la cohésion sociale signifie essentiellement déployer des efforts en vue de contrer l'influence qu'exercent certains mouvements ou certaines idées responsables de cette décadence et des différents désordres et troubles affligeant la société. Cet objectif consiste en quelque sorte à ramener la société sur *le droit chemin*, en vue de préserver ce qui peut encore être sauvé de la décadence ; l'action politique conservatrice s'offrant ainsi comme une sorte de rempart face aux assauts menés contre la tradition, ses institutions et ses pratiques.

Or, pour parvenir à cette fin, il faut s'attaquer à la racine de cette décadence. Bien que le conservatisme, comme nous l'avons souligné plus haut, puisse trouver dans le libéralisme et dans les idéologies de gauche des adversaires tout nommés, son action politique ne peut se résumer à une simple lutte contre ceux-ci. Même si c'est dans cette conjoncture élémentaire de réaction face à ces idéologies qu'apparaît le conservatisme, cette relation ne saurait toutefois épuiser tout le sens du programme politique conservateur. De manière plus fondamentale, aux yeux de cette vaste famille idéologique, la véritable source du déclin de nos sociétés se trouve dans *la nature humaine*, puisque l'être humain est naturellement mauvais.

Contrer cette décadence requiert donc de s'attaquer à cette tendance inscrite dans l'être humain. Pour y parvenir, le conservatisme s'appuie sur deux stratégies distinctes. Il se fait d'abord le promoteur de *la vertu de la modération*. Comme nous avons eu l'occasion de le voir plus haut (voir p. 75 et suiv.), un profond moralisme alimente le conservatisme, celui d'un appel à la droiture morale afin de contrer cet état généralisé de corruption des mœurs. Faire preuve de modération consiste, pour les êtres humains, à se montrer capables de résister à ce penchant naturel au mal inscrit en eux, donc capables de résister aux mauvaises tentations. Faire preuve de modération, c'est faire preuve de retenue, d'abstinence et de résistance.

Mais, aussi, promouvoir la vertu de la modération consiste à respecter l'ordre du monde, c'est-à-dire, pour tous les êtres humains, à reconnaître leur place et leur rôle dans cet ordre qui les dépasse tous. Cela consiste d'abord, pour chaque personne, à accepter sa condition et à assumer sa place et son rang dans l'organisation sociale qui découle de cet ordre naturel des choses. L'être humain doit faire preuve de retenue dans ce à quoi il peut aspirer, en ne se laissant point, par exemple, emporter par une ambition démesurée, à espérer des statuts et des privilèges qui lui sont naturellement inaccessibles. Faire preuve de modération, c'est aussi accepter la réalité telle qu'elle est, et les contraintes qui s'y rattachent. Par exemple, l'être humain doit travailler pour vivre. On ne peut un jour espérer se libérer du travail, puisqu'il s'agit là d'un fardeau auquel nous soumet notre condition humaine. Enfin, promouvoir la vertu de la modération passe également par le respect de l'autorité des institutions de la vie sociale (et de ses représentants), sur la base de la justice et de l'équité sur lesquelles elles se fondent, en tant qu'éléments issus de la tradition. Le conservatisme accorde en effet une grande importance à l'obéissance et à l'autorité comme valeurs contribuant à contrer la dégénérescence morale de nos sociétés.

Cet appel à la modération ne constitue pas la seule stratégie déployée par le conservatisme afin d'assurer la cohésion sociale. Comme seconde stratégie, celui-ci se fait le promoteur d'un *pouvoir politique fort*, c'est-à-dire capable, par l'usage de la contrainte légale (tant psychologique, symbolique que physique, si nécessaire), d'imposer son autorité sur la société et ses membres, et cela, dans le but de préserver la cohésion sociale. Les idéologies conservatrices sont animées de la conviction que l'État est autorisé à recourir, avec fermeté au besoin, à tous les pouvoirs dont il dispose afin de véritablement maintenir l'ordre dans la société. Intransigeance, force, vigueur sont parmi les caractéristiques essentielles que tout pouvoir politique devrait présenter afin de faire face à cette tendance au mal inscrite dans la nature humaine. Edmund Burke décrit avec grande clarté cette mission essentielle de tout pouvoir politique lorsqu'il écrit dans son ouvrage de 1790 :

> Le gouvernement est une invention de la sagesse humaine pour pourvoir aux besoins des hommes. Les hommes sont en droit d'obtenir de cette sagesse qu'elle réponde à ses besoins. Parmi ces besoins, il faut compter celui d'exercer sur les passions humaines une contrainte suffisante – cette contrainte qui fait défaut hors de la société civile. Mais celle-ci n'existe pas seulement pour que soient maîtrisées les passions individuelles; elle veut aussi bien souvent que soient contrecarrées les inclinations des hommes agissant collectivement et en masse, que soit dominée cette volonté collective, et subjuguée cette passion de masse. Le pouvoir à cet effet ne peut résider dans les intéressés eux-mêmes; ce doit être un pouvoir indépendant, un pouvoir qui, dans l'exercice de ses fonctions, échappe à cette volonté et ces passions qu'il est de *son devoir de dompter et de soumettre*. Dans ce sens, les contraintes font partie, au même titre que les libertés, des droits de l'homme [nous soulignons].

Toute politique conservatrice présente ainsi toujours un certain penchant pour «l'autoritarisme». À la différence du libéralisme par exemple, le conservatisme démontre en général peu de réticence à employer avec vigueur tous les mécanismes à la disposition de l'État afin d'imposer ou de faire respecter l'ordre. À ses yeux, l'appel au respect de la modération, comme vertu, ne saurait ainsi complètement remplacer *l'imposition du respect* des institutions de la part de l'autorité politique elle-même, par l'usage de tous les pouvoirs dont elle dispose.

En pratique, cette conception forte du pouvoir peut s'articuler sous diverses formes. Elle prend par exemple la forme d'un fort accent mis sur les forces de l'ordre, la police ou l'armée et celle d'une valorisation du sens du devoir qu'incarnent les représentants de ces diverses forces. Sur le plan de l'administration de la justice, l'approche conservatrice consistera à adopter une ligne dure, avec le recours à des peines plus sévères, un durcissement des conditions de détention des prisonniers ou une criminalisation plus étendue de certains comportements. Aussi, dans cette perspective, le conservatisme pourra en appeler à des lois interdisant certains comportements jugés contraires à la bonne morale (comportements sexuels, comportements liés au jeu, etc.), certaines pratiques (consommation de drogues et d'alcool, par exemple), voire, tout simplement, certaines idées non conformes à l'idéal de droiture morale (styles littéraires ou musicaux, formes d'art, etc.).

Cette conception conservatrice d'un pouvoir politique fort en vue du maintien de la cohésion sociale n'est évidemment pas sans conséquences sur la manière de penser la liberté. À la différence du libéralisme, pour qui cette question constitue l'un des principaux enjeux de son programme politique, les idéologies conservatrices manifestent généralement une plus grande réticence face à l'idée de garantir aux êtres humains des droits et des libertés inaliénables. Dans l'esprit du conservatisme, octroyer aux citoyens des libertés sans bornes, des droits qui puissent ainsi miner l'autorité de tout pouvoir politique – des droits « inaliénables » sont des droits qui ne peuvent être remis en question par quelque pouvoir politique que ce soit –, c'est courir le risque de plonger la société dans le désordre, l'instabilité ou la décadence.

Aussi, pour le conservatisme, si la liberté peut être reconnue comme un droit, cela n'est possible que dans la mesure où doivent être également reconnus des *devoirs*. Pour le conservatisme, les libertés individuelles ne sont pas des fins en soi, auxquelles tout doit se ramener, des droits absolus en retour desquels rien n'est exigé. Être libre signifie, en plus de cette capacité de pouvoir vivre sa vie comme on l'entend, être soumis à l'exigence d'assumer certains devoirs. Qui dit droits, dit aussi devoirs. Pour le conservatisme, est libre celui qui est redevable de ses actions devant la société et ses représentants.

CONCLUSION

Grande famille idéologique qui se tient à la droite du clivage politique, le conservatisme est apparu d'abord et avant tout en réaction au libéralisme naissant. Bien qu'il adopte encore aujourd'hui une attitude d'opposition à l'égard de cette famille idéologique, et que cette position s'étende à toutes celles de gauche, le conservatisme fait montre d'une conception du monde qui lui est propre et de caractéristiques bien distinctes. Sa pensée repose sur la légitimité qu'il accorde à l'ordre du monde. Il conçoit que la réalité est forgée par un ordre naturel et structurant qu'il importe de préserver.

Pour le conservatisme, l'ordre politique qui régnait dans l'Ancien Régime doit inspirer la manière dont nous organiserons à notre époque la société. Par ses quatre idées maîtresses, il soutient que le retour aux valeurs anciennes est l'unique façon d'assurer au monde une stabilité et une organisation harmonieuse. Ainsi, il préconise le respect des traditions, la hiérarchie sociale, le moralisme et la cohésion sociale. Selon l'ensemble des idéologies qui s'identifient à cette tradition de droite, l'ordre du monde existe tel qu'il est, il n'est pas malléable, et l'être humain y est soumis. Comme il lui est impossible de le changer, il doit s'adapter à cet ordre et occuper la place qui lui revient. Selon le conservatisme, les êtres humains ne naissent pas égaux, comme le prétend le libéralisme. Il importe donc à chacun de reconnaître sa place au sein de la société, d'accepter son statut et d'assumer ses devoirs.

Enfin, le conservatisme considère l'être humain comme foncièrement mauvais. Il se méfie de lui, car il tombe facilement dans le vice. La décadence morale dans laquelle notre société est plongée en est d'ailleurs la preuve. L'être humain se laisse facilement influencer par des idées qui risquent de perturber l'harmonie du monde. Pour pallier cela, le conservatisme prône la modération et s'assure d'une forte position d'autorité politique.

BIBLIOGRAPHIE

Burke, Edmund (1989). *Réflexions sur la révolution de France*, Paris, Hachette. Titre original: *Reflections on the Revolution in France* (1790).

Spengler, Oswald (1948). *Le déclin de l'Occident. Esquisse d'une morphologie de l'Histoire universelle*, trad. M. Tazerout, Paris, Gallimard. Titre original: (1918 et 1922). *Der Untergang des Abendlandes. Umrisse einer Morphologie der Weltgeschichte*.

/ *Chapitre 5*

LA GAUCHE ET L'EXTRÊME GAUCHE
Le socialisme et le communisme

De toutes les grandes familles idéologiques qui occupent le champ politique, la famille socialiste-communiste est assurément la plus étendue. Elle rassemble une multitude de mouvements, de tendances et d'idéologies distinctes, parmi lesquels on retrouve le syndicalisme révolutionnaire, mouvement qui se fonde essentiellement sur la mobilisation des travailleurs au sein de cellules d'action politique, le marxisme chrétien et la théologie de la libération, qui reposent sur une combinaison du message chrétien et des exigences de liberté prônées par les idéologies de gauche et d'extrême gauche, le socialisme démocratique, qui met en avant les idéaux du socialisme en prônant la voie démocratique pour les atteindre, mouvement qui va donner naissance à la social-démocratie dans de nombreux pays européens au sortir de la Seconde Guerre mondiale, tels que la Suède, la Finlande ou la Norvège, ou encore ceux que l'on désigne par le nom des principaux théoriciens auxquels ces courants sont associés, que ce soit le marxisme-léninisme (de Karl Marx et Lénine), le trotskysme (de Léon Trotsky), le lambertisme en France (de Pierre Lambert), le stalinisme en URSS (de Joseph Staline) ou le maoïsme en Chine populaire (de Mao Zedong).

Cependant, malgré cette diversité et les inévitables tensions qui en découlent, les idéologies que rassemble la famille socialiste-communiste partagent toutes une *adhésion à des idées maîtresses communes*. Les principes fondamentaux qui animent ces idéologies sont suffisamment proches pour que celles-ci puissent être réunies au sein d'une seule et même famille idéologique, dont le présent chapitre expose les traits les plus importants.

Cela dit, à l'intérieur de cette vaste famille on distingue deux principales branches, le «socialisme», d'une part, et le «communisme» de l'autre, branches desquelles cette vaste famille idéologique tire son nom. La principale différence qui sépare ces deux branches tient à la stratégie politique privilégiée par chacune en vue de réaliser le programme d'action politique qui se rattache à la conception du monde qu'elles partagent. Les idéologies socialistes – qui occupent la *gauche* du clivage politique – sont *réformistes*, alors que les idéologies communistes – que l'on retrouve à l'*extrême gauche* – sont *révolutionnaires*. La différence entre le socialisme et le communisme en est donc une de degré. Les idéologies communistes sont plus radicales que les idéologies socialistes qui, elles, sont plus modérées. D'une part, dans sa contestation de l'ordre établi, le communisme propose de recourir à la révolution, stratégie qui consiste dans le démantèlement brutal et systématique de l'ensemble des institutions liées au système actuel afin d'instaurer un monde nouveau. D'autre part, le socialisme rejette cette stratégie radicale, préférant la voie réformiste, celle qui prône des mesures visant une transformation graduelle des institutions en place en vue d'apporter les correctifs nécessaires pour parer aux problèmes les plus sérieux.

Afin de préciser le sens du présent chapitre, une remarque terminologique s'impose ici. Dans les pages qui suivront, lorsqu'il s'agira d'aborder sans distinction et de manière unifiée le socialisme et le communisme en tant que grande famille idéologique, nous utiliserons le terme «socialisme-communisme» et aurons recours à des expressions telles que «cette famille idéologique», «les idéologies de gauche et d'extrême gauche» ou la «famille socialiste-communiste». Ailleurs, lorsqu'il s'agira de nommer de manière particulière l'une ou l'autre des deux branches qui constituent cette famille idéologique, nous recourrons aux deux termes distincts «socialisme» et «communisme» ou aux expressions «les idéologies socialistes», «la branche socialiste» et «les idéologies communistes» ou «la branche communiste».

Conformément à son positionnement sur l'aile gauche du clivage politique, le socialisme-communisme *conteste l'ordre établi* en ce qu'il estime que celui-ci est foncièrement inéquitable. L'ordre établi, soit les institutions sociales, politiques ou économiques en place, est incapable d'assurer une distribution équitable du pouvoir dans la société, dans la mesure où certains groupes détenant plus de pouvoirs, de ressources ou de statuts exercent une domination sur les autres. Bien que les origines de cette iniquité soient nombreuses, les idéologies de gauche et d'extrême gauche considèrent que la principale cause tient au régime économique qui s'est imposé en Occident depuis les débuts de la modernité, soit le *capitalisme*. En raison de la manière dont il configure les forces productives et qu'il assure la distribution de la richesse, ce régime fondé sur le marché tend à accroître de manière considérable les inégalités qui existent dans la société. Aux yeux du socialisme-communisme, ce système économique favorise une consolidation de la position des dominants sur les dominés. Aussi peut-on considérer que toute l'action politique socialiste et communiste se ramène à une critique du capitalisme et à un combat contre ce régime économique.

De manière générale, les idéologies socialistes et communistes trouvent appui sur les deux premiers schémas explicatifs de la gauche. D'une part, elles voient dans le rapport de domination qu'exerce le « petit nombre », ceux qui sont avantagés par le présent ordre capitaliste, à l'endroit du « grand nombre », ceux qui au contraire sont désavantagés par ce même système économique, la première source de l'iniquité du présent ordre établi. Cette première représentation constitue le schéma explicatif le plus traditionnel et assurément celui qui exerce l'influence la plus grande au sein de cette famille idéologique. D'autre part, les idéologies de gauche et d'extrême gauche, notamment à partir des années 1960, vont de plus en plus se tourner vers le second schéma explicatif. Suivant ce schéma, le caractère injuste de l'ordre établi tient d'abord dans le rapport d'exploitation que les « pays dominants » entretiennent avec les « pays dominés ». Ajoutons que ce second schéma reçoit en général un accueil plus favorable parmi les tenants des idéologies plus modérées socialistes, les militants communistes étant, pour leur part, habituellement plus fidèles au schéma traditionnel.

5.1. SES ORIGINES HISTORIQUES

Le développement du capitalisme qui accompagne les révolutions industrielles européennes de la fin du XVIIIe siècle a joué un rôle considérable dans la genèse du socialisme-communisme. C'est en effet avec le capitalisme, estime cette famille idéologique, que va s'accentuer l'écart de distribution de la richesse au sein des populations où s'installe ce système économique. Alors que ce système tend à favoriser les classes dominantes – celles-ci s'enrichissant plus que durant n'importe quelle autre période historique –, il tend au même moment à détériorer les conditions économiques des classes populaires, notamment les classes urbaines, qui croissent d'ailleurs rapidement en nombre à cette époque, résultat de l'exode important des populations rurales vers les villes. Réduisant souvent les membres de ces classes défavorisées à des conditions de vie difficiles, le capitalisme devient rapidement aux yeux du socialisme-communisme la principale source des inégalités qui accable alors la majorité de la population.

À l'origine, la famille idéologique socialiste-communiste naît sous la forme d'un mouvement unique, indistinctement appelé «socialiste» ou «communiste», à l'intérieur duquel on ne dégage pas les deux branches qui caractérisent aujourd'hui cette famille. La scission entre ces deux branches est d'ailleurs assez récente. Après une cohabitation parfois conflictuelle qui aura duré un peu plus d'un siècle, le divorce entre le socialisme et le communisme est parfaitement consommé lorsqu'est créée à Moscou en 1919 la Troisième Internationale communiste, laquelle est véritablement d'obédience communiste. À l'origine, dans ce vaste ensemble de gauche, le socialisme regroupe les militants qui prônent une stratégie réformiste en vue de parvenir à leurs fins, alors que le communisme regroupe pour sa part ceux, plus radicaux, qui privilégient la voie révolutionnaire. Comme nous l'avons brièvement noté plus haut, c'est aujourd'hui sur cette base que l'on distingue les deux branches qui composent la famille socialiste-communiste. Soulignons par ailleurs que de cet ensemble va également, au même moment, se dégager une troisième branche, l'anarchisme, qui va, au fur et à mesure de son développement, se constituer en véritable famille idéologique autonome. Nous aurons l'occasion d'exposer les grandes lignes de cette famille au prochain chapitre.

De façon générale, on peut considérer le socialisme comme une sorte de *prolongement plus radical* du libéralisme dans son aile gauche et le communisme, comme une forme radicale de socialisme. Cette parenté idéologique est visible dans le fait que, sur de nombreuses questions fondamentales tenant de leur conception du monde respective, il existe d'incontestables affinités entre les conceptions défendues au centre gauche par les idéologies libérales progressistes et celles auxquelles adhèrent les idéologies de gauche et d'extrême gauche, comme nous le verrons plus loin, notamment en ce qui a trait aux deux premières idées maîtresses, l'égalité et la liberté. Le socialisme et le communisme, sauf dans le cas de leurs variantes plus radicales, chez certains mouvements communistes par exemple, ne rejettent pas complètement les idées maîtresses sur lesquelles se fondent les idéologies libérales, mais s'en montrent plutôt critiques. Bien qu'elles puissent exprimer certaines réticences à l'endroit du libéralisme, notamment au sujet de la retenue dont font montre les idéologies qui s'y rattachent quant aux moyens qu'elles mettent en œuvre en vue de la défense de leur conception du monde, elles partagent une certaine parenté.

Parmi tous les penseurs associés à la famille socialiste-communiste, l'économiste et philosophe allemand Karl Marx est sans conteste le plus influent, si bien que sa pensée, le marxisme, sert souvent à désigner elle-même cette famille idéologique. C'est en effet son analyse qui a le plus profondément marqué les idéologies de gauche dans leur ensemble et qui lui a fourni l'un de ses cadres théoriques les plus complets. L'œuvre de Marx est à la fois de nature militante – il y appelle à l'action politique révolutionnaire – et théorique – il y analyse les fondements économiques du capitalisme. Parmi ses ouvrages, on compte, entre autres, *L'idéologie allemande. Thèses sur Feuerbach* (1845-1846, rédigé conjointement avec Friedrich Engels), *Le Capital* (1867, 1885 et 1894) et *Critique du programme de Gotha et d'Erfurt* (1875). Sur le plan politique, l'ouvrage de Marx le plus important est sans contredit *Le Manifeste du Parti communiste* (1848, avec Engels). C'est dans ce pamphlet que l'on trouve écrite la phrase-manifeste qui résume à elle seule la visée du communisme comme mouvement à prétention internationale, « Prolétaires de tous les pays, unissez-vous ». Dans cet ouvrage, les deux auteurs annoncent sur un ton incisif la venue de cette nouvelle force politique que constitue le communisme en prédisant l'avènement inévitable de la révolution :

> Les communistes ne s'abaissent pas à dissimuler leurs opinions et leurs projets. Ils proclament ouvertement que leurs buts ne peuvent être atteints que par le renversement violent de tout l'ordre social passé. Que les classes dirigeantes tremblent à l'idée d'une révolution communiste ! Les prolétaires n'y ont rien à perdre que leurs chaînes. Ils ont un monde à y gagner.

Par ailleurs, pour nous conformer entièrement à la description que nous proposons du socialisme-communisme, nous devons apporter une précision sur la façon dont nous concevons la relation entre les deux branches qui composent cet ensemble. Dans la tradition marxiste-léniniste, on trouve déjà une telle distinction entre socialisme et communisme, mais la manière dont celle-ci la définit se distingue de celle que nous avons retenue ici. Pour ce mouvement communiste, le socialisme ne désigne pas en soi une branche idéologique distincte du communisme, mais simplement une « étape » dans le chemin conduisant à l'idéal social dont le communisme se veut la description. Cette façon de concevoir ces deux termes répond à une volonté manifeste de la part du marxisme-léninisme d'unifier à l'intérieur d'un seul et même courant politique toutes les nombreuses tendances que l'on trouve à gauche et à l'extrême gauche.

La production littéraire socialiste et communiste est considérable. Au-delà des ouvrages rédigés par Marx, il faut mentionner *Le nouveau monde industriel et sociétaire* de Charles Fourier, *Socialisme utopique et socialisme scientifique* (1880) et *L'origine de la famille de la propriété privée et de l'État* (1884) de Friedrich Engels, *Réforme sociale ou révolution ?* (1899) de la sociale-démocrate allemande Rosa Luxemburg (1871-1919), *Que faire ?* (1902)

et *L'État et la révolution* (1917) de Lénine (Vladimir Ilitch Oulianov), *La théorie du matérialisme historique* (1921) du communiste russe Nikolaï Boukharine (1888-1938), *Lettres de la prison* (1926-1937) du militant italien Antonio Gramsci (1891-1937) et *La Révolution permanente* (1928-1931) du révolutionnaire russe Léon Trotsky (1879-1940; Lev Davidovitch Bronstein).

Les idéologies communistes ont pour signes distinctifs la couleur rouge, de même que les symboles de la faucille et du marteau, qui représentent les outils utilisés par les travailleurs et les paysans que ces idéologies d'extrême gauche proposent de libérer. Le terme «communiste», qui provient du latin «*communis*» et désigne «ce qui est commun», est apparu pour la première fois dans les écrits du militant français Gracchus Babeuf durant la Révolution française en 1789. Depuis les années 1970, les idéologies socialistes se distinguent par l'usage de la fleur rose tenue dans le poing comme emblème de l'Internationale qui les rassemble. Le terme «socialisme», du latin «*socialis*», signifiant «être fait pour la société», a quant a lui été employé pour la première fois pour désigner une force idéologique en 1832 par le journaliste français Pierre Leroux.

Enfin, avant d'aborder les idées maîtresses du socialisme-communisme, il importe d'apporter une dernière précision quant à la démarche propre que nous avons adoptée dans ce chapitre – et ailleurs dans l'ensemble du présent ouvrage –, et cela, pour éviter un quelconque malentendu. Il ne s'agit pas ici de décrire le socialisme ou le communisme tel qu'il a existé en Europe de l'Est entre la fin du dernier grand conflit mondial et le début de la décennie 1990, c'est-à-dire le «communisme réel», suivant la formule consacrée, ou celui qui existe toujours en Chine populaire, au Vietnam, à Cuba ou en Corée du Nord, mais plutôt d'exposer les grandes lignes de cette famille d'idéologies. Notre exposition repose sur les idées maîtresses qui sous-tendent le socialisme-communisme et qui les distinguent des autres grandes familles idéologiques.

5.2. SES IDÉES MAÎTRESSES

Nous retenons quatre idées maîtresses caractéristiques de la famille socialiste-communiste: I) égalité, II) liberté, III) abolition des classes sociales et IV) anticapitalisme. Analysons ces idées une à une.

5.2.1. Égalité

À l'instar du libéralisme et de l'anarchisme, le socialisme-communisme admet l'existence d'*une égalité naturelle parmi les êtres humains*. Parce qu'ils partagent tous une même condition physique, des capacités intellectuelles équivalentes et des intérêts similaires, les êtres humains jouissent naturellement d'une égalité de statut, c'est-à-dire qu'ils possèdent tous une même valeur intrinsèque, si bien que nul n'est en droit de revendiquer une quelconque position qui le rendrait irrévocablement ou intrinsèquement supérieur aux autres. Ce thème de l'égalité représente la principale idée maîtresse de cette famille idéologique et, en tant que premier élément de sa conception du monde, elle est la composante centrale de son programme politique.

Bien que tous les êtres humains naissent égaux, le socialisme-communisme observe partout, au sein de la société, l'existence d'inégalités de toutes sortes, dont certaines parfois très importantes, parmi ceux-ci. Ici, certains individus détiennent plus de pouvoir que d'autres, jouissent de plus de reconnaissance, disposent de plus de moyens financiers, alors qu'ailleurs d'autres sont tenus à l'écart du pouvoir, sont victimes d'exclusions de toutes sortes ou sont condamnés à vivre pauvrement. Dans toute société, il existe des dominants et des dominés. Tel est le constat de départ sur lequel repose la conception du monde inhérente au socialisme-communisme. Suivant leurs différents positionnements à gauche et à l'extrême gauche, les idéologies politiques de cette famille refusent cet état de fait qu'elles jugent inacceptable. C'est qu'elles conçoivent l'égalité comme un idéal qui interpelle fondamentalement une certaine solidarité entre les êtres humains, soit un certain souci pour le sort de ceux qui sont démunis.

Parmi toutes les inégalités qui affligent l'humanité, celles qui ont trait à la répartition des moyens économiques, lesquelles, comme nous avons eu l'occasion de le souligner dans l'introduction du présent chapitre, ont pour origine le système capitaliste, représentent aux yeux de cette famille d'idéologies le premier objet de ses préoccupations. On peut dire, en forçant les traits, que toute l'action politique du socialisme-communisme se résume à un effort en vue de s'attaquer à ces inégalités.

Pour cela, le socialisme-communisme propre une vision «égalitariste» de la société, soit une conception de la société suivant laquelle tous les citoyens doivent à terme tendre vers une parfaite égalité, soit une situation où il n'existerait plus d'inégalités parmi les êtres humains. Cet objectif doit se comprendre comme une critique de la manière dont le libéralisme – famille idéologique à l'origine de laquelle émane le socialisme-communisme en tant que prolongement plus radical de son aile gauche – défend l'égalité. Pour le socialisme-communisme, il s'agit d'aller plus loin que les idéologies du centre dans les efforts à consentir en vue de préserver l'égalité. En effet, ce que visent les idéologies de gauche et d'extrême gauche par ce programme égalitariste est plus que la simple promulgation de lois, de chartes ou de déclarations, qui protègent « sur papier » l'égalité de tous les citoyens, telle que celle dont précisément bénéficient tous les individus dans les sociétés de régime libéral. Le socialisme-communisme considère comme nettement insuffisante cette simple reconnaissance « formelle » (ou « abstraite ») de l'égalité et estime que ce vers quoi il faut tendre est une véritable égalité « concrète » (ou « réelle ») parmi les individus, soit une forme d'égalité dont on puisse mesurer la teneur concrète dans la réalité, et cela, avant tout, dans les conditions économiques des citoyens. C'est qu'aux yeux du socialisme-communisme, bien que tous les citoyens jouissent d'une égalité en droit, d'une égalité dans la forme, dans le cadre des sociétés libérales, force est de reconnaître que dans ces sociétés cette égalité ne se vérifie habituellement que très peu dans les conditions de la vie réelle des citoyens, où continuent de subsister de nombreuses inégalités entre ces derniers. Bien que tous fondamentalement égaux, certains continuent de jouir de pouvoirs beaucoup plus considérables que d'autres, en ce qu'ils possèdent des moyens financiers incomparables ou bénéficient de statuts supérieurs à ceux des autres, etc.

Suivant les degrés de radicalité qui distinguent les idéologies communistes et socialistes, cette vision égalitariste de la société conduit à deux programmes politiques distincts. Puisque ces deux programmes ne se laissent saisir que dans la perspective plus large d'une opposition au capitalisme, du fait que ce régime économique est la principale source des inégalités parmi les êtres humains, laissons donc pour l'instant ces deux programmes pour y revenir lorsque sera traitée plus loin la quatrième idée maîtresse de cette famille idéologique, l'anticapitalisme (voir p. 94). Attardons-nous donc maintenant à l'exposition de la seconde idée maîtresse propre au socialisme-communisme.

5.2.2. Liberté

À la manière du libéralisme et de l'anarchisme, le socialisme-communisme admet ensuite que *tous les êtres humains sont naturellement libres*. La liberté n'est pas un privilège que l'on confère aux êtres humains, mais un trait constitutif de la nature humaine. Tous les êtres humains la portent en eux dès leur naissance. L'idéal de liberté défendu par cette famille idéologique présente trois grandes caractéristiques: elle est *collective*, *concrète* et existe de manière *complémentaire* à l'égalité.

Premièrement, le socialisme-communisme défend une conception *collective* de la liberté. À la différence du libéralisme, qui voit dans l'individu le principal titulaire de la liberté, dans les idéologies de gauche et d'extrême gauche c'est plutôt la communauté dans son ensemble qui est le porteur ou l'agent de la liberté. Cette conception est attribuable au fait que le socialisme-communisme adhère en général à une vision *holistique* de la société, conception qui n'est d'ailleurs pas sans rappeler la manière dont les Anciens concevaient la société (voir p. 53). Selon cette conception, la société s'offre toujours comme un tout organique, lequel jouit d'une importance plus grande auprès des membres qui le composent et qui lui sont subordonnés en tant que simple partie de ce tout. La communauté possède une existence propre et en quelque sorte distincte des parties qu'elle rassemble. Toutefois, à la différence des Anciens – et, comme nous le verrons au chapitre 8, du fascisme – pour qui ce tout reposait sur une hiérarchie sociale naturelle parmi les membres de la société, avec des divisions entre classes ou ordres sociaux distincts, pour le socialisme-communisme, le tout auquel on associe la communauté regroupe des membres qui entretiennent entre eux un rapport d'égalité, suivant la première des idées maîtresses de cet ensemble idéologique. Ainsi, pour le socialisme-communisme, si la liberté est d'abord celle de la communauté dans son ensemble, ce n'est pas qu'il nie que les individus puissent être libres, mais bien seulement qu'un individu, précisément, n'est libre que dans la mesure où l'ensemble de la communauté à laquelle il appartient est elle-même d'abord libre.

Deuxièmement, d'une façon qui rappelle la manière dont il réprouve le caractère formel de la conception libérale de l'égalité, le socialisme-communisme défend également une conception *concrète* de la liberté. La liberté est plus qu'un droit qu'il suffit de protéger juridiquement. Être libre signifie d'abord et avant tout pour un sujet une capacité réelle de pouvoir exercer des choix afin d'agir sur la réalité qui l'entoure. Ainsi, suivant la conception collective soutenue par le socialisme-communisme, défendre la liberté consiste d'abord pour la communauté dans son ensemble dans la capacité à faire des choix collectifs et à mettre concrètement en œuvre des politiques qui se conforment à ces choix. Cela exige avant tout que la communauté parvienne à organiser le pouvoir politique, social et économique de manière à ce que tous les membres de la société puissent être réellement capables de prendre part à ce pouvoir. Ensuite, on peut voir que, dans une perspective plus large, jouir d'une liberté concrète signifie pour une communauté être capable de se gouverner elle-même et, à l'inverse, ne point être soumise à la domination d'autres sociétés qui l'entourent. Dans un sens, cela demande qu'une société soit libérée de la domination que peuvent exercer, chacun à leur façon, le colonialisme et l'impérialisme.

Troisièmement, à la manière de l'anarchisme, comme nous le verrons au chapitre suivant, le socialisme-communisme conçoit la liberté selon une perspective de *complémentarité* avec l'égalité ; point de liberté sans égalité et point d'égalité en l'absence de liberté. L'égalité est en quelque sorte la condition de la liberté et la liberté n'est réelle que si elle repose sur l'égalité de tous. Concrètement, sur un plan individuel, ce rapport de complémentarité se laisse voir dans la capacité pour un individu de pouvoir entretenir une relation d'égalité avec le reste des membres de la société. La liberté consiste en quelque sorte dans le fait de ne pas entretenir de relation de subordination ou de domination à l'endroit d'autrui. Ainsi, devenir libre signifie qu'on peut partager une pleine égalité avec tous. Léon Trotsky résume ce lien de complémentarité dans *La révolution trahie* (1936) en écrivant: « L'avènement de la société socialiste s'atteste, non par la mise sur un pied d'égalité des paysans et des ouvriers et la restitution des droits politiques à tant pour cent de citoyens d'origine bourgeoise, mais par la liberté véritable de la totalité des citoyens. » Pour la communauté, cette complémentarité est visible dans le fait qu'elle ne peut être libre par rapport aux autres communautés qui l'entourent que dans la mesure où elle entretient à l'égard de celles-ci une relation empreinte d'égalité.

Aussi, considérant ce lien de complémentarité entre liberté et égalité, pour assurer la liberté de tous, le socialisme-communisme propose-t-il sensiblement des solutions semblables à celles imaginées pour rendre égaux tous les membres de la communauté, suivant la vision égalitariste à laquelle souscrit cette idéologie. Ainsi que nous l'avons proposé plus haut, laissons de côté ces questions de programmes politiques pour y revenir lorsque nous aborderons la quatrième idée maîtresse (voir p. 94). Tournons-nous d'abord vers la troisième idée maîtresse du socialisme-communisme.

5.2.3. Abolition des classes sociales

La troisième idée maîtresse du socialisme-communisme est complémentaire des deux premières dans la mesure où elle est le prolongement de celles-ci. Pour cette famille d'idéologies, dans une société organisée suivant la vision égalitariste et conforme à l'idéal de liberté serait *abolie toute classe sociale*. L'objectif politique des idéologies socialistes et communistes tend vers l'élimination des classes sociales, ou du moins à l'atténuation du rapport entre elles, suivant les degrés de radicalité qui caractérisent les idéologies appartenant à cette vaste famille d'idéologies. Pour mieux comprendre cet objectif, exposons d'abord la manière dont le socialisme-communisme conçoit les classes sociales.

Par-delà l'égalité naturelle que partagent les êtres humains, ce qu'observe cette famille idéologique dans toute société est l'existence de classes sociales, auxquelles inévitablement appartient toute personne, dans la mesure où son appartenance de classe constitue une dimension fondamentale de l'identité individuelle de celle-ci. Bien que la configuration des classes sociales puisse varier de société en société, cette division est constitutive de toute société, car elle représente en quelque sorte la division sociale la plus fondamentale. L'importance d'une telle division originaire tient au fait qu'aux yeux du socialisme-communisme les inégalités parmi les êtres humains à l'intérieur d'une société *suivent précisément la ligne de partage entre les classes sociales*. Les classes sociales agissent comme processus structurant des inégalités parmi les êtres humains. De même, sur le plan mondial, les inégalités qui existent entre pays dominants et dominés se veulent le prolongement d'une telle division.

Suivant la tradition marxiste, le principal critère de classification des différentes classes sociales est celui du rapport qu'entretient tout individu à l'endroit des moyens de production. Aussi, dans le présent système capitaliste, cette division constitutive laisse voir deux principales classes sociales. D'un côté, on trouve les propriétaires des moyens de production, que l'on nomme la « bourgeoisie ». De l'autre côté, on trouve ceux qui sont majoritaires en nombre, les travailleurs – les « prolétaires » (du latin *proles* : ceux dont la seule propriété est la capacité de se reproduire biologiquement ; d'avoir des enfants). Bien qu'elle soit en nombre minoritaire, la bourgeoisie, en raison du monopole qu'elle exerce sur la possession des moyens de production, jouit dans toute société capitaliste d'une position de domination sur la classe prolétarienne. La bourgeoisie est la classe dominante. À l'opposé, soumise au pouvoir de la bourgeoisie, la classe des travailleurs dispose d'un pouvoir économique, social et politique qui est diamétralement opposé au poids numérique qu'elle occupe dans la société. Le prolétariat incarne la classe dominée.

Aussi, puisque cette division entre classes sociales sous-tend un rapport d'inégalité qui est synonyme d'injustice, cette division se donnet-elle toujours à voir sous la forme inévitable d'une lutte. Citons en ce sens la première phrase du *Manifeste du Parti communiste*, « [l]'histoire de toute société jusqu'à nos jours n'a été que l'histoire de luttes de classes ». Dans le présent ordre capitaliste, on voit s'opposer la classe bourgeoise, qui cherche à conserver sa position de domination sur la société, et la classe des travailleurs qui, refusant cette situation de domination, est engagée dans un combat contre la bourgeoisie. La reconnaissance d'une telle division et le combat auquel elle conduit sont déterminants dans la manière dont le socialisme-communisme conçoit son action politique. En résumé, on peut dire que cette idée de lutte sous-tend toute l'action politique des idéologies de gauche et d'extrême gauche, car en définitive, pour le socialisme, et c'est encore plus vrai pour le communisme, le jeu politique est un véritable combat, dans lequel le principal ennemi est la bourgeoisie.

Concrètement, cet idéal de société libérée de toute division de classes se décline de deux façons, suivant la ligne de partage entre communisme et socialisme. Dans le cas des idéologies d'extrême gauche, cet idéal doit tendre vers *l'abolition de toutes les classes sociales*, de sorte que, cette fin atteinte, il ne subsiste plus ni bourgeoisie ni prolétariat. L'issue de cette lutte de classes doit être l'élimination pure et simple de cette division au sein de la société. Dans le socialisme, cet idéal de société se déploie comme un effort en vue non pas d'abolir véritablement les classes sociales, mais, plus modestement, *de rééquilibrer le rapport de force entre la classe des travailleurs et la classe bourgeoise* de façon à atténuer les principaux effets négatifs des inégalités qui séparent ces deux classes. Pour mieux comprendre ces deux programmes, abordons maintenant la dernière idée maîtresse de cette famille idéologique, l'anticapitalisme.

5.2.4. Anticapitalisme

Comme nous avons eu l'occasion de le souligner en introduction du présent chapitre, le socialisme-communisme est très critique à l'endroit du système économique qui domine partout en Occident depuis l'avènement de la modernité, le capitalisme. Cette position critique tient au fait que cette famille idéologique voit dans ce système économique la source des inégalités parmi les êtres humains – de même que, dans une perspective plus large, entre les peuples –, la principale raison qui empêche l'épanouissement de la liberté et, d'une manière générale, l'origine de la domination de classe.

Le capitalisme se définit de manière très sommaire comme un système économique fondé sur trois dispositifs principaux. Premièrement, ce système repose sur la *propriété privée*, c'est-à-dire le droit pour tout individu ou toute organisation de s'approprier de manière exclusive et restrictive des biens, des ressources naturelles ou des moyens de production. Deuxièmement, au cœur du capitalisme, on trouve le principe du *salariat*, c'est-à-dire l'organisation de la production sur la base d'une rétribution sous forme de salaire aux travailleurs en échange de leur travail. Troisièmement, le capitalisme reconnaît le droit pour tous de *rechercher le profit*, autrement dit le droit à la liberté d'entreprise. Ce dernier dispositif est le principal moteur du capitalisme, celui qui lui assure sa dynamique interne et sa vitalité. Le caractère inégalitaire du capitalisme tient essentiellement aux deux premiers dispositifs. Le troisième n'étant qu'indirectement lié à cette question, nous ne l'aborderons point ici. Ainsi, tout effort en vue d'en arriver à une société égalitaire – aussi bien dans sa version plus radicale communiste que dans sa version plus modérée socialiste –, libérée de toute domination de classe, impérialiste ou colonialiste, autrement dit une société « sans classe », à laquelle aspirent les idéologies de gauche, exige de s'attaquer directement à ces deux dispositifs.

Ainsi que nous avons eu l'occasion de l'évoquer au début du présent chapitre (voir p. 83-84), à cette fin les idéologies socialistes et communistes empruntent deux stratégies distinctes : les idéologies communistes placent leur espoir dans la voie de la *révolution*, alors que les socialistes prônent la stratégie de la *réforme*. Autrement dit, plus radical, le communisme estime que la révolution est la seule stratégie susceptible de venir à bout du capitalisme. Aucun accommodement n'est possible avec ce système, puisque le nœud du problème réside essentiellement dans les principes mêmes sur lesquels repose le capitalisme ; aussi le communisme en appelle-t-il à l'abolition pure et simple des deux principaux dispositifs de ce système économique. Dans cette optique, la révolution doit entraîner d'un « seul coup » la suppression de l'ordre établi et de ses institutions et l'avènement d'une société nouvelle communiste. Plus modéré, le socialisme propose d'imposer au capitalisme une *série de réformes*, plus ou moins importantes, afin d'atténuer ou réduire l'essentiel des inégalités qui découlent inévitablement du capitalisme. Analysons ces deux programmes séparément.

Le programme anticapitaliste que défendent les idéologies communistes s'articule autour de trois mesures principales. Pour ces idéologies de l'extrême gauche, s'attaquer au capitalisme passe premièrement par *la mise en commun de l'ensemble des moyens de production* sous le contrôle de la classe universelle des travailleurs. Cette mise en commun vise d'abord les usines, manufactures, terres agricoles, moyens de transport, de même que, dans une perspective plus large, l'ensemble des institutions qui fournissent à la population les services essentiels, que ce soit par exemple en matière de soins de santé (hôpitaux, centres de traitement, laboratoires, etc.) ou d'éducation (écoles, universités, centres de formation, etc.). Donner le plein contrôle des moyens de production aux travailleurs doit permettre d'abolir les structures inégalitaires liées au statut dans la production. En effet, en faisant des travailleurs les propriétaires des moyens de production, on garantit à la majorité de la population une répartition équitable des richesses résultant de la production, richesses qui autrement, comme c'est le cas dans l'économie capitaliste, demeurent confisquées en totalité par la minorité de ceux qui possèdent ces moyens de production, la classe bourgeoise. Cette action, qui se retrouve au cœur du programme politique communiste, est conçue comme la première, et certainement la plus importante, des étapes vers l'instauration d'une société égalitaire et libre.

Deuxièmement, de manière complémentaire à cette première mesure, les idéologies communistes prônent l'*abolition de la propriété privée*. À leurs yeux, si la propriété privée de l'ensemble des biens et des ressources autres que les moyens de production doit être abolie, c'est que cette forme d'appropriation est foncièrement inégalitaire. En effet, la propriété privée comme institution légale repose, dans le présent ordre capitaliste, sur l'octroi de droits exclusifs sur des biens ou des ressources à certaines personnes, les propriétaires ou les bourgeois. Or, octroyer de tels droits restrictifs consiste ni plus ni moins à priver d'accès à ces biens ou ces ressources toutes les autres personnes, au premier plan ceux qui précisément sont incapables, faute de moyens économiques, de pouvoir s'approprier de tels biens ou ressources. La propriété tend à concentrer entre les mains d'un petit nombre, la classe bourgeoise, une très grande part de ce qui est pourtant nécessaire à la majorité de la population pour vivre. Aussi le communisme propose-t-il simplement d'abolir toute forme de propriété privée. Marx et Engels déclaraient d'ailleurs sans détour dans *Le Manifeste du Parti communiste* leur adhésion à un tel programme en écrivant :

> Vous êtes saisis d'horreur parce que nous voulons abolir la propriété privée. Mais, dans votre société, la propriété privée est abolie pour les neuf dixièmes de ses membres ; elle existe pour vous précisément parce qu'elle n'existe pas pour ces neuf dixièmes. Vous nous reprochez donc de vouloir abolir une forme de propriété qui ne peut exister qu'à la condition que l'immense majorité soit nécessairement frustrée de toute propriété. En un mot, vous nous accusez de vouloir abolir votre propriété à vous. C'est bien ce que nous voulons.

Une fois abolie, et suivant une stratégie similaire à celle déployée vis-à-vis des moyens de production, la propriété privée serait alors remplacée par une appropriation commune de toutes les propriétés privées sous le contrôle de la classe des travailleurs.

Troisièmement, les idéologies communistes en appellent à *l'abolition du salariat*. Comme nous l'avons vu plus haut, dans le système économique capitaliste la classe des travailleurs se définit comme étant celle dont les membres sont tenus, pour vivre, de vendre leur travail aux propriétaires des moyens de production qui, en retour, leur versent un salaire. Or, l'inégalité caractéristique de l'institution du salariat a pour origine cet échange entre le travail fourni et le salaire versé, lequel tend partout à se faire à l'avantage des propriétaires des moyens de production et au détriment des salariés. Pour cette famille idéologique, le salariat consiste ni plus ni moins dans une forme d'exploitation. En effet, dans ce système économique, le salaire versé aux travailleurs est toujours fixé en fonction de la *valeur d'échange* de leur travail et non pas en fonction de leur *valeur d'usage*. Expliquons ce qui distingue ces deux échelles de valeurs. La valeur d'usage d'un bien ou d'un service est établie relativement à la valeur de ce dernier quant à son utilité réelle, soit l'usage concret que l'on peut faire de ce bien ou de ce service. Plus un bien ou un service est utile, plus haute est alors sa valeur d'usage. La valeur d'échange se définit pour sa part en fonction de ce que vaut ce bien ou ce service sur le marché ou, autrement dit, en échange d'un autre bien ou d'un autre service disponible. Plus un bien ou un service est répandu sur le marché – et cela, indépendamment du fait que ce bien ou ce service soit « utile » ou non –, plus faible est sa valeur d'échange. Dans le système du salariat, les travailleurs sont toujours rémunérés en fonction de la valeur d'échange de leur travail, valeur qui est toujours moindre que la valeur d'usage que pourrait représenter ce travail. En d'autres mots, dans ce système, le travailleur ne reçoit jamais en échange de son travail un salaire qui correspond à l'utilité qui peut découler des biens alors produits. Cet écart s'explique par le fait que, puisque les travailleurs se font concurrence sur le marché du travail et que l'on trouve toujours sur ce marché plus de travailleurs que d'emplois disponibles, cette situation tend à continuellement tirer les salaires à la baisse. Ainsi, plus il se trouve de travailleurs aux qualités semblables qui sont prêts à accepter les emplois offerts par les propriétaires des moyens de production selon les conditions que ces derniers imposent, plus est alors réduit le salaire moyen versé aux travailleurs. C'est d'ailleurs cette différence entre le salaire versé aux travailleurs par les propriétaires des moyens de production et la valeur réelle que ceux-ci pourront tirer des biens ainsi produits et vendus sur le marché qui permet d'expliquer l'origine du profit que touchent ces derniers. Effectivement, le profit, véritable moteur au fondement du capitalisme, résulte de cet écart, autrement dit, il est le fruit de cette stratégie d'exploitation des travailleurs. En remplacement de l'institution du salariat, le communisme se propose, au nom de l'idéal d'égalité, le versement à l'ensemble des travailleurs d'une rémunération équitable à chacun en fonction de ses besoins réels et du travail fourni. Suivant le modèle communiste, il s'agit alors de distribuer l'ensemble des richesses produites à l'ensemble de ceux qui auront contribué à la production de celles-ci.

Ainsi, en raison de leur radicalité, on peut voir que ces trois mesures prônées par les idéologies communistes en vue de s'attaquer au capitalisme, soit la mise en commun de l'ensemble des moyens de production, l'abolition de la propriété privée et celle du salariat, s'inscrivent véritablement dans une stratégie révolutionnaire. Ce programme vise bien en effet le démantèlement brutal et systématique de l'ensemble des institutions liées au système capitaliste actuel afin d'instaurer un monde nouveau fondé sur les principes d'égalité et de liberté.

Fidèles à la modération qui les caractérise comparativement au communisme, les idéologies socialistes proposent pour leur part un programme politique qui s'affiche comme étant moins radical. Défendre les idéaux d'égalité et de liberté pour tous les êtres humains consiste pour les représentants de ces idéologies à parvenir non pas à complètement effacer toute trace d'inégalité dans la société, ce à quoi aspire le communisme, mais plutôt, plus modestement, à venir limiter les inégalités les plus importantes, de manière à atténuer les conséquences les plus négatives résultant de ces inégalités. En d'autres mots, l'objectif du socialisme n'est point d'abolir le capitalisme, mais simplement d'imposer certaines réformes à ce système économique, tout en maintenant relativement intactes ses structures fondamentales. Deux principales mesures font partie du programme réformiste socialiste.

Les idéologies socialistes en appellent premièrement à la *nationalisation partielle des moyens de production*. À la différence du communisme qui souhaite la mise en commun de tous les moyens de production, le socialisme estime nécessaire de ne mettre en commun que les moyens de production les plus importants, c'est-à-dire ceux dont la production sert à combler les besoins essentiels ou primaires de l'ensemble de la population, que ce soient les industries productrices d'énergie, certaines infrastructures de communication (le téléphone, les radios et la poste, par exemple), les ressources naturelles stratégiques, de même que, à l'instar du communisme et dans une perspective plus large, toutes les institutions de santé ou d'éducation. Ce faisant, puisque le socialisme estime que la nationalisation des moyens de production les plus importants doit permettre de parer aux inégalités les plus flagrantes dans la société, celui-ci n'estime donc pas nécessaire, par extension, et à la différence du communisme, d'en appeler à l'abolition totale de la propriété privée. Aussi, dans un régime socialiste, peuvent donc cohabiter dans une même société propriété publique et propriété privée.

Deuxièmement, travailler à atténuer les inégalités parmi les êtres humains exige des efforts en vue de soutenir les classes les plus défavorisées de la société, et cela, au moyen de *mesures d'aide aux classes défavorisées*. Ce programme peut s'articuler par une panoplie de mesures. Cela passe par exemple par la promotion du syndicalisme, soit le droit pour tous les travailleurs de mettre sur pied des organisations légales et reconnues par les autorités politiques en vue de défendre leurs intérêts auprès des propriétaires de moyens de production, que ces derniers soient des acteurs privés ou publics. Le socialisme en appelle également à la mise sur pied de mesures de répartition des richesses, sous la forme de programmes sociaux généreux, qu'il s'agisse par exemple de programmes d'aide financière aux chômeurs, aux étudiants, aux personnes inaptes au travail, de programmes de soutien aux personnes malades ou aux personnes âgées, etc. Sur cette dernière mesure, on peut voir la très grande proximité qui existe entre le socialisme et le libéralisme de gauche, lequel se fait aussi le promoteur d'une conception de l'État fort capable de venir en aide aux citoyens, dont l'État-providence se veut l'incarnation la plus claire.

Ainsi, l'anticapitalisme qui anime le socialisme est bien modéré. En appelant à la nationalisation partielle des moyens de production et à des mesures d'aide aux classes défavorisées, ce que vise cette famille d'idéologies est simplement un aménagement plus ou moins poussé du capitalisme en vue de tendre vers une plus grande égalité de tous. Par cette stratégie réformiste, le socialisme cherche donc tout au plus à modifier le « rapport de force » inhérent au capitalisme entre la bourgeoisie et les travailleurs, afin que ce rapport devienne plus favorable à ces derniers.

En somme, pour le communisme, la révolution constitue la seule façon de s'attaquer à la nature foncièrement inégalitaire de l'ordre établi dominé par le capitalisme. Car, même s'il était possible de réaménager ce système économique en vue de le rendre plus « humain », plus juste, voire plus équitable, cela ne changerait rien à la logique qui gouverne ce système économique dont le fonctionnement repose précisément sur des dispositifs inégalitaires. Conséquemment, pour le communisme, pas plus que l'on ne peut soigner un patient avec ce qui le rend malade, on ne peut être accommodant avec le capitalisme. La seule option possible consiste donc à viser son renversement pur et simple. Pour le communisme, pas de place pour le capitalisme et point de salut à l'extérieur de la révolution communiste. À la différence des solutions envisagées par le communisme, toutes les mesures prônées par le socialisme au nom de l'idéal égalitariste n'exigent donc pas en définitive de remise en cause radicale des institutions en place ; le socialisme ne cherche pas à abolir le capitalisme, mais simplement à le réformer.

CONCLUSION

La famille des idéologies socialistes et communistes est très étendue et elle est traversée par de nombreuses mouvances ou tendances. Ces deux familles d'idéologies qui se tiennent respectivement à gauche et à l'extrême gauche du clivage politique, le socialisme et le communisme, sont nées d'une réaction aux inégalités engendrées par le système de production économique qui va naître avec la modernité et qui viendra s'installer durablement en Occident vers le milieu du XIXe siècle, le capitalisme. La pensée qui se rattache à ces idéologies s'articule comme une critique parfois radicale, comme c'est le cas pour celle que formule le communisme, parfois plus modérée, la critique socialiste, à l'endroit de ce système économique, dont elles estiment toutes deux qu'il est à l'origine du caractère inéquitable qui frappe l'ordre établi.

Contestant le caractère inéquitable de l'ordre actuel fondé sur le capitalisme, les idéologies socialistes-communistes prônent quatre idées maîtresses. À l'instar de l'anarchisme et du libéralisme, dont il représente une radicalisation de son aile gauche, le socialisme-communisme admet que tous les êtres humains sont à la fois égaux et libres. Sauvegarder cette égalité et cette liberté naturelle conduit cette famille idéologique à souhaiter l'élimination des classes sociales.

Tout le programme politique qui découle de ces trois idées maîtresses se cristallise autour d'une lutte contre le capitalisme, ce qui constitue la quatrième et dernière idée du socialisme-communisme. À cette fin, les idéologies qui se rattachent à cette vaste famille idéologique soutiennent deux stratégies distinctes. La différence entre le socialisme et le communisme tient d'ailleurs essentiellement à cette différence de stratégies, puisque pour l'essentiel ces idéologies partagent les mêmes idées maîtresses. Ainsi, le communisme se propose de recourir à la voie révolutionnaire afin d'abolir purement et simplement ce système économique. Cette voie révolutionnaire prend la forme d'une mise en commun de l'ensemble de la production et de la propriété ainsi que de l'abolition du salariat. Chez le socialisme, qui privilégie une stratégie réformiste, s'opposer au capitalisme passe d'abord par la nationalisation partielle des moyens de production et par la mise en place de mesures d'aide aux classes défavorisées.

BIBLIOGRAPHIE

Boukharine, Nikolaï (1921). *La théorie du matérialisme historique. Manuel de sociologie marxiste.* Titre original : (1921). *Теория исторического материализма.*

Engels, Friedrich (1924). *Socialisme utopique et socialisme scientifique,* trad. P. Lafargue. inconnu. Paris, Éditions de l'Humanité. Titre original : (1880). *Die Entwicklung des Sozialismus von der Utopie zur Wissenschaft.*

Engels, Friedrich (1976). *L'origine de la famille, de la propriété privée et de l'État,* trad. inconnu, Moscou, Éditions du progrès. Titre original : (1884). *Der Ursprung der Familie, des Privateigentums und des Staats.*

Gramsci, Antonio (1971). *Lettres de la prison*, trad. H. Albani, C. Depuyper et G. Saro, Paris, Gallimard. Titre original: (1926-1937). *Lettere dal carcere*.

Lénine (1947). *L'État et la révolution*, trad. inconnu, Paris, Éditions sociales. Titre original: (1917). *Государство и революция*.

Lénine (1947). *Que faire?*, trad. inconnu, Paris, Éditions sociales. Titre original: (1902). *Что делать?*

Luxemburg, Rosa (1969). « Réforme sociale ou révolution? », dans R. Luxemburg, *Œuvres*, vol. 1, trad. I. Petit, Paris, Maspéro. Titre original: (1899). *Sozialreform oder Revolution?*

Marx, Karl (1900). *Le Capital*, trad. J. Borchardt et H. Vanderrydt, Paris, V. Giard et E. Brière. Titre original: (1867, 1885 et 1894). *Das Kapital*.

Marx, Karl (1972). *Critique du programme de Gotha et d'Erfurt*, trad. inconnu, Paris, Éditions sociales. Titre original: (1875). *Kritik des Gothaer Programms*.

Trotsky, Léon (1963). *La révolution permanente*, trad. inconnu, Paris, Gallimard. Titre original: (1928-1931). *Перманентная революция*.

Trotsky, Léon (1972). *La révolution trahie*, trad. V. Serge, Paris, Grasset. Titre original: (1936). *Преданная революция: Что такое СССР и куда он идет?*

/ *Chapitre* 6

L'EXTRÊME GAUCHE
L'anarchisme

La famille d'idéologies anarchistes manifeste fondamentalement une vive aversion à l'égard de l'autorité en général, de toute forme de pouvoir politique et, par-dessus tout, de l'organisation politique souveraine par excellence de la modernité occidentale, l'État. C'est d'ailleurs précisément de ce rejet caractéristique de l'autorité qu'elle tire son nom : le mot ἄρχων précédé du préfixe privatif « α(ν) » signifie en grec ancien « sans *archontes* », c'est-à-dire sans magistrats ou chefs. Bien que les origines de cette famille remontent à la fin du XVIIIe siècle, ce n'est qu'en 1840, sous la plume de l'un de ses théoriciens les plus importants, le militant et penseur français Pierre-Joseph Proudhon, que le terme « anarchisme » sera pour la première fois employé dans son ouvrage classique *Qu'est-ce que la propriété ? Ou recherches sur le principe du droit et du gouvernement*.

Les idéologies anarchistes occupent l'aile gauche du clivage politique, plus précisément l'extrémité de cette aile. Elles partagent en cela des affinités incontestables avec les idéologies communistes qui logent au même endroit. Comme nous aurons l'occasion de le voir dans les pages qui suivent, l'idéal de société auquel aspire la famille anarchiste partage de nombreuses similitudes avec le modèle communiste. C'est d'ailleurs ce qui explique que cette tendance soit également connue sous les noms d'« anarcho-communisme », de « communisme anarchiste » ou de « communisme libertaire ».

À l'instar des idéologies communistes, les idéologies anarchistes trouvent en général appui sur le premier schéma explicatif de la gauche. Ainsi qu'on l'a décrit au chapitre 2 (voir p. 29), ce schéma reconnaît l'existence d'un déséquilibre systématique dans la société entre ce dont jouissent les membres du « petit nombre », soit les classes dominantes, et ce qui revient au « grand nombre », soit les classes dominées. La pensée anarchiste souscrit pleinement à cette conception du monde, car toute son action repose en effet sur la reconnaissance du caractère inéquitable de cette situation de déséquilibre entre ces deux groupes. Par ailleurs, on ne peut manquer de souligner que le second schéma explicatif, celui qui dans une perspective internationale laisse voir l'existence d'une inégalité flagrante entre les peuples, de même que, dans une certaine mesure, le troisième schéma, celui qui voit dans le rapport de la majorité vis-à-vis de ses minorités une source d'inégalité, jouissent également d'une influence non négligeable auprès de certains milieux anarchistes, notamment ceux qui se réclament à notre époque du mouvement altermondialiste. La présente analyse entend rendre compte de l'influence de ces trois schémas explicatifs dans l'articulation des idées maîtresses propres à l'anarchisme.

6.1. SES ORIGINES HISTORIQUES

Les origines de l'anarchisme remontent à la fin du XVIIIe siècle. Le philosophe anglais William Goodwin (1756-1836) est généralement considéré comme celui qui a posé les premières bases de ce qui va donner naissance, quelques années plus tard, à cette famille d'idéologies. Son *Enquête sur la justice politique et son influence sur la morale et le bonheur aujourd'hui* publiée en 1793 présente une critique radicale des idées et des pratiques, au premier plan celle de la propriété privée, que les sociétés modernes sont alors en train d'élever en principe fondamental. Mais c'est à partir des années 1840, sous l'impulsion du penseur Pierre-Joseph Proudhon, que cette famille idéologique va réellement prendre son envol et devenir une véritable force idéologique dans le champ politique des sociétés européennes.

La famille anarchiste s'appuie sur une littérature très abondante dans laquelle s'expriment plusieurs courants. Parmi les ouvrages phares de cette idéologie, on peut énumérer *Idée générale de la révolution au XIXe siècle* (1851) de Pierre-Joseph Proudhon, *L'Unique et sa propriété* (1844) de l'anarchiste allemand Max Stirner (1806-1856), *L'Anarchie, la philosophie et son idéal* (1896) du prince Pierre Kropotkine, penseur et géographe russe (1842-1921), *Étatisme et Anarchie* (1873) de l'anarchiste russe Michel Bakounine (1814-1876) ou, encore, *Pour un communisme libertaire* (1984) du militant français Daniel Guérin (1904-1988). S'ajoutent à cela une pléthore de pamphlets politiques rédigés en toutes langues, généralement parus dans le contexte de certains mouvements ou événements politiques dans lesquels cette famille idéologique a pu exercer une influence plus significative, que ce soit, par exemple, durant la Commune de Paris (1871), les révolutions russes (1905, février 1917 et octobre 1917), la Guerre civile espagnole (1936-1939), durant les mouvements de contestation ayant secoué la plupart des pays occidentaux à la fin des années 1960 ou, plus récemment encore, à l'intérieur du mouvement d'opposition à la mondialisation ou à la globalisation, le mouvement altermondialiste. Ajoutons que la pensée anarchiste contemporaine a très tôt su profiter des nouveaux moyens de communication que représente Internet ; aussi, la Toile regorge depuis quelques années de sites, de blogues personnels ou de forums de discussion consacrés à cette force idéologique.

Ajoutons qu'en plus de ces théoriciens clés de l'anarchisme, d'autres penseurs ont joué un rôle précurseur dans la genèse de cette famille idéologique. Bien qu'ils ne puissent être eux-mêmes considérés comme des penseurs à strictement parler anarchistes, certaines des idées ou intuitions qu'ils ont développées ont, plus tard, grandement servi à l'émergence de cette famille d'extrême gauche. La pensée d'Étienne de La Boétie, par exemple, telle qu'elle s'exprime dans son célèbre discours *Discours de la servitude volontaire*, est habituellement perçue comme un jalon important dans la gestation de l'anarchisme – au même titre, par ailleurs, qu'il l'est aussi pour la famille libérale (voir p. 40). L'appel à la révolte contre l'absolutisme politique sur lequel débouche ce court essai trouve en effet un prolongement logique dans l'anarchisme. La pensée de Jean-Jacques Rousseau, notamment celle qui se déploie dans ses *Discours sur les fondements et les origines des inégalités parmi les hommes* (1755), voire dans son *Contrat social*, est pareillement considérée comme ayant eu une influence considérable sur ce qui deviendra plus tard l'anarchisme. En effet, l'aversion à l'endroit du pouvoir politique qui caractérise la pensée rousseauiste a inévitablement pu trouver un écho favorable au sein de cette famille idéologique naissante. Ce n'est toutefois que lorsque cette première aversion ou méfiance à l'égard du pouvoir – dont on trouve par ailleurs la trace dans le libéralisme à ses origines sous la forme d'une aversion à l'égard du pouvoir absolutiste, comme nous l'avons vu au chapitre 3 (voir p. 55-56) – sera poussée plus loin, en revêtant une forme plus radicale, qu'elle pourra s'élever en véritable principe fondamental et donner corps à une force idéologique réelle avec sa conception du monde particulière et un programme politique y correspondant.

Au départ, l'anarchisme reste largement associé à la famille socialiste-communiste. En effet, aux premiers temps de son apparition, l'anarchisme ne constitue simplement que la tendance antiautoritaire à l'intérieur de cette vaste famille idéologique. L'affranchissement de l'anarchisme de cette vaste famille de gauche a pour principale origine la manière distincte dont les tenants de cette tendance antiautoritaire concevaient le rôle de l'État dans la révolution à venir. Bien que l'idéal de société visé par l'anarchisme et le socialisme-communisme soit pratiquement le même, ce dernier, comme nous avons eu l'occasion de le voir au chapitre 5, tend à accorder un rôle clé à l'État comme moyen d'y parvenir, tandis que l'anarchisme, rejetant catégoriquement toute forme de pouvoir politique, en appelle à l'abolition pure et simple de cette organisation politique. La rupture qui va s'opérer entre le communiste allemand Karl Marx et Pierre-Joseph Proudhon à la suite de la publication par le premier d'un pamphlet intitulé *Misère de la philosophie* (1847), se voulant un réquisitoire contre l'ouvrage de Proudhon, *Philosophie de la misère* paru l'année précédente, a constitué une étape importante dans l'affranchissement de l'anarchisme à l'égard des autres idéologies de gauche auxquelles il était encore alors associé. Le divorce entre anarchisme et socialisme-communisme sera complètement consommé lors de l'expulsion, en 1870, de l'anarchiste russe Michel Bakounine et de ses partisans de l'Association internationale des travailleurs (AIT) – également connu sous le nom de « 1re Internationale » –, manœuvre orchestrée par Marx et Engels. Désormais, l'anarchisme s'affichera comme une famille idéologique autonome et une nouvelle force politique avec laquelle les autres idéologies de gauche devront composer. La relation qui va s'ensuivre entre l'anarchisme et le socialisme-communisme sera, dans l'ensemble, fondée sur une bonne entente et une alliance stratégique. Cette relation sera néanmoins marquée par de nombreux différends et désaccords, et même, quoique plus rarement, par des affrontements directs.

Enfin, la présence de plusieurs courants de pensée au sein de l'anarchisme explique le caractère quelque peu bigarré de cette famille idéologique et son organisation éclatée. Parmi ces courants, notons, entre autres, le collectivisme, auquel est associé Michel Bakounine, le mutualisme, fondé sur la libre association de ses membres et défendu par Pierre-Joseph Proudhon, le syndicalisme, que l'on trouve notamment au sein de la Confederación Nacional del Trabajo (CNT) espagnole ou de son pendant français, la Confédération nationale du travail, ou l'individualisme à la Max Stirner. Enfin, on reconnaît l'anarchisme à ses signes distinctifs qui sont la couleur noire et un cercle dans lequel est inscrite la lettre « A » en majuscule.

6.2. SES IDÉES MAÎTRESSES

L'anarchisme repose sur trois idées maîtresses : I) rejet de toute forme d'autorité politique, II) égalité et III) rejet de toute forme de propriété. Explorons-les une à une.

6.2.1. Rejet de toute forme d'autorité politique

L'anarchisme est *farouchement opposé à toute forme d'autorité politique*. Précisément, il rejette toute idée de gouvernement ou d'État, une institution que toutes les autres idéologies politiques, à leur façon et suivant des visées et des logiques qui leur sont propres, jugent pourtant essentielle au bon fonctionnement de toute société. Rien peut-être ne traduit mieux la teneur de cette idée fondatrice de l'anarchisme qu'un passage enflammé tiré de l'ouvrage de Proudhon *Idée générale de la révolution au XIXe siècle* :

> Être gouverné, c'est être, à chaque opération, à chaque transaction, à chaque mouvement, noté, enregistré, recensé, tarifé, timbré, toisé, cotisé, patenté, licencié, autorisé, apostillé, admonesté, empêché, réformé, redressé, corrigé. C'est, sous prétexte d'utilité publique, et au nom de l'intérêt général, être mis à contribution, exercé, rançonné, exploité, monopolisé, concussionné, pressuré, mystifié, volé ; puis, à la moindre résistance, au premier mot de plainte, réprimé, amendé, vilipendé, vexé, traqué, houspillé, assommé, désarmé, garrotté, emprisonné, fusillé, mitraillé, jugé, condamné, déporté, sacrifié, vendu, trahi, et pour comble, joué, berné, outragé, déshonoré. Voilà le gouvernement, voilà sa justice, voilà sa morale !

Par ce rejet intransigeant de toute autorité politique, l'anarchisme se trouve en quelque sorte à reprendre, tout en la radicalisant, une idée fondamentale à l'origine de la première des familles idéologiques, le libéralisme. On se rappelle en effet que le libéralisme est né au début de la modernité en tant que vive réaction à l'endroit du pouvoir absolutiste, qui était celui des monarchies européennes de l'époque (voir p. 55). Or si, dans cette famille idéologique du centre, nous avons simplement affaire à une « méfiance » vis-à-vis de cette forme particulière de gouvernement, dans l'anarchisme il s'agit d'un « rejet radical » de toute forme de gouvernement quel qu'il soit. Autrement dit, à la différence de ce que prône le libéralisme, pour l'anarchisme libertaire *aucun accommodement* n'est possible avec le pouvoir, qu'il soit modéré ou autoritaire, car, comme le soutient Proudhon dans son œuvre *Qu'est-ce que la propriété ?*, « [s]ous quelque forme qu'elle se montre, monarchique, oligarchique, démocratique, la royauté, ou le gouvernement de l'homme par l'homme, *est illégale et absurde* [nous soulignons] ».

De plus, comme pour le libéralisme, mais suivant encore une fois une saisie plus radicale, ce rejet de tout pouvoir politique repose essentiellement sur l'argument de la préservation de la liberté individuelle. C'est en effet dans une *conjoncture élémentaire d'opposition*, telle que celle qui est au cœur de la conception libérale, que le pouvoir est généralement conçu par l'anarchisme. À la manière d'un jeu à somme nulle, la relation qui existe entre le pouvoir et les individus est conçue dans la famille anarchiste suivant une logique où tout ce qui appartient au premier ne peut forcément être sa propriété qu'au détriment de la liberté des individus et où, à l'opposé, toute liberté dont peuvent jouir les individus n'existe toujours qu'en soustraction à ce qui, autrement, reviendrait au pouvoir. Aucune cohabitation n'est possible sans nuire à l'autre. Dans cette optique, la soumission à toute forme de pouvoir ne se fera toujours qu'au détriment de la liberté individuelle. L'anarchisme libertaire va donc tirer de cette conjoncture élémentaire les conséquences radicales qui s'imposent : pour sauvegarder la liberté individuelle, il faut *abolir* toute forme de pouvoir et, par extension, l'État.

Malgré le fait que l'anarchisme puisse partager avec la famille idéologique de Locke, Montesquieu ou Mill une impulsion fondamentale commune, qui est cette méfiance plus ou moins radicale à l'endroit du pouvoir, ainsi qu'une même conception de la dialectique entre pouvoir et liberté individuelle, on ne se saurait réduire l'anarchisme à une simple forme dérivée ou radicale de libéralisme ! À l'exception de cette méfiance à l'égard de tout pouvoir politique, partagée par ces deux familles d'idéologies – bien que toutes deux la manifestent à des degrés de radicalité fort différents –, le libéralisme et l'anarchisme sont des familles idéologiques largement incompatibles. C'est ce dont témoigne la place occupée par chacune sur le clivage politique : l'une se situe à l'extrême gauche, alors que l'autre loge au centre. En vérité, l'anarchisme s'est très tôt développé *en réaction* au libéralisme, en s'opposant principalement aux positions défendues par cette famille d'idéologies en ce qui a trait à la question de la propriété. Nous traiterons de cette question en détail plus loin (voir p. 113).

Le vif rejet de tout pouvoir qui anime l'anarchisme ne signifie toutefois pas un rejet de *l'ordre* tout court, car pour cette famille d'idéologies, comme on pouvait l'entendre dans les rues de Paris pendant les événements de Mai 1968, « L'anarchie, c'est l'ordre moins le pouvoir ! » Ce que prône l'anarchisme n'est pas un idéal de « désordre » ou de « chaos », mais une vision de la société naturellement ordonnée en l'absence de tout gouvernement. Par son rejet de toute forme de pouvoir, l'anarchisme entend d'abord et avant tout réfuter l'idée qu'en l'absence de gouvernement ou d'autorité centrale toute société serait inévitablement en proie au désordre et au chaos, idée à laquelle souscrivent à la fois le libéralisme et toutes les idéologies de droite, y compris le libertarianisme, et cela, comme nous le verrons au prochain chapitre, malgré la profonde aversion qu'il manifeste à l'égard du pouvoir. Ces idéologies estiment que la présence d'une autorité politique forte, soit d'un gouvernement capable d'exercer son pouvoir sur l'ensemble des membres de cette société, est indispensable. Aucune société ne saurait s'en passer. Cela relève d'une nécessité de la nature même des sociétés.

Or, la famille anarchiste rejette catégoriquement cette conception de la société et du pouvoir, car à ses yeux celle-ci n'est qu'une simple stratégie discursive développée par les dirigeants de la société afin de justifier leur position de domination dans l'ordre social. Autrement dit, ce discours sur la nécessité pour toute société d'avoir en place un pouvoir politique est une démarche de propagande déployée par les puissants de ce monde afin de fournir une légitimité à leur statut de dominants et, par suite, au statut de dominés du reste de la population, afin donc de tromper les dominés. Car pour Proudhon, Kropotkine et les autres penseurs anarchistes, toute société sait naturellement ce qui est bon pour elle et sait naturellement comment se maintenir elle-même sans verser dans le chaos. L'État et le pouvoir politique ne sont pas des institutions incontournables, dont on ne pourrait se priver. La société n'a pas besoin d'une quelconque forme de pouvoir politique, gouvernement ou autre, pour lui dire comment s'organiser et assurer à tous ses membres un environnement ordonné, harmonieux et stable. L'ordre peut très bien se passer du pouvoir ; la société peut très bien se passer de gouvernement.

Si l'anarchisme rejette l'idée du caractère incontournable de tout pouvoir, il rejette également la manière dont ce dernier est conçu par toutes les autres idéologies. À contre-pied du modèle traditionnel d'organisation de la société suivant le modèle étatique à la tête duquel prend place un gouvernement, soit une forme de pouvoir centralisé qui s'exerce de haut en bas sur l'ensemble d'une population, l'anarchisme défend plutôt le principe de l'«autogestion» ou de la «démocratie directe». Cette famille idéologique rejette vivement l'idée suivant laquelle la seule manière d'organiser une société est par l'entremise d'une organisation hiérarchique dans laquelle le pouvoir est distribué de manière verticale et où chacun est subordonné à celui qui occupe un niveau supérieur à l'intérieur de cette structure verticale. Dans ce modèle hiérarchique, sur lequel sont fondés tous les régimes politiques actuels, de même que l'immense majorité des organisations sociales les plus courantes (entreprises, écoles, organisations militaires, etc.), la prise de décision concernant l'ensemble de l'organisation est généralement une tâche qui incombe aux seules personnes occupant les échelons supérieurs, c'est-à-dire les dirigeants. Les dirigés sont généralement exclus de ce processus, leur seul rôle étant restreint à celui d'exécuter ou de se soumettre aux décisions venant d'en haut. L'anarchisme défend plutôt un modèle d'organisation *horizontale* de la société où tous les membres de l'organisation sont considérés comme étant sur un même pied d'égalité et assumant un rôle semblable les uns par rapport aux autres. Concrètement, appliqué à la scène politique, ce modèle repose sur l'abolition de la distinction entre « dirigeants » et « dirigés » et implique la participation de tous les citoyens aux prises de décision touchant l'ensemble de la société. L'anarchisme prône ainsi une véritable prise en charge par l'ensemble de la population de ses propres affaires, plutôt qu'une délégation de cette tâche aux seuls délégués du peuple, comme dans le cas de la démocratie représentative libérale, ou aux autres dirigeants, comme dans le cas des autres régimes politiques. L'organisation qui découle de ce modèle est dite « autogérée ». Ce principe est applicable à plusieurs organisations et dans plusieurs champs de la société, depuis les regroupements de citoyens jusqu'au niveau de l'État dans son ensemble, en passant par les cellules ouvrières et les entreprises. Ce modèle d'organisation est, on ne peut manquer de le souligner, très proche de l'idéal de démocratie directe défendue par Rousseau dans son *Contrat social*.

Enfin, en raison du rejet total de toute forme de pouvoir qui anime l'anarchisme, de l'ampleur des changements auxquels il appelle et considérant la manière dont la plupart des sociétés occidentales sont aujourd'hui organisées, cette famille idéologique apparaît comme étant foncièrement *radicale*. C'est pourquoi on la trouve à l'extrême gauche du clivage politique. La conception du monde sur laquelle elle se fonde et le programme politique qu'elle propose invitent en effet à un *renversement complet* des principes qui guident, depuis les débuts de la modernité, la majorité de nos sociétés contemporaines. Pour parvenir à cette fin, l'anarchisme va s'appuyer sur deux stratégies distinctes, différence d'ordre stratégique qui n'est pas sans rappeler celle grâce à laquelle on distingue le communisme du socialisme (voir p. 98).

La première stratégie est celle de la *révolution*. Pour les tenants de cette stratégie, la seule façon d'instituer les bouleversements profonds qui s'imposent est celle de la *révolution*, entendue ici dans le sens fort du terme, soit le démantèlement de façon brutale et systématique de l'ensemble des institutions liées au système actuel afin d'établir un monde nouveau. Ainsi, en appeler à une transformation radicale de la société n'est envisageable pour ces courants anarchistes qu'au moyen d'une révolution ; à projet de société révolutionnaire, stratégie révolutionnaire.

La seconde stratégie peut être qualifiée de *réformiste*. Elle trouve à notre époque ses adeptes notamment auprès des membres des nouvelles tendances libertaires à l'intérieur du mouvement altermondialiste. Plutôt que d'en appeler à une transformation radicale de la société, soit une remise en cause globale du système en place par le biais d'un renversement d'un « seul coup » de l'ordre établi, de nombreux anarchistes préfèrent travailler à graduellement mettre en place l'idéal de la société anarchiste *à l'intérieur des structures existantes*. Rejetant ainsi toute approche systémique – qui renvoie au «système» en place –, cette stratégie propose plutôt, sous la forme d'un acte de résistance, un projet qui consiste à réaliser, ici et maintenant, les idéaux anarchistes à l'intérieur de structures et d'organisations à petite échelle existantes, à fonder ici et là des communautés autogérées. Et cela, dans l'espoir, pour la majorité de ceux qui souscrivent à cette stratégie, qu'à terme ces changements parviendront à renverser l'ordre du monde. Cette stratégie réformiste trouve son illustration la plus nette dans la formule du penseur irlandais proche du mouvement zapatiste mexicain John Holloway qui donne à l'un de ses ouvrages le titre «Changer le monde sans prendre le pouvoir», lequel reçoit effectivement un accueil très favorable chez nombre de militants anarchistes de notre époque.

6.2.2. Égalité

À l'instar des idéologies de gauche et d'extrême gauche et du libéralisme, l'anarchisme admet que *les êtres humains sont tous naturellement égaux*. La nature humaine est telle que, parmi l'ensemble des membres qui la composent, il n'y en a pas qui soient naturellement supérieurs aux autres, c'est-à-dire dont les capacités physiques, intellectuelles, morales, etc., seraient telles qu'ils pourraient jouir d'un statut différent de celui des autres êtres humains.

L'importance de la question de l'égalité pour cette famille idéologique se laisse comprendre à la lumière de celle de la liberté individuelle. Pour l'anarchisme, égalité et liberté sont *indissociables*. La liberté doit se penser dans l'égalité et l'égalité dans la liberté. Ce rapport complémentaire est double. D'une part, dans une perspective anarchiste, l'égalité est perçue comme ce qui rend possible la véritable liberté. Telle est la manière que Michel Bakounine avait de décrire cette exigence, dans une conférence prononcée devant les ouvriers de val de Saint-Imier (en Suisse) durant la Commune de Paris (1895):

> [la] liberté n'est possible que dans l'égalité. S'il y a un être humain plus libre que moi, je deviens forcément son esclave; si je le suis plus que lui, il sera le mien. Donc, l'égalité est une condition absolument nécessaire de la liberté.

Par définition, une société inégalitaire, c'est-à-dire une société dans laquelle certains sont reconnus comme étant supérieurs aux autres, comme dans le cas des régimes aristocratiques de l'Ancien Régime par exemple, est une société privée de liberté. Car une société dans laquelle certaines classes peuvent jouir de la liberté, alors que d'autres en sont privées, ne peut être reconnue comme une société libre. Point de liberté sans l'égalité de tous.

D'autre part, la liberté représente *l'unité de mesure de l'égalité*. En effet, l'égalité est définie dans l'anarchisme comme le fait pour tout individu de pouvoir jouir d'un même *degré d'autonomie* par rapport à l'ensemble de tous les autres individus. L'égalité signifie pour tout individu qu'il peut se tenir dans une relation d'indépendance par rapport à son prochain. Est l'égal de son prochain, celui dont l'existence n'est point dépendante de ce dernier et vice versa. Autrement dit, être l'égal de son prochain, c'est précisément jouir d'un même degré de *liberté* que lui. Ainsi, dans l'anarchisme, point de liberté sans égalité et point d'égalité sans liberté ; les deux sont conçues dans une complémentarité parfaite.

Par ailleurs, comme dans le socialisme-communisme, cet idéal d'égalité s'articule dans l'anarchisme sous la forme d'une conception « égalitariste » de la société, c'est-à-dire un modèle de société dans lequel tous les citoyens sont appelés à jouir d'une *parfaite* égalité. Ce que vise cette famille idéologique par ce modèle égalitariste est plus que la préservation d'une simple égalité « formelle » (ou « abstraite ») dont peuvent bénéficier tous les citoyens dans les sociétés libérales actuelles, soit une forme d'égalité telle que celle que viennent garantir les lois fondamentales de tout État libéral, donc une égalité de droit. L'anarchisme vise à instaurer une égalité « concrète » (ou « réelle ») des citoyens, c'est-à-dire garantir à tous les citoyens une parfaite égalité, une égalité qui puisse donc se mesurer concrètement en termes économiques, dans la répartition des statuts, dans l'accès aux emplois, etc. Ainsi, plutôt qu'une même égalité face à la loi, une égalité dans la forme, l'anarchisme vise à promouvoir une égalité dans les faits de tout un chacun vis-à-vis de tous.

Concrètement, cet idéal égalitariste prend généralement la forme dans la famille anarchiste d'une organisation « collectiviste » de la société. Le collectivisme, tel que l'entendait Bakounine par exemple, définit un mode d'organisation et de distribution des richesses qui s'apparente au modèle communiste, à la différence près que ce dernier repose sur un système centralisé de répartition égalitaire des ressources à tous les citoyens, fonction qui incombe habituellement à un État central, tandis que le collectivisme anarchiste consiste plutôt dans un *système non centralisé de mise en commun des ressources et du partage de celles-ci sur la base des besoins réels de chacun des utilisateurs de ces ressources*, suivant une formule connue : « à chacun selon ses besoins, de chacun selon ses capacités ». Contrairement au modèle communiste, le collectivisme visé par l'anarchisme peut très bien se passer de l'État ; en vérité, il n'en a point besoin. En conformité avec le premier principe qui l'anime, l'anarchisme libertaire rejette l'idée que seule une organisation centrale forte est à même de pouvoir garantir l'égalité de tous les citoyens dans la société. Car toute appropriation du pouvoir par une organisation centrale ne pourra jamais signifier autre chose pour l'anarchisme qu'une perte de liberté pour les individus. Pour illustrer cette idée, on peut lire dans le brûlot anticommuniste de Bakounine, *Étatisme et anarchie* (1873) :

> Je déteste le communisme, parce qu'il est la négation de la liberté et que je ne puis concevoir rien d'humain sans liberté. Je ne suis point communiste parce que le communisme concentre et fait absorber toutes les puissances de la société dans l'État, parce qu'il aboutit nécessairement à la centralisation de la propriété entre les mains de l'État. […] Je veux l'organisation de la société et de la propriété collective ou sociale de bas en haut, par la voie de la libre association, et non de haut en bas par le moyen de quelque autorité que ce soit. Voilà dans quel sens je suis collectiviste et pas du tout communiste.

Le collectivisme s'articule donc comme une forme de communisme décentralisé ; autrement dit, une forme de communisme autogéré. Plutôt que de promouvoir un système où tous les moyens de production de la richesse seraient accaparés par l'État, à qui il incomberait par la suite de les redistribuer équitablement parmi les citoyens, l'idéal collectiviste défendu par l'anarchisme repose sur un modèle où tous les citoyens peuvent librement et sans intermédiaire se servir de toutes les ressources dont ils ont besoin pour vivre. Étant parfaitement égaux entre eux, ils auraient tous accès aux moyens de production répondant à leurs compétences et habiletés, et cela, dans le respect des besoins des autres et des capacités de chacun. Fidèle en cela à l'idéal d'organisation horizontale de la société (voir p. 109-110), l'anarchisme voit dans ce modèle collectiviste une façon pour tous les citoyens de conserver pour eux-mêmes, sans délégation à une quelconque autorité supérieure, la jouissance de toutes les richesses et de tous les moyens de production de la société.

6.2.3. Rejet de toute forme de propriété

L'anarchisme *rejette radicalement toute forme de propriété*, soit le droit pour un individu, aussi bien que pour une organisation ou une personne morale, de s'approprier en exclusivité, en tout ou en partie, les abondantes ressources que la terre met à notre disposition. Dans son ouvrage classique, fondateur de cette famille idéologique, *Qu'est-ce que la propriété ?*, Proudhon écrivait :

> Si j'avais à répondre à la question suivante : *Qu'est-ce que l'esclavage ?*, et que d'un seul mot je répondisse : *C'est l'assassinat*, ma pensée serait d'abord comprise. Je n'aurais pas besoin d'un long discours pour montrer que le pouvoir d'ôter à l'homme la pensée, la volonté, la personnalité, est un pouvoir de vie et de mort, et que faire un homme esclave, c'est l'assassinat. Pourquoi donc à cette autre demande : *Qu'est-ce que la propriété ?*, ne puis-je répondre de même : *C'est le vol*, sans avoir la certitude de n'être pas entendu, bien que cette seconde proposition ne soit que la première transformée ?

Par ce rejet de l'institution de la propriété, l'anarchisme s'inscrit en faux avec toutes les autres grandes idéologies politiques, à l'exception du communisme. En effet, la propriété s'affiche partout ailleurs comme une institution légitime, puisque naturelle. Les êtres humains s'étant de tout temps portés acquéreurs de biens et de ressources, l'institution qui découle de cette pratique appartiendrait donc à la nature de l'être humain. Et c'est sur la base du caractère « naturel » de cette pratique qu'il convient, estiment toutes les autres idéologies, de la préserver au moyen de la mise en place d'un système de droit venant l'encadrer, la protéger et la légaliser. Or, pour la famille anarchiste, la propriété est une institution complètement illégitime, car elle est l'une des principales sources d'inégalité parmi les êtres humains. Dans son pamphlet politique *L'Anarchie, sa philosophie et son idéal*, Pierre Kropotkine décrit la nature inégalitaire de cette institution :

> Mais un mal autrement plus profond du système actuel s'affirme de plus en plus. C'est que dans l'ordre d'appropriation privée, tout ce qui sert à vivre et à produire, le sol, l'habitation, la nourriture et l'instrument de travail une fois passés aux mains de quelques-uns, ceux-ci empêchent continuellement de produire ce qui est nécessaire pour donner le bien-être à chacun.

À l'instar de l'autorité politique, la propriété est perçue par l'anarchisme comme ce qui accentue les inégalités qui existent inévitablement entre les êtres humains. Si l'autorité politique crée l'inégalité en instaurant une division entre « dirigeants » et « dirigés », la propriété, par le droit qui vient l'encadrer, vient en quelque sorte la consacrer et l'amplifier, par le biais d'une division entre « possédants » et « dépossédés ». Suivant la logique du schéma explicatif traditionnel de la gauche, la propriété est perçue comme étant responsable d'un déséquilibre dans la répartition des ressources parmi les individus, puisqu'elle tend naturellement à concentrer entre les mains de quelques-uns une trop grande part des ressources disponibles, au détriment précisément de ceux, la vaste majorité, qui se trouvent dès lors privés de ce dont ils ont pourtant besoin pour survivre.

Or, qu'est-ce qui permet de justifier un système dans lequel certains sont légalement reconnus propriétaires de ressources qui pourraient ailleurs servir à l'assouvissement des besoins naturels d'autres personnes, lesquelles n'ont pas de droits légaux sur ces ressources, se demande l'anarchisme ? Rien. Ainsi, pour cette famille idéologique, est-il illusoire de penser pouvoir garantir une égalité parfaite de tous les citoyens, tout en gardant intacte l'institution qui est l'une des principales responsables de l'accroissement des inégalités parmi les êtres humains. L'anarchisme tire donc de ce constat les conséquences radicales qui s'imposent : pour sauvegarder l'égalité de tous – et, par extension, la liberté –, il faut donc *abolir* toute forme de propriété.

Mais à la différence du communisme, qui en appelle à l'abolition de la seule propriété *privée*, l'anarchisme vise l'abolition de *toute forme de propriété*, quelle qu'elle soit. Fidèle en cela au modèle d'organisation collectiviste dont elle se fait le promoteur, la famille anarchiste rejette l'idée que la seule façon de garantir l'égalité de tous les citoyens soit l'abolition de la propriété privée et son remplacement par une propriété *publique* dont l'État serait titulaire, au nom du peuple. D'une manière plus radicale, l'anarchisme prône la suppression pure et simple de *toute* forme de propriété, qu'elle soit privée ou publique, individuelle ou nationale, celle de particuliers ou celle de l'État. Pour la même raison qui justifie l'abolition de tout gouvernement, l'anarchisme rejette l'idée qu'il soit possible de garantir l'égalité de tous les citoyens au moyen d'une concentration du pouvoir entre les mains d'un petit groupe. Ajoutons que par ce rejet de la propriété il ne s'agit pas pour l'anarchisme de décréter que tous les êtres humains doivent se départir de tout ce dont ils possèdent de manière individuelle, y compris les biens les plus immédiats, comme ceux dont on ne peut se passer pour vivre, que ce soit par exemple les vêtements avec lesquels on s'habille, la nourriture que l'on consomme au quotidien ou le toit sous lequel on loge. Le système collectiviste que prône l'anarchisme prévoit précisément le droit pour tous d'accéder à tout ce qui est nécessaire à la vie – ce qui inclut donc tous ces biens essentiels – sous la base du principe d'une utilisation directe par tous de l'ensemble des ressources disponibles.

CONCLUSION

L'anarchisme se fonde d'abord et avant sur une vive aversion à l'égard de toute forme d'autorité. Il est en cela animé d'une très grande hostilité vis-à-vis de l'État, organisation politique par excellence de la modernité occidentale. Se positionnant à l'extrême gauche du clivage politique, l'anarchisme est d'abord apparu comme une simple tendance à l'intérieur de la famille socialiste-communiste. La vision de ces deux idéologies par rapport au rôle de l'État étant complètement opposée, chacune a fini par faire cavalier seul.

L'anarchisme s'appuie sur trois idées maîtresses. Premièrement, il rejette radicalement toute forme d'autorité politique, car il juge que cette dernière s'exerce toujours au détriment du plus grand nombre et que l'atteinte d'un équilibre passe plutôt par un modèle d'organisation horizontale au sein duquel tous les citoyens sont appelés à participer. Au fondement de ce modèle est l'idée que la société elle-même sait mieux que n'importe quelle institution ce qui est bon pour elle. Deuxièmement, l'égalité des êtres humains est au centre de la pensée anarchiste. Celle-ci considère que l'égalité est essentielle à la liberté et qu'il importe d'offrir aux citoyens un accès tout à fait égal aux ressources dont ils ont besoin pour vivre. Le modèle collectiviste est celui qui répond à cette conception égalitariste de la société. Cela amène à un rejet de toute forme de propriété, la troisième idée maîtresse de l'anarchisme, la propriété étant l'une des principales sources d'inégalité chez les êtres humains.

BIBLIOGRAPHIE

Bakounine, Michel (1967). *Étatisme et anarchie*, trad. M. Body, Leiden, Brill. Titre original : (1873). *Государственность и анархия*.

Bakounine, Michel (1895). *Trois conférences faites aux ouvriers de Saint-Imier*, Société nouvelle, mars, p. 285-301, et avril, p. 449-460.

Goodwin, William (1793). *An Enquiry Concerning the Principle of Political Justice* (Une enquête concernant la justice politique).

Guérin, Daniel (1984). *Pour un communisme libertaire*, Paris, Spartacus.

Holloway, John (2008). *Changer le monde sans prendre le pouvoir. Le sens de la révolution aujourd'hui*, trad. S. Bosserelle, Paris, Éditions Syllepse. Titre original : (2002). *Change the World without Taking Power*.

Kropotkine, Pierre (1896). *L'anarchisme, sa philosophie, son idéal*.

Marx, Karl (1847). *Misère de la philosophie. Réponse à la* Philosophie de la misère *de P.-J. Proudhon*.

Proudhon, Pierre-Joseph (1840). *Qu'est-ce que la propriété? Ou Recherches sur le principe du droit et du gouvernement*.

Proudhon, Pierre-Joseph (1846). *Philosophie de la misère ou Système des contradictions économiques*.

Proudhon, Pierre-Joseph (1851). *Idée générale de la révolution au XIXe siècle*.

Rousseau, Jean-Jacques (1755). *Discours sur les origines et les fondements de l'inégalité parmi les hommes*.

Stirner, Max (1899). *L'Unique et sa propriété*, trad. R.L. Reclaire, Paris, Stock. Titre original : (1844). *Der Einzige und sein Eigentum*.

/ *Chapitre* 7

LA DROITE
Le libertarianisme

La famille libertarienne regroupe deux mouvements distincts, le *néolibéralisme* et *l'anarcho-capitalisme*, qui, en raison de leur complémentarité, feront l'objet d'un traitement combiné dans l'exposition qui suit. D'une part, défini sommairement, le néolibéralisme n'est pas à strictement parler une idéologie politique, mais une *doctrine économique* qui met l'accent sur les idéaux de libre-échange et de libre concurrence dans le cadre d'une économie capitaliste. De plus, il préconise une vision minimaliste de l'État, ce dernier représentant une menace pour l'idéal de liberté économique. Or, en raison du caractère englobant de la vision économique de la réalité qu'elle défend – certains commentateurs la qualifient à ce titre d'« économiciste », l'économie étant la mesure de toute chose –, cette doctrine économique en est venue à nommer ce qui a presque tout d'une idéologie politique. D'autre part, l'anarcho-capitalisme désigne une véritable idéologie politique, qui met en avant l'idée de liberté individuelle comme finalité ultime de l'être humain et de la société. Il manifeste une grande méfiance à l'endroit de l'État, perçu comme une menace à cette liberté. Par la place centrale qu'occupent dans ces deux mouvements l'idéal de liberté individuelle et l'idée qu'il faut se méfier de l'État, le néolibéralisme et l'anarcho-capitalisme présentent incontestablement une très grande proximité idéologique. Et c'est sur cette base que ces deux mouvements sont ici réunis à l'intérieur d'une seule et même famille idéologique nommée libertarianisme.

Le libertarianisme occupe la droite du clivage politique, où il loge plus à droite que le libéralisme, tout en se situant plus au centre que le fascisme. Sa position sur le clivage politique est donc la même que celle du conservatisme. En ce sens, son impulsion fondamentale consiste également à défendre l'ordre du monde en se fondant sur son caractère légitime. Précisément, le libertarianisme prend appui sur le troisième schéma explicatif de la droite (voir p. 30). Le libertarianisme se montre satisfait de l'ordre sur lequel s'appuie le réel, car cet ordre lui apparaît juste et équitable. En effet, cette famille idéologique, ainsi qu'on pourra le voir plus loin (voir p. 127), estime que derrière le réel se trouve un ordre, un mécanisme, qui repose sur l'interaction entre des processus «spontanés». Ceux-ci fonctionnent de manière autonome et assurent un fonctionnement optimal et une organisation stable de la réalité et de nos sociétés.

Enfin, comme il nous sera permis de le souligner dans l'exposition qui suit, la première idée maîtresse du libertarianisme et celle de l'anarchisme sont très proches. Malgré le fait que ces deux familles se situent à l'opposé sur le clivage politique, le libertarianisme étant à droite et l'anarchisme à l'extrême gauche, toutes deux manifestent une profonde hostilité à l'endroit de toute autorité politique. Toutefois, la manière dont ces deux familles donnent sens à cette idée diffère radicalement: si dans la famille anarchiste cela s'articule par une hostilité à l'égard du système capitaliste et de la propriété, dans la famille libertarienne cela passe au contraire par une valorisation de la propriété privée et du système de libre marché dont il s'agit le moins possible d'entraver le fonctionnement. Ainsi cette idée prend-elle un sens tout autre, selon qu'elle sert à soutenir le libertarianisme ou l'anarchisme.

7.1. SES ORIGINES HISTORIQUES

De toutes les familles idéologiques, le libertarianisme est la plus récente. Sa naissance s'inscrit dans une conjoncture particulière liée à une métamorphose en profondeur de la mission de l'État au début du XXe siècle. En effet, comme nous aurons l'occasion de le voir plus loin, c'est d'abord et avant tout en réaction à l'État-*providence*, cette nouvelle configuration de l'État qui va se mettre en place à partir du premier quart du siècle dernier dans toutes les sociétés occidentales, que le libertarianisme va voir le jour dans les années 1940.

Malgré sa courte histoire, cette famille d'idéologies de droite compte déjà quelques textes classiques, parmi lesquels on note *La route de la servitude* (1944) ou *La présomption fatale: les erreurs du socialisme* (1988) de l'économiste et philosophe autrichien Friedrich von Hayek (1899-1992), *L'action humaine. Traité d'économie* (1949) de l'économiste autrichien Ludwig von Mises (1881-1973), *Anarchie, État et utopie* (1974) du philosophe étasunien Robert Nozick (1938-2002) et *L'Éthique de la liberté* (1982) du penseur étasunien Murray Rothbard (1926-1995).

À la différence des idéologies de gauche dans leur ensemble, dont le développement s'est rapidement nourri d'une vive critique à l'endroit du libéralisme, le libertarianisme s'inscrit plutôt dans la continuité de l'aile droite du libéralisme, apparaissant dans le *prolongement radical du libéralisme économique*. En effet, on peut lire l'impulsion initiale du libertarianisme comme un effort en vue de retourner à une forme *plus classique de libéralisme*. Pour le libertarianisme, le libéralisme, tel qu'il s'est développé comme force idéologique dominante dans toutes les sociétés occidentales depuis un ou deux siècles, aurait erré. Sous l'attrait des idéaux promus par les idéologies de gauche, au premier plan le socialisme, avec lesquelles l'aile gauche du libéralisme partage de nombreuses affinités, la famille libérale se serait inclinée trop à gauche. Dans ce contexte, il importe de restaurer une forme plus « classique » de libéralisme, qui était celui par exemple des penseurs économiques libéraux des XVIIIe et XIXe siècles, tels que l'économiste écossais Adam Smith (1723-1790), l'économiste français Jean-Baptiste Say (1767-1832) ou l'économiste et politique français Frédéric Bastiat (1801-1850). En appeler à une telle réappropriation de ces penseurs signifie donc pour le libertarianisme qu'il lui faut ramener le centre de gravité de la famille libérale plus à droite, plus à droite que la place occupée à notre époque par celle-ci. C'est d'ailleurs cette filiation avec le libéralisme qui explique que de nombreux tenants du libertarianisme refusent l'appellation sous laquelle nous les rangeons pour désigner leur camp, préférant plutôt l'appellation simple et générale de « libéralisme ». À leurs yeux, la forme actuelle de libéralisme est « dénaturée » ; leur famille idéologique représenterait une forme « plus authentique » de libéralisme.

7.2. SES IDÉES MAÎTRESSES

Le libertarianisme s'organise autour de quatre idées maîtresses : I) antiétatisme, II) liberté, III) laisser-faire et IV) propriété privée. Analysons tour à tour ces idées.

7.2.1. Antiétatisme

L'aversion à l'endroit du pouvoir qui anime le libertarianisme s'articule essentiellement sous la forme d'*une vive critique à l'égard de l'État*. Cette famille idéologique est en effet animée d'un antiétatisme marqué, dont on peut mesurer toute la force dans un passage enflammé tiré de l'ouvrage de Murray Rothbard, *L'éthique de la liberté* :

> L'État est une institution fondamentalement illégitime qui se fonde sur l'agression systématisée, le crime organisé et banalisé contre la personne et la propriété de ses sujets. Loin d'être nécessaire à la société, c'est une institution profondément anti-sociale qui parasite les activités productives des citoyens honnêtes.

Si ce diagnostic exprime de manière forte une attitude contre l'État largement ressentie par le libertarianisme, il ne conduit toutefois pas celui-ci à décréter, à la manière de l'anarchisme qui est également animé d'une certaine hostilité envers tout pouvoir politique, l'abolition de cette institution. Sauf dans le cas de certaines mouvances très radicales au sein de la famille libertarienne, cette famille idéologique ne vise pas l'abolition de l'État, mais simplement une redéfinition complète de son mandat. En vérité, ce que conteste le libertarianisme est la configuration actuelle de l'État, à savoir l'État-*providence*. L'évolution de l'État moderne au XXe siècle a conduit à une transformation en profondeur de sa mission fondamentale qui avait été la sienne depuis son apparition au début de la modernité. Cette transformation s'est traduite par une extension très importante de ses champs d'intervention, ce qui, autrement dit, entraîna un accroissement phénoménal de la taille de cette organisation. D'un État minimal simplement garant de l'ordre et de la sécurité, l'État est devenu au fil du temps « pourvoyeur » de services. Ainsi, par ce développement, l'État s'est transformé en un acteur très important dans de nombreux domaines de la vie d'une société qui n'avaient jamais jusque-là fait l'objet d'interventions systématiques de sa part, que ce soit dans le domaine de l'éducation (par le biais notamment de la mise sur pied d'un système public d'éducation), de la santé (hôpitaux, assurance maladie, programme de santé publique, etc.), de la culture (organismes culturels étatiques, musées nationaux, télévision et radio d'État, etc.), des infrastructures (financement et construction d'infrastructures diverses, telles que routes, ponts, ports, etc.), ou, plus récemment, de l'environnement (lois pour protéger l'environnement, organismes de surveillance, aires protégées, etc.) et, par-dessus tout, de l'économie (politiques fiscales, programmes de soutien aux entreprises, mécanismes de répartition de la richesse, etc.). Dans tous ces domaines, l'État est devenu un agent de régulation de premier plan, en remplacement des organisations traditionnelles qui s'étaient jusqu'alors acquittées de ces fonctions. On pense ici, entre autres, aux églises pour les domaines de l'éducation, de la santé ou des affaires sociales, aux associations de travailleurs pour ce qui est du soutien aux travailleurs, à des organismes privés pour le domaine de la culture, aux familles pour le soutien et l'aide aux familles et, bien sûr, aux corporations et entreprises privées en ce qui a trait à l'économie et aux infrastructures. Bien que cette extension des fonctions de l'État ait débuté avant le XXe siècle – sous Napoléon Bonaparte par exemple, on a en effet vu la taille de l'État français s'accroître considérablement avec la mise sur pied d'institutions nationales, d'académies, d'un code civil, d'un système d'éducation publique, etc. –, elle s'est fortement accélérée à la suite de la Grande Crise de 1929. En effet, afin de sortir leur société de cette crise économique majeure, la plupart des États occidentaux, sous l'impulsion des idées de l'économiste progressiste libéral anglais John Maynard Keynes (1883-1946), ont mis en place d'importantes mesures sociales ou économiques en vue de relancer leur économie. C'est en effet au sortir de cette crise qu'ont été créés la vaste majorité des programmes étatiques que l'on retrouve aujourd'hui au sein des sociétés libérales (programme d'aide de derniers recours, caisse d'économie, programmes de soutien aux entreprises, systèmes de soins de santé, etc.). Or le libertarianisme refuse cette configuration *interventionniste* de l'État dont la portée, estime-t-il, semble être sans limites ; l'État devient toujours de plus en plus gros, de plus en plus interventionniste.

Ainsi, dans une perspective libertarienne, l'État devrait être ramené à ses seules fonctions *minimales* et cesser d'intervenir dans les champs qui ne sont pas de ses compétences traditionnelles. Autrement dit, l'État devrait être réduit à n'assumer que ses seules fonctions « régaliennes » – celles qui traditionnellement incombaient au roi (« *rex* » ou « *regina* » en latin) –, fonctions qui étaient par ailleurs siennes à ses origines, dans la mesure où l'État moderne est l'héritier des systèmes politiques de l'Ancien Régime. Ainsi, la mission de l'État devrait se résumer à maintenir la cohésion sociale (par l'emploi d'un corps de police), à défendre le territoire (par le recours à une force armée), à administrer la justice (par l'intermédiaire d'un système de justice) et à frapper la monnaie. C'est bien une telle conception minimaliste de l'État que défend Robert Nozick dans son ouvrage classique *Anarchie, État et utopie*, lorsqu'il écrit : « L'État minimal est le seul État moralement légitime et tolérable. »

Par cet appel au retrait de l'État dans de nombreux domaines de la société dans lesquels il est actuellement un acteur de premier plan, le libertarianisme se trouve ainsi à contester la « suprématie » de l'État dans la société. Dans la plupart des conceptions de la société partagées par les autres grandes idéologies politiques, l'État est toujours conçu comme cette organisation détentrice de la souveraineté politique. Ainsi souverain, l'État se tient au-dessus de toutes les autres organisations de la société, que ce soient les églises, les syndicats, les corporations, les entreprises, les associations, etc., ces dernières occupant donc un rang subordonné à celui de l'État. Or, dans une perspective libertarienne, l'État est perçu *comme un acteur parmi d'autres* à l'intérieur de la société. C'est sur la base de cette conception que le libertarianisme peut en appeler à des privatisations massives : l'État devrait se retirer de nombreux champs de compétence qui lui sont attribués afin de laisser de la place à d'autres organisations non étatiques. L'État poursuivant ses fonctions minimales, son travail doit être conçu comme complémentaire à celui accompli par toutes les autres organisations non étatiques de la société.

Enfin, que cette vive critique à l'endroit de l'État conduise néanmoins cette famille d'idéologies à admettre la nécessité de conserver l'État, sous une forme minimaliste, repose sur l'admission implicite que, sans État ou sans gouvernement, toute société risque de verser dans le chaos et le désordre. Ainsi, à l'instar des autres idéologies de droite et au contraire de l'anarchisme, le libertarianisme estime que l'existence d'un gouvernement ou de l'État est en quelque sorte un « mal nécessaire », c'est-à-dire qu'on souhaiterait bien s'en passer, mais on ne le peut pas. L'existence de l'État tient de la nécessité des choses. Cette vision de l'État, empreinte de réalisme, trahit une certaine conception pessimiste de la nature humaine que partage le libertarianisme avec toutes les autres idéologies conservatrices : l'être humain a une tendance naturelle au mal. Laissés à eux-mêmes, en l'absence d'une autorité capable d'exercer sur eux un contrôle ou une surveillance, certains êtres humains ont naturellement tendance à succomber aux vices et à se laisser aller aux crimes. Si cette famille idéologique adhère à l'idée qu'il existe une harmonie en quelque sorte naturelle au sein de la société, ce qui l'incite à prôner des politiques de laisser-faire, comme nous le verrons plus loin (voir p. 124), elle n'en demeure pas moins également convaincue que l'être humain n'est pas totalement à l'abri des vices et du mal. Aussi toute société, estime le libertarianisme, aura toujours besoin d'un État ou d'un gouvernement, aussi réduit soit-il, afin de contrecarrer cette tendance au mal inscrite dans la nature humaine. Et maintenir la cohésion sociale et la sûreté est une fonction essentielle de tout État, dont la société ne pourrait se départir. Cette fonction est toutefois la seule qui devrait être attribuée à l'État.

7.2.2. Liberté

Le libertarianisme place au cœur de sa conception du monde et de son programme politique l'idée de liberté. Chez lui, cet idéal s'affiche essentiellement sous la forme d'*un droit qu'il faut à tout prix protéger*. Premièrement, à l'instar de la famille libérale, le libertarianisme, qui, répétons-le, constitue une manifestation plus radicale de son aile droite, conçoit la liberté comme *appartenant à l'individu* : l'individu seul peut être porteur ou agent de cette liberté. Autrement dit, cette famille idéologique rejette catégoriquement toute conception collective de la liberté, comme celle à laquelle souscrivent les idéologies de gauche en général. Deuxièmement, la liberté dont jouissent les individus est *naturelle*; l'individu naît libre, il ne le devient point. La liberté est inscrite dans la nature de l'être humain. Troisièmement, la liberté est un *droit inaliénable*, c'est-à-dire qu'elle est un droit dont on ne peut sous aucun prétexte priver les individus. Quatrièmement, cette liberté naturelle est essentiellement *négative*: la liberté consiste d'abord et avant tout en l'absence de contraintes extérieures exercées sur les individus.

Tout comme l'anarchisme, le libertarianisme reprend à son compte la conception libérale de la liberté dans son rapport d'opposition avec le pouvoir. C'est en effet dans une logique d'incompatibilité mutuelle entre liberté et pouvoir de l'État que la famille libertarienne conçoit la liberté. Tout ce qui appartient à l'État ne peut inévitablement l'être qu'au détriment de la liberté individuelle et toute liberté dont peuvent jouir les individus n'existe toujours qu'en soustraction à ce qui, autrement, reviendrait au pouvoir. Dans le libertarianisme, l'État est ainsi perçu comme une puissance d'ingérence dans la vie des individus, comme une menace contre laquelle doivent se prémunir les individus, au nom du droit inaliénable à la liberté. L'antiétatisme qui anime cette famille idéologique découle précisément de cette valorisation de la liberté individuelle et de ce désir de protéger cette dernière à tout prix.

Par ailleurs, la manière dont le libertarianisme saisit le rapport qui unit la liberté à l'égalité se distingue radicalement de la manière que les idéologies de gauche dans leur ensemble ont de le saisir. Dans une perspective libertarienne, *liberté et égalité sont foncièrement inconciliables*. Alors que, pour les idéologies de gauche, la liberté est ce qui seul peut garantir l'égalité et l'égalité est ce qui rend possible la liberté – toutes deux étant complémentaires –, pour le libertarianisme, tout effort en vue de garantir l'égalité ne pourra jamais se traduire autrement qu'en une perte de liberté individuelle. À la manière du rapport qui unit le pouvoir à la liberté, égalité et liberté sont conçues dans un rapport de jeu à somme nulle. Aussi est-il tout à fait légitime, suivant cette logique d'incompatibilité radicale entre liberté et égalité et du fait que la liberté constitue un droit qu'il faut à tout prix protéger, que, pour préserver cette dernière, il soit parfois nécessaire de sacrifier l'égalité. Par conséquent, cette famille idéologique est radicalement opposée à toute mesure égalitariste – sachant de surcroît que ces mesures sont habituellement mises en œuvre par l'État –, comme celles au cœur des programmes politiques socialistes-communistes et anarchistes. Mais le libertarianisme s'oppose également à toute conception «distributive» de la justice, telle que celle prônée par le libéralisme de gauche, même si ces mesures de redistribution de la richesse sont plus modérées. Au nom de la valeur absolue de la liberté comme droit inaliénable, le libertarianisme conteste l'idée qu'il est de la responsabilité d'un État de redistribuer les richesses, c'est-à-dire de collecter des ressources auprès des plus nantis de la société afin de les redistribuer aux plus démunis. Cela ne ferait qu'empiéter sur la liberté de certaines personnes de posséder des biens. Nous reviendrons sur cette question plus loin (voir p. 128). Tout effort en vue de parer aux inégalités naturelles sera toujours perçu par le libertarianisme comme une contrainte imposée aux individus, comme une atteinte à la liberté individuelle de certaines personnes.

La promotion de la liberté, et implicitement le rejet de l'idéal d'égalité auquel elle conduit, repose sur l'admission par cette famille idéologique que *les inégalités parmi les êtres humains sont de toute façon inévitables*. Adoptant ainsi une position semblable à celle défendue par le conservatisme, le libertarianisme estime qu'il est illusoire de penser que grâce à l'intervention de l'État on puisse éliminer les inégalités dans la société. Ludwig von Mises formulait clairement ce constat dans son ouvrage *L'Action humaine. Traité d'économie*:

> L'inégalité des revenus et des fortunes est un caractère inhérent de l'économie de marché. Son élimination détruirait complètement l'économie de marché. Les gens qui réclament l'égalité ont toujours à l'esprit un accroissement de leur propre pouvoir de consommation. Personne, en adoptant le principe d'égalité comme postulat politique, ne souhaite partager son propre revenu avec ceux qui en ont moins. Lorsque le salarié américain parle d'égalité, il veut dire que les dividendes des actionnaires devraient lui être attribués. Il ne suggère pas une réduction de son propre revenu au profit des 95 % de la population mondiale qui gagnent moins que lui.

Pour la famille libertarienne, toute mesure égalitariste ou même simplement redistributive en vue de parer aux inégalités naturelles qui existent parmi les êtres humains est non seulement dangereuse, puisque c'est là porter atteinte à la liberté individuelle de certaines personnes, mais aussi insensée, car forcément vaine.

7.2.3. LAISSER-FAIRE

Il découle, de cet accent placé sur l'idéal de liberté et sur l'aversion à l'égard de l'État de la part du libertarianisme, un programme politique très simple: *laisser-faire*. Toute l'action politique libertarienne peut se résumer à laisser agir les différentes organisations de la société concurrentes à l'État dans les champs d'action qui sont les leurs, au gré de leurs aptitudes naturelles. Ce programme politique s'appuie sur une explication en deux volets, laquelle prend appui sur le concept de « processus spontané » qui constitue le principal « schéma explicatif » de cette famille d'idéologies.

D'une part, à l'instar des autres idéologies de droite qui manifestent un grand scepticisme quant aux capacités qu'a l'être humain d'agir sur le réel en vue de le transformer – pouvoir qui constitue, comme nous avons pu le voir au deuxième chapitre, le « principe de légitimation » de la gauche (voir p. 27) –, le libertarianisme estime qu'il est illusoire de croire qu'une organisation centrale, en l'occurrence l'État, puisse être en mesure de saisir la société dans son ensemble en vue de planifier et de réguler son organisation, ses flux et sa direction générale. Cela tient au *caractère foncièrement impénétrable de la réalité de toute société*. C'est un tel constat que porte Friedrich Hayek en élaborant le concept de processus spontanés dans son ouvrage *La présomption fatale : les erreurs du socialisme* où l'on peut lire que « [l]'ordre [derrière la réalité] est si étendu qu'il transcende les capacités de compréhension et d'administration d'un esprit unique ». En effet, en raison de sa complexité et de son caractère dynamique, la société échappera toujours à une saisie rationnelle globale dans une visée interventionniste ou planificatrice. Si l'État doit laisser faire, cela tient d'abord et avant tout à cette incapacité pour tout être humain, et par extension, pour toute organisation centrale de pouvoir véritablement saisir le réel dans une visée globale.

D'autre part, si la famille libertarienne en appelle au laisser-faire, cela repose aussi sur le fait que, de toute façon, la société sait d'elle-même, mieux que toute organisation centrale, comment *s'organiser et s'autoréguler*. Si la réalité est complexe, échappant du coup à toute saisie globale, elle est aussi *autorégulatrice*. Aux yeux du libertarianisme, seules l'interaction et la concurrence découlant de l'ensemble des actions menées par les différentes organisations qui composent la société sont capables de garantir à cette dernière une organisation stable et un rendement optimal. Cette conception de la société trouve ses origines dans la notion de « main invisible » associée au penseur Adam Smith. Il existe derrière le réel des mécanismes imperceptibles (une « main invisible ») qui agissent sur la réalité, exerçant sur cette dernière une régulation, et qui garantissent son organisation harmonieuse. Autrement dit, la réalité, laissée à elle-même, sait mieux que n'importe quel planificateur ou agent de l'État ce qui est bon pour tout un chacun dans la société. Sauf dans certains domaines très précis, associés aux fonctions régaliennes de l'État, comme nous l'avons mentionné plus haut (maintien de l'ordre, défense du territoire, administration de la justice et impression de la monnaie), la société peut très bien se passer d'État. Aussi peut-on également lire dans *La présomption fatale : les erreurs du socialisme* :

En suivant les traditions morales spontanément générées qui sous-tendent l'ordre de marché concurrentiel (traditions qui ne satisfont pas les canons ou les normes de rationalités acceptées par la plupart des socialistes), nous pouvons générer et préserver plus de connaissance et de richesses que nous ne pourrions jamais en obtenir ou en utiliser dans une économie centralement dirigée dont les défenseurs disent pourtant procéder strictement en accord avec la raison.

Le principe du laisser-faire prôné par le libertarianisme repose donc, d'une part, sur l'incapacité fondamentale pour toute organisation centrale de véritablement intervenir sur la société dans une visée globale et, d'autre part, sur le fait que de toute façon la réalité sait déjà d'elle-même mieux que toute organisation, aussi puissante soit-elle, comment s'organiser et parvenir à un équilibre et à un rendement optimal.

Ainsi, pour résumer, on voit donc que l'appel au laisser-faire prôné par le libertarianisme repose sur la reconnaissance qu'à l'extérieur de ses champs de compétence exclusifs (ses fonctions régaliennes) l'État est une organisation *foncièrement inefficace*. Le critère de l'efficacité, c'est-à-dire la capacité pour toute organisation de produire ou de surpasser les résultats attendus selon des objectifs précis, occupe une place centrale dans cette famille idéologique. En raison de sa lourdeur administrative, de la rigidité de son organisation et de la lenteur de ses processus de décision, l'organisation étatique est incapable de concurrencer les autres organisations de la société dont l'efficacité des actions, au sein de leurs champs respectifs, est indiscutable, puisqu'elles participent des mécanismes « naturels » de régulation présents dans toute société. Aussi importe-t-il, au nom de cette recherche d'efficacité, que l'État se retire des nombreux champs d'activité dans lesquels il s'est investi depuis le début du XXe siècle, afin de laisser une place prépondérante aux organisations non étatiques.

Dans cette logique d'efficacité où ce qu'il y a de mieux à faire pour l'État est de laisser-faire, le modèle du « marché », sur lequel se fondent la plupart des théories économiques capitalistes, revêt une importance capitale. Ce modèle représente ni plus ni moins, pour le libertarianisme, un *idéal en matière d'organisation et de régulation de la société*. En ce sens, on peut dire que la politique du laisser-faire prônée par cette famille idéologique consiste essentiellement à rapprocher le plus possible la société de l'idéal de marché. Le marché désigne une forme d'association entre acteurs autonomes à la recherche de la satisfaction de leurs intérêts personnels, mais aussi un véritable mécanisme d'organisation et de régulation de cette association. La stabilité et le rendement que procure ce modèle résultent du rapport de concurrence dans lequel se trouvent les agents autonomes au sein du marché. De cette recherche par tous de leurs intérêts propres découlent un ordre stable et un rendement optimal. Ainsi, le libre marché permet d'assurer l'harmonie et la stabilité d'une organisation. C'est au nom de cette logique que le libertarianisme prône un idéal de libre-échange et de libéralisation dans le domaine de l'économie : il faut « libérer » le marché de toutes interventions ou contraintes venant de l'État afin d'assurer un fonctionnement optimal de la société. Dans une perspective libertarienne, cette « libération » devrait s'opérer au-delà du domaine de l'économie. Pour respecter le critère d'efficacité et de stabilité, ce modèle marchand de la libre concurrence devrait également s'imposer dans tous les autres domaines de la société, que ce soit notamment dans le domaine de l'éducation (privatisation des systèmes publics d'éducation, libre concurrence des écoles, financement privé, etc.), de la santé (privatisation des hôpitaux, abolition des régimes universels d'assurance maladie, paiement des traitements aux coûts réels, etc.), de la culture (abolition des organismes culturels d'État, libéralisation totale des ondes et des médias, financement privé des arts, etc.). Le marché étant garant d'efficacité et de stabilité, toute contrainte imposée sur lui par l'État se traduira toujours par une perte d'efficacité, des déséquilibres et une instabilité pour la société dans son ensemble.

Enfin, cette politique du laisser-faire se traduit ainsi par une conception de l'État suivant laquelle le rôle de ce dernier devrait être *purement négatif*. Sauf dans les cas où la sécurité ou l'ordre de la société sont menacés, l'État ne devrait sous aucun prétexte exercer une contrainte sur ses citoyens. Autrement dit, l'État, au nom de l'idéal de liberté, devrait intervenir le moins possible dans les affaires des citoyens. Ce principe de non-ingérence de l'État va par ailleurs se traduire par des positions qui tranchent nettement avec celles généralement soutenues par les autres idéologies de droite, au premier chef le conservatisme. Aussi le libertarianisme est-il généralement défavorable à toute loi prohibitive ou à toute mesure qui vise à interdire certains comportements ou choix de vie des citoyens, que ce soit en matière de consommation de drogue, d'alcool, de prostitution, d'utilisation de technologies nocives pour l'environnement, etc. Au nom de l'idéal de liberté négative, il n'est pas du rôle de l'État de s'immiscer dans la vie de ses citoyens afin de leur dicter ce qui est bon ou mal pour eux ; libre à tous de mener leur vie comme bon leur semble.

7.2.4. Propriété privée

À l'instar du libéralisme, et plus particulièrement de son aile droite, pour qui cette question est d'une importance centrale (voir p. 60 et suiv.), le libertarianisme considère que *la propriété privée constitue un droit inaliénable*.

Si la propriété est un droit, cela tient essentiellement à son origine naturelle. Citons à nouveau un passage tiré de l'ouvrage classique de John Locke, *Second traité du gouvernement civil*, pour illustrer le sens de cette conception du statut naturel de la propriété :

> Bien que la terre et toutes les créatures inférieures appartiennent en commun à tous les hommes, chacun garde la propriété de sa propre personne. Sur celle-ci, nul n'a droit que lui-même. Le travail de son corps et l'ouvrage de ses mains, pouvons-nous dire, sont vraiment à lui.

Ajoutons même que la propriété représente en quelque sorte, pour le libertarianisme, un simple prolongement de la liberté : être libre signifie, entre autres, être capable de s'approprier des biens ou, plus largement, être propriétaire. Ainsi, si la liberté est un droit naturel inviolable, la propriété, comme manifestation de cette liberté, mérite donc d'être à tout prix protégée.

En pratique, l'admission de ce droit inaliénable à la propriété privée conduit le libertarianisme à rejeter toute mesure étatique qui puisse porter atteinte à ce droit, et cela, quel que soit le prétexte. Cela se traduit chez cette famille idéologique par une profonde aversion à l'égard de tout système de taxation ou d'imposition de la part de l'État ou de toute mesure de nationalisation étatique. Aucune raison, aussi bien intentionnée soit-elle – que ce soit au nom d'un idéal de justice, de charité ou de solidarité – ne peut en définitive justifier qu'un État soit autorisé à exiger de ses citoyens qu'ils se départissent d'une partie, aussi infime soit-elle, de leurs biens ou de leurs richesses, à moins qu'ils n'y consentent explicitement. C'est bien dans la perspective où un État effectue de tels prélèvements contre le gré de ses citoyens que Murray Rothbard décrit cette organisation, dans son ouvrage *L'éthique de la liberté*, comme « une vaste organisation criminelle, bien plus considérable et efficace que n'importe quelle "mafia" privée ne le fut jamais ».

Enfin, considérant le rôle que joue le marché dans l'idéal de société promu par le libertarianisme, de même que de la place accordée à la liberté individuelle et à la propriété privée, on comprend mieux le lien intrinsèque qui unit cette famille idéologique au *capitalisme*. Ce système économique est de loin le plus à même d'assurer la liberté individuelle et le respect de la propriété. Dans la mesure où il repose sur la liberté d'entreprendre, soit la capacité pour toute personne, quel que soit son statut dans la société, de mettre sur pied une entreprise en vue d'en tirer des profits, ou sur le droit d'accès au marché en vue d'y échanger des biens, le capitalisme représente ni plus ni moins que le moyen le plus certain d'assurer la pleine jouissance de la liberté à tous les individus. La politique du laisser-faire consiste donc, pour le libertarianisme, à exiger que l'État s'ingère le moins possible dans la société, en garantissant le libre fonctionnement du capitalisme et du marché sur lequel celui-ci repose.

CONCLUSION

Logeant à droite du clivage politique, le libertarianisme se fonde sur une vive aversion à l'égard de toute forme d'autorité. D'origine récente, cette famille d'idéologies est née en réaction à l'État-providence. De manière générale, elle représente une version plus radicale du libéralisme de droite.

Le libertarianisme est fondé sur quatre idées maîtresses : l'antiétatisme, la liberté, le laisser-faire et le droit à la propriété. D'abord, il critique vivement l'État dans sa forme et son rôle actuels. À son avis, le mandat de l'État doit se limiter exclusivement aux fonctions de maintien de l'ordre et de sécurité, de défense du territoire et d'impression de la monnaie, c'est-à-dire ses fonctions « régaliennes ». Seules ces fonctions sont à ses yeux nécessaires, car, au-delà de celles-ci, l'État occuperait une place nuisant à l'atteinte de la liberté des individus, la deuxième idée maîtresse de cette famille idéologique. Dans sa conception du monde, la liberté des individus est naturelle et constitue un droit inaliénable qu'il faut conserver en laissant la société s'organiser d'elle-même sans que l'État intervienne. Cette conception du monde se traduit par une attitude de laisser-faire et une reconnaissance naturelle du droit à la propriété, les troisième et quatrième idées maîtresses du libertarianisme. Comme il est impossible de saisir parfaitement et entièrement le réel, mieux vaut laisser la société s'autoréguler, et le meilleur modèle pour y arriver est celui du marché. Chacun a le droit de posséder ce qu'il souhaite et il n'appartient aucunement à l'État de gérer la distribution des richesses.

BIBLIOGRAPHIE

Hayek (von), Friedrich (1945). *La route de la servitude*, trad. G. Blumberg, Paris, Éditions Medicis. Titre original : (1944). *The Road to Serfdom*.

Hayek (von), Friedrich (1993). *La présomption fatale : les erreurs du socialisme*, trad. R. Audoin, Paris, Presses universitaires de France. Titre original : (1988). *The Fatal Conceit. The Errors of Socialism*.

Mises (von), Ludwig (1985). *L'action humaine. Traité d'économie*, trad. R. Audoin, Paris, Presses universitaires de France. Titre original : (1949). *Human Action. A Treatise on Economy*.

Nozick, Robert (1988). *Anarchie, État et utopie,* trad. É. d'Auzac de Lamartine, Paris, Presses universitaires de France. Titre original : (1974). *Anarchy, State, and Utopia.*

Rothbard, Murray (1991). *L'éthique de la liberté,* trad. F. Guillaumat et P. Lemieux, Paris, Belles Lettres. Titre original : (1982). *The Ethics of Liberty.*

/ *Chapitre 8*

L'EXTRÊME DROITE
Le fascisme

La famille idéologique fasciste occupe l'extrême droite du clivage politique. Dans le présent chapitre, le terme fascisme servira indistinctement à désigner deux choses, soit, d'une part, la famille d'idéologies du même nom et, d'autre part, les régimes italien durant le règne de Benito Mussolini (1919-1945), leader du Parti national fasciste italien (*Partito Nazionale Fascista*), et allemand sous la gouverne du Parti national-socialiste des travailleurs allemands (*Nationalsozialistische Deutsche Arbeiterpartei* – le parti nazi), dirigé par Adolf Hitler (1933-1945). L'importance accordée dans l'exposition qui va suivre à l'expérience historique du fascisme comme force idéologique dominante dans ces deux pays durant cette période est attribuable au fait que, contrairement aux autres grandes familles idéologiques, le fascisme est largement indissociable de ces deux expériences historiques pendant lesquelles il s'est principalement développé et a en quelque sorte connu son apogée, période qui s'est précipitamment conclue avec la défaite totale des régimes mussolinien et hitlérien à la fin de la Seconde Guerre mondiale. C'est que, plus que pour toute autre famille idéologique, les fondements théoriques du fascisme comme conception du monde et programme d'action politique ont été jetés dans le cadre de l'exercice réel du pouvoir politique; bien que ses origines théoriques puissent remonter au début du XXe siècle, ce n'est véritablement que lorsque Mussolini et Hitler ont pris le pouvoir à Rome et Berlin que s'est développée la pensée fasciste. Autrement dit, c'est essentiellement dans la praxis que s'est forgé le fascisme.

Par ailleurs, il convient ici de souligner que ces deux régimes sont les seuls à avoir été, à proprement parler, fascistes. Il a bien existé dans l'histoire des régimes qui ont adopté certains attributs caractéristiques du fascisme, dont celui du général Francisco Franco en Espagne (1939-1975), d'Antonio Salazar au Portugal (1932-1968), de l'empereur Hirohito au Japon (1928-1947), de la junte militaire en Argentine (1976-1983) ou du général Augusto Pinochet au Chili (1973-1990). Toutefois, seuls les fascismes italien et allemand réunissent les traits les plus fondamentaux de cette famille idéologique d'extrême droite, les régimes mentionnés plus haut n'ayant emprunté que certains de ses aspects.

Bien que le fascisme puisse se ramener à ces deux seules expériences concrètes, il convient de distinguer ces deux cas, lesquels sont, à bien des égards, loin d'être identiques. De manière sommaire, on remarque deux principales différences. D'abord, dans sa version allemande, le fascisme est beaucoup plus radical. En effet, le nazisme a adhéré de façon plus stricte que son pendant italien aux cinq idées maîtresses qui, comme nous le verrons dans les pages qui suivent, sont au cœur de cette famille idéologique. Cet extrémisme se manifeste entre autres dans le caractère fondamentalement raciste du nazisme. Dès ses origines, le fascisme allemand s'est constitué de façon explicite autour d'une rhétorique raciste qu'il mobilisera principalement contre les Juifs et les Roms. Dans la version italienne du fascisme, cette dimension raciste n'est apparue que bien plus tardivement et n'a jamais véritablement constitué l'un de ses principes fondamentaux. Ensuite, à la différence du fascisme italien, le régime allemand était totalitaire, dans la mesure où le nazisme s'est imposé sur l'Allemagne en exerçant sur l'ensemble des citoyens un contrôle total par le biais de la diffusion d'une idéologie unique, qui était relayée par une propagande d'État. Pour garantir un musellement strict des citoyens, le régime hitlérien a mis sur pied des camps d'éducation ou de rééducation dans lesquels étaient internés tous ceux qui exprimaient des idées contraires à l'idéologie nazie – ces « camps de concentration » (en Allemand : « *Konzentrationslager* »), tels que ceux de Bad Sulza, Oranienburg, Dachau ou Buchenwald, sont à distinguer des « camps d'extermination » (les « *Vernichtungslager*), tels que ceux de Majdanek, Treblinka, Sobibor et Auschwitz, qui avaient pour mission non pas de rééduquer, mais d'exterminer des populations ou des groupes entiers, comme les Juifs, les Roms, les Témoins de Jéhovah, etc. Moins radical, le régime fasciste italien était dictatorial, dans la mesure où il n'a jamais exercé sur l'Italie une emprise aussi totale que celle qu'a pu avoir le parti nazi sur l'Allemagne. Nous aurons l'occasion d'apporter tout au long du chapitre des explications supplémentaires sur ce qui distingue ces deux expériences fascistes.

Les idéologies fascistes se fondent sur le troisième schéma explicatif des idéologies de droite. Ainsi que nous l'avons souligné au deuxième chapitre (voir p. 30-31), celui-ci repose sur l'admission qu'il existe un *ordre naturel* derrière la réalité à laquelle nous sommes tous soumis et contre laquelle nous ne pouvons rien. Cette famille d'idéologies soutient en effet que le pouvoir dans la société doit être distribué de façon à respecter la hiérarchie naturelle qui gouverne toute société. Les plus forts ou les plus puissants occupent le haut des structures de pouvoir, alors que les plus faibles doivent en occuper le bas. Or, toute l'entreprise politique fasciste a pour origine la reconnaissance que cet ordre est continuellement bafoué et qu'il faut le rétablir. Sous l'influence des autres idéologies, qui ignorent cet ordre, que ce soit au nom de la valeur indépassable de la liberté individuelle comme dans le cas du libéralisme, ou encore au nom de l'idéal d'égalité comme dans le cas du socialisme ou qui, comme le communisme et l'anarchisme, souhaitent l'abolition de cet ordre naturel et en appellent à l'instauration d'un monde nouveau, le fascisme considère que les êtres humains se sont détournés de cet ordre. Il convient à ses yeux de rétablir celui-ci dans toute sa grandeur.

Par ailleurs, le rapport du fascisme avec certaines idéologies radicales d'extrême gauche est très paradoxal. Étant donné qu'ils occupent les extrêmes du clivage gauche-droite, communisme et fascisme se distinguent tous deux par leur radicalisme. De fait, dans certaines expériences historiques pendant lesquelles ces deux familles idéologiques ont été au premier plan, celles-ci ont conduit à la mise en place de régimes totalitaires – celui d'Hitler en Allemagne nazie et celui de Joseph Staline en URSS (1928-1953), par exemple. Dans ces deux cas, nous avons vu, au nom d'une idéologie unique, des régimes politiques exercer un contrôle total sur l'ensemble de leur population, et cela, par le biais d'une propagande d'État et d'un système de camps d'éducation ou de rééducation (les « *Konzentrationslager* » nazis et les *goulags* soviétiques). En raison de leur radicalité et des méthodes employées, on voit que ces deux familles idéologiques se situent aux extrêmes du clivage politique.

Or, bien qu'il soit lui aussi empreint d'une radicalité semblable à celle du communisme, le fascisme n'est pas révolutionnaire : il est plutôt *réactionnaire*. Ce qu'il souhaite, ce n'est pas, à l'instar des idéologies d'extrême gauche, ériger un nouvel ordre fondé sur des principes radicalement nouveaux. Au contraire, ce que vise le fascisme est la préservation et le respect d'un ordre naturel qui existe déjà, mais duquel les sociétés occidentales se seraient détournées depuis longtemps, sous l'influence du libéralisme et des idéologies de gauche et d'extrême gauche.

Par ailleurs, afin de préserver l'ordre naturel du monde, le fascisme met en avant un programme d'action politique radical qui emprunte plusieurs traits aux idéologies conservatrices, avec lesquelles il partage, conjointement avec le libertarianisme, l'aile droite du clivage politique.

Bien que le fascisme et le conservatisme partagent des origines historiques distinctes – le premier est un pur produit du XXe siècle, alors que le second se veut le prolongement d'une vieille tradition –, on peut considérer le fascisme comme une forme radicale de conservatisme. Tous deux travaillent en effet à préserver un ordre, celui de la tradition dans le cas du conservatisme, celui de la nature dans le cas du fascisme. Ils accordent tous deux une importance cruciale à la question de l'ordre, soit du maintien de la cohésion sociale et du respect de l'autorité. Conservatisme et fascisme réfutent l'idée qu'il existe une égalité naturelle parmi les êtres humains. C'est d'ailleurs cette proximité idéologique qui explique le fait que c'est auprès du conservatisme que le fascisme trouve son plus grand, sinon son seul allié politique. Mais le fascisme, et c'est en cela qu'il se distingue clairement du conservatisme, estime que cette dernière famille idéologique n'en fait pas suffisamment pour préserver l'ordre du monde. Le fascisme se montre donc beaucoup plus intransigeant que le conservatisme.

8.1. SES ORIGINES HISTORIQUES

Alors qu'on peut situer d'une manière générale les origines historiques du fascisme dans la vague conservatrice qui touche l'Europe de la fin de siècle, le véritable essor de cette famille idéologique radicale est plutôt à trouver dans le contexte historique et social précis de l'entre-deux-guerres en Europe de l'Ouest. Il est dans ce sens le produit de cette époque qui elle-même est marquée par deux événements dont il convient de relever l'importance dans la genèse de cette famille d'idéologies radicales. D'abord, la paix de 1918 qui met fin à la Première Guerre mondiale impose d'importantes restrictions à l'Allemagne défaite, tenue responsable de la guerre. Cette dernière se voit par exemple obligée de restituer les territoires de l'Alsace et de la Lorraine à la France, elle est contrainte de réduire radicalement ses effectifs militaires en plus d'être condamnée à verser aux Alliés d'importantes indemnités en réparation des dommages causés par le conflit. Le paiement de ses réparations entraîne une crise économique et inflationniste sans précédent. Les prix en Allemagne augmentent d'un facteur équivalant à un milliard de fois leur niveau d'avant-guerre. Le mark allemand perd alors presque toute sa valeur. À la fin de 1918, un dollar américain vaut quatre marks ; en décembre 1923, il s'échange à 1 pour 4200 milliards de marks. En conséquence de cette guerre et du paiement de ces réparations, l'économie allemande est en ruine, ce qui engendre dans tout le pays une grande instabilité sociale et politique. La République de Weimar – du nom de la petite ville située à l'est du pays où s'installe le gouvernement allemand de 1919 à 1933 – voit se succéder 14 gouvernements durant le même nombre d'années. L'Italie, quant à elle, s'étant rangée du côté des vainqueurs au cours du conflit, n'est pas confrontée aux bouleversements qui frappent l'Allemagne. Toutefois, elle avait accepté d'entrer en guerre après que les alliées lui eurent promis que cette participation, selon des clauses gardées secrètes à l'époque, serait compensée par l'annexion de certaines villes, dont Trente et Trieste, et d'une partie de la Dalmatie, de même que par certains gains coloniaux en Afrique du Nord. Or, à la fin du conflit et avec la création de la Société des Nations, les espoirs coloniaux italiens se sont vite évanouis. L'Italie n'a pas pu obtenir en totalité ce qu'on lui avait promis, ce qui provoquera chez nombre d'Italiens un grand ressentiment à l'égard du reste de l'Europe. La paix de Versailles laissera donc chez les Allemands et les Italiens un goût amer et deviendra vite l'une des raisons qui conduiront des millions d'entre eux à adhérer à cette nouvelle famille d'idéologies radicales.

Le second événement qui jouera un rôle décisif dans le développement du fascisme, et cela est surtout vrai pour sa variante nazie, est la crise économique qui ne fera que raviver la situation déjà très instable en Italie et en Allemagne. Celle-ci débute en octobre 1929 avec le jeudi noir aux États-Unis d'Amérique et l'effondrement de la Bourse de New York et touche rapidement l'ensemble des pays d'Europe. Les conséquences de la crise sont nombreuses. Elle entraîne de part et d'autre de l'Atlantique des mises à pied massives et la fermeture de nombreuses usines désormais incapables de trouver des débouchés pour leurs produits. Le chômage bondit de façon inédite en l'espace de quelques mois. En 1929, on dénombre 2 millions de chômeurs en Allemagne; en 1932, on en compte plus de 6 millions sur une population totale de 65 millions. Ils sont presque aussi nombreux en Italie à quitter le pays en quête de travail. Dans ce contexte social difficile, les démocraties libérales européennes tentent de se maintenir au pouvoir malgré les nombreuses critiques dont elles sont l'objet de la part de ceux qui adhèrent aux idéologies radicales comme le fascisme. L'aggravation de la conjoncture politique et économique au cours des années 1930 ne fait qu'exacerber le sentiment d'impuissance des Allemands et des Italiens relativement à leur sort. Ce contexte social instable de la période de l'entre-deux-guerres a donc largement contribué à la consolidation de la famille idéologique d'extrême droite. Il se veut d'ailleurs une réaction radicale à cette situation inquiétante qui justifie, selon cette nouvelle force idéologique, le caractère excessif des positions qu'elle adopte comme étant le reflet de la gravité des enjeux de cette époque. Pour le fascisme, il est nécessaire d'adopter un réquisitoire virulent et des méthodes fortes pour régler l'état d'exception qui caractérise à cette époque l'Allemagne et l'Italie.

Le corpus théorique du fascisme peut se résumer à quelques ouvrages clés. L'ouvrage de l'écrivain français Arthur de Gobineau, *Essai sur l'inégalité des races humaines* (1853-1855), et celui de l'idéologue nazi Richard Walther Darré (1895-1953), *Neuadel aus Blut und Boden* (La Race – Nouvelle noblesse du sang et du sol ; 1930), serviront de bases à la théorie raciste nazie. Le pamphlet *Mein Kampf* (*Mon combat* ; 1925-1926), rédigé par Adolf Hitler (1889-1945) lors de son emprisonnement en Bavière, et le *Manifesto dei Fasci italiani di combattimento* (Manifeste des Faisceaux italiens de combats ; 1919), rédigé par Benito Mussolini (1883-1945) et qui donna naissance au mouvement fasciste italien, sont des incontournables de la pensée nazie et fasciste. *Origini e dottrina del fascismo* (Origines de la doctrine fasciste ; 1929), écrit par le penseur italien Giovanni Gentile (1875-1944), l'un des rares philosophes à avoir tenté de dégager une rationalité propre au fascisme, est lui aussi un élément clé de la pensée fasciste.

On reconnaît le fascisme italien au signe distinctif du « faisceau », ancien signe d'autorité dans la République romaine, duquel l'idéologie fasciste tire son nom (en italien « *fascio* » donne « *fascismo* »). Le fascisme nazi allemand a comme signe distinctif la couleur brune, qui est la couleur des chemises portées par ses troupes paramilitaires appelées SA (« *Sturmabteilung* »). Mais on le reconnaît aussi à la couleur rouge de ses drapeaux sur lesquels figure au centre une croix gammée (swastika). Cette croix, un ancien symbole indien, doit représenter la supériorité de la race aryenne dont l'origine millénaire est symbolisée par ce signe-artefact qui rappelle cette filiation. La couleur rouge doit évoquer le lien entre le nazisme et la pensée sociale.

8.2. SES IDÉES MAÎTRESSES

Le fascisme repose sur cinq idées maîtresses : I) hiérarchie sociale ; II) autoritarisme ; III) chauvinisme ; IV) hostilité envers la raison et V) mobilisation. Analysons ces idées une à une.

8.2.1. Hiérarchie sociale

À la manière de la famille conservatrice, dont elles constituent en quelque sorte, répétons-le, un prolongement plus radical, les idéologies fascistes reconnaissent l'existence d'une hiérarchie sociale naturelle parmi les êtres humains. Dans toute société, il existe des individus et des corps sociaux qui sont plus forts, plus habiles, plus intelligents que les autres. Ainsi est-il naturel que ces éléments les plus aptes bénéficient de droits, de privilèges ou de statuts que l'on refuse aux plus faibles.

Cette façon qu'a le fascisme de saisir l'organisation naturelle de la société est foncièrement incompatible avec la manière dont les idéologies du centre, de gauche et d'extrême gauche saisissent la nature humaine, pour qui précisément les êtres humains naissent tous égaux. Le libéralisme, le socialisme-communisme et l'anarchisme soutiennent tous que nul ne peut, suivant ses aptitudes et ses habiletés, réclamer un statut de supériorité par rapport aux autres, encore moins un droit de pouvoir disposer de la vie des éléments qui sont plus faibles naturellement. Pour le fascisme, cette idée d'une égalité supposément « naturelle » parmi les êtres humains est précisément contraire à l'ordre de la nature. À l'opposé de la démarche des idéologies de gauche et d'extrême gauche, dont l'action politique, fidèle à la vision égalitariste qui la sous-tend, souhaite établir une égalité parfaite parmi les êtres humains, le fascisme en appelle plutôt à consolider et à rendre explicites les différences sociales qui existent naturellement dans la société. Plutôt que de chercher à éliminer les inégalités naturelles parmi les êtres humains, les idéologies d'extrême droite aspirent à les consolider en favorisant les éléments les meilleurs au détriment des plus faibles, pour ainsi rendre l'organisation de la société conforme avec l'ordre naturel du monde.

Ce programme politique fondé sur la reconnaissance d'une hiérarchie sociale naturelle trouve son prolongement dans la théorie du *darwinisme social*. Selon cette théorie, formulée par le sociologue anglais Herbert Spencer (1820-1903) et vaguement inspirée des travaux du biologiste anglais Charles Darwin, au fondement de toute société repose un processus naturel qui agit comme mécanisme sélectif, grâce auquel les éléments les plus forts parviennent à s'imposer naturellement aux éléments les plus faibles. Ce principe de la « sélection des plus aptes » (« *survival of the fittest* »), suivant l'expression consacrée, se conçoit comme une manière forte de donner sens à la hiérarchie sociale naturelle qu'observent partout les représentants de la famille idéologique fasciste.

Derrière ce processus naturel, estime le fascisme, se cache plus qu'un simple mécanisme de sélection. Le fascisme interprète en effet cette théorie comme étant un processus par lequel il ne s'agit pas simplement pour les meilleurs éléments de se hisser au sommet de la hiérarchie sociale – place qui leur revient naturellement selon les idéologies fascistes –, mais bien plus, d'une manière active, comme un appel à l'élimination des éléments dont le sort est connu à l'avance, soit les plus faibles, qui sont inévitablement voués à disparaître. Aux yeux du fascisme, il s'agit ni plus ni moins de forcer la marche de la nature, en appelant les plus forts à accomplir eux-mêmes ce que la nature a prévu pour les plus faibles. La vision idéale de la société fasciste en est bien une qui aurait été épurée des éléments les plus faibles et où domineraient les plus forts. On voit derrière l'adhésion du fascisme à cette théorie l'une des marques de son radicalisme et la mesure de l'écart qui sépare, au-delà d'une filiation évidente, cette famille d'idéologies d'extrême droite et les idéologies rattachées au conservatisme, qui apparaissent plus timides, plus réservées dans leurs façons d'ordonnancer les rapports sociaux en société.

Cette adhésion à l'idée d'une hiérarchie sociale naturelle et au darwinisme social est complétée dans le cas du nazisme par une conception raciste du monde, conception dont on ne trouve que très peu d'influence dans le fascisme italien. S'il existe une hiérarchie parmi les individus et les groupes sociaux à l'intérieur de toute société, il existe aussi, estime le nazisme, dans une perspective plus large, une hiérarchie parmi les différentes races que compte l'espèce humaine. Le racisme définit bien une croyance en l'existence d'une hiérarchie naturelle parmi les races humaines et, suivant cet ordre naturel, dans l'idée que certaines races, parce qu'elles sont dotées de meilleures aptitudes intellectuelles et physiques, sont naturellement supérieures aux autres. Pour le fascisme hitlérien, la race aryenne est appelée à remplir son rôle naturel sur terre: en tant que race supérieure, il est de son devoir de soumettre toutes les autres races. Dans l'imaginaire nazi, au sommet de cette échelle des races on trouve la race aryenne, dont est issu selon sa représentation le peuple allemand, race qui est naturellement supérieure à toutes les autres. À l'opposé, le nazisme désigne la race juive comme étant la plus faible, la plus inapte des races humaines. Étant supérieure aux autres, la race aryenne se voit donc naturellement investie d'un rôle d'autorité dans la société humaine. Hitler décrit dans *Mein Kampf* avec des termes sans équivoque ce rôle naturel qui doit revenir à la race aryenne:

> Tout ce que nous avons aujourd'hui devant nous de civilisation humaine, de produits de l'art, de la science et de la technique est presque exclusivement le fruit de l'activité créatrice des Aryens. Ce fait permet de conclure par réciproque, et non sans raison, qu'ils ont été seuls les fondateurs d'une humanité supérieure et, par suite, qu'ils représentent le type primitif de ce que nous entendons sous le nom d'«homme». L'Aryen est le Prométhée de l'humanité; l'étincelle divine du génie a de tout temps jailli de son front lumineux; il a toujours allumé à nouveau ce feu qui, sous la forme de la connaissance, éclairait la nuit recouvrant les mystères obstinément muets et montrait ainsi à l'homme le chemin qu'il devait gravir pour devenir le maître des autres êtres vivants sur cette terre. Si on le faisait disparaître, une profonde obscurité descendrait sur la terre; en quelques siècles, la civilisation humaine s'évanouirait et le monde deviendrait un désert.

Cet idéal raciste couplé à celui pour lequel il est du devoir des éléments les meilleurs dans toute société d'éliminer les plus faibles va se traduire chez le nazisme par la promotion de politiques eugénistes. L'eugénisme se définit comme un ensemble de mesures qui visent à interdire aux éléments les plus faibles de se reproduire, voire à les éliminer, ou au contraire à encourager la prolifération des meilleurs, et cela, en vue d'améliorer l'espèce humaine. Le régime nazi ne retiendra principalement que la dimension négative de cette politique. C'est ainsi qu'il adopte dès sa prise du pouvoir des politiques discriminatoires visant à éliminer – en poussant à l'exil ou par l'extermination – les races jugées inférieures. Ainsi, sont promulguées par exemple en 1935 les lois de Nuremberg, lesquelles, au nom du principe de la « pureté du sang aryen », retirent la citoyenneté allemande aux individus n'appartenant pas à la race aryenne et privent les Juifs de presque tous leurs droits. Dans *Mein Kampf*, Hitler justifie cette politique de la façon suivante :

> La nature soumet les faibles à des conditions d'existence rigoureuses qui limitent leur nombre... Si elle ne souhaite pas que les individus faibles s'accouplent avec les forts, elle veut encore moins qu'une race supérieure se mélange avec une inférieure, car, dans ce cas, la tâche qu'elle a entreprise depuis des milliers de siècles pour faire progresser l'humanité serait rendue vaine d'un seul coup.

De manière complémentaire à ces mesures, le régime nazi crée dès 1933 des camps de concentration (« *Konzentrationslager* »), dans lesquels il garde entre autres en captivité ceux qu'il considère comme constituant, par le danger du métissage, une menace à la pureté de la race aryenne. Parmi ceux qui deviendront prisonniers dans ces camps, se trouve un grand nombre de personnes dont le seul crime est de ne pas être nées de parents aryens. De plus, adoptant une perspective encore plus radicale, le régime établit, à partir de 1942, des camps d'extermination (« *Vernichtungslager* ») afin d'éliminer massivement les détenus les plus inaptes parmi les races inférieures. C'est dans le cadre d'une compréhension radicale de la hiérarchie raciale que l'on doit saisir le sens de la politique nazie d'élimination systématique à l'égard des peuples juif et rom, jugés par le régime d'Hitler comme appartenant à des races inférieures, politique qui va conduire à l'« holocauste » (expérience que la mémoire juive désigne depuis quelques années par le terme Shoah, qui signifie « catastrophe » en hébreu).

Ainsi, parce qu'il est convaincu de l'existence d'une hiérarchie sociale et qu'il adhère à la thèse du darwinisme social et au racisme, le nazisme cherche par ses actions politiques à rendre congruentes la réalité sociale et la hiérarchie naturelle de la société en éliminant les éléments les plus faibles de la société et en valorisant les plus aptes.

8.2.2. Autoritarisme

La distribution du pouvoir dans la société devant être le reflet de la hiérarchie naturelle qui existe entre les êtres humains, les idéologies fascistes estiment que les plus forts, les meilleurs ont un droit légitime de gouverner les plus faibles. À leurs yeux, ce droit est sans limites. Aussi, dans son exercice, les plus forts sont-ils autorisés à recourir à tous les moyens qu'ils croient nécessaires afin de gouverner, y compris la violence au besoin. Le fascisme se caractérise comme étant une famille d'idéologies qui valorise l'autorité et l'usage illimité de la force de la part des gouvernants en vue d'asseoir leur pouvoir. Il se fonde sur une conception du pouvoir qui est sans partage et exige de la part de ceux qui y sont soumis une obéissance presque totale.

Le fascisme considère donc l'autoritarisme – que ce soit sous une forme dictatoriale ou totalitaire ; nous reviendrons sur cette distinction à la page suivante – comme seul régime de gouvernement légitime. Cette survalorisation du pouvoir des plus forts va se traduire par un vif rejet, de la part des idéologies qui se rattachent à cette famille, du régime politique par excellence en Occident depuis le XIXe siècle : la démocratie. Ce rejet du régime fondé sur le pouvoir du peuple tient à deux raisons principales. Premièrement, aux yeux du fascisme, le régime démocratique, tel que celui qui existe dans la majorité des pays où domine le libéralisme, repose sur l'acceptation qu'il est naturel pour quiconque, et cela, indistinctement de ses capacités naturelles, de prendre part à la gouverne de l'État. En effet, la démocratie repose sur l'idée que tous les individus, parce qu'ils sont égaux et libres, doivent bénéficier d'un accès égal au pouvoir politique. Or, pour le fascisme, cette idée est un mythe, puisqu'elle est contraire à l'ordre naturel du monde, qui prévoit plutôt que seuls les meilleurs éléments de la société doivent aspirer au pouvoir.

Deuxièmement, le fascisme rejette la démocratie en raison de son inefficacité. Le fascisme soutient en effet que dans certaines situations critiques, lors d'une crise économique ou dans un contexte de guerre par exemple, la démocratie est complètement inefficace, puisqu'elle repose par essence sur la discussion, le dialogue, la recherche de consensus, plutôt que sur l'action. Dans l'urgence, elle est incapable d'agir avec vigueur et célérité. La réaction trop lente, voire l'incapacité des démocraties libérales à apporter une solution à la crise qui secouait l'Europe des années 1930 fournit, selon le fascisme, la preuve éclatante des insuffisances de ce régime et, *a contrario*, de la supériorité des régimes autoritaires.

La voie autoritaire que privilégient les idéologies fascistes se décline en deux régimes politiques distincts, la *dictature* et le *totalitarisme*. Comme nous l'avons brièvement évoqué dans l'introduction du présent chapitre, la distinction entre les fascismes italien et allemand repose précisément sur cette question. Et la différence entre ces deux régimes en est une de degré : la dictature est moins radicale que le totalitarisme. Le fascisme mussolinien est dictatorial. Il exerce un contrôle strict du comportement de l'ensemble des citoyens italiens. Aussi, par exemple, il interdit dès 1925 les autres partis politiques, les syndicats – sauf le syndicat officiel fasciste – et restreint les libertés individuelles. Il emprisonne et persécute les opposants au régime et assume sans partage la direction politique du gouvernement et de l'État. Il met sur pied une police politique, l'OVRA (*Organizzazione di Vigilanza Repressione dell'Antifascismo* – l'Organisation de vigilance et de répression de l'antifascisme) qui a pour principale fonction d'exercer une répression sur les opposants au régime. Le fascisme hitlérien est quant à lui totalitaire. Il soumet lui aussi le comportement des citoyens à un contrôle total et déploie – et c'est là qu'il se différencie de la dictature – son empire sur les idées du peuple allemand en recourant, entre autres, à une propagande d'État qui vise à obtenir l'adhésion stricte de tous les citoyens à la doctrine nazie et, au besoin, à différents mécanismes de répression et de contrôle, comme des politiques eugénistes, des camps de concentration ou des programmes d'extermination de certaines populations, contre tous ceux qui refusent cette doctrine et les principes qui la sous-tendent. Dans le but d'interdire la circulation d'idées contraires au régime, il soumet l'ensemble de la presse à la censure et crée lui aussi une police secrète d'État (« *Geheime Staatspolizei* » – la Gestapo) afin d'assurer un contrôle sans borne de tous les aspects de la société allemande.

De plus, aussi bien dans la version dictatoriale que dans la version totalitaire, l'autoritarisme fasciste s'accompagne toujours d'un culte de la personnalité du chef. Le « *Führer* » (le guide) Hitler et le « *Duce* » (le chef) Mussolini ont en effet été l'objet d'une très grande dévotion de la part des adhérents à ces idéologies et, de manière plus large, des populations allemande et italienne durant leur règne. L'utilisation d'un discours démagogique – dire au peuple ce qu'il veut entendre, affirmer par exemple qu'il existe une solution à la crise économique, que la guerre sera victorieuse et courte, que les Juifs sont les responsables des catastrophes qui secouent le pays, etc. –, le recours à une mythologie servant à glorifier le charisme, les exploits et les capacités exceptionnelles du chef de l'État participaient à entretenir ce culte. Flattés dans leurs sentiments et confortés dans leurs idées par le discours manichéen où tout ne s'offre toujours à voir qu'à la lumière d'une lecture dualiste (blanc ou noir, mauvais ou bon, ennemi ou ami, etc.), les citoyens des régimes fascistes n'avaient en effet d'autre choix que de saluer d'un geste d'adoration la grandeur du chef suprême de la nation. Le contexte de la grave crise sociale et économique qui frappe l'Europe et plus particulièrement ces deux pays durant l'époque où vont se développer ces idéologies d'extrême droite offre un terreau fertile pour de tels discours simplificateurs.

Enfin, la radicalité du programme politique fasciste va se traduire par une valorisation de la violence comme moyen politique, c'est-à-dire comme moyen légitime afin d'asseoir son pouvoir sur la société ou, d'une manière générale, en vue de parvenir à ses fins. L'autorité des régimes fascistes étant très importante, les moyens dont ils disposent afin de gouverner doivent être considérables. Sur le plan intérieur, cette violence trouve son illustration dans le travail par exemple de l'OVRA et de la Gestapo, qui recourent abusivement aux arrestations, aux passages à tabac et aux assassinats de ceux qui ne se conforment pas au modèle fasciste, c'est-à-dire les opposants politiques, les éléments inférieurs dans la société, que ce soient les handicapés physiques ou mentaux ou les homosexuels par exemple, de même que, dans le cas nazi, les membres des races jugées inférieures – les Juifs, les Roms, les Noirs, etc. Sur le plan extérieur, l'usage légitime de la violence entraîne les régimes fascistes à refuser de respecter les règles régissant la conduite normale des relations internationales et à recourir à la guerre comme voie normale de politique extérieure. Ainsi, le régime nazi se retire de la Société des Nations en 1933 ; l'Italie mussolinienne, en 1937. Défiant les conditions que lui imposent le Traité de Versailles (1919) et les accords de Locarno (1925), l'Allemagne nazie remilitarise dès 1936 la Rhénanie, région frontalière avec la France. En 1939, à la suite d'un incident sur la frontière orientale impliquant, selon le régime nazi, l'armée polonaise, l'armée allemande envahit la Pologne, déclenchant ainsi la Seconde Guerre mondiale. Durant la guerre civile espagnole (1936-1939), les aviations italiennes et nazies, venues soutenir les troupes du général Franco, sont aussi les premières à prendre particulièrement pour cible des civils lors de bombardements aériens afin de semer la terreur parmi la population. Parce qu'il combat des idées radicales et qu'il les incorpore dans un programme d'action politique musclé, le fascisme estime totalement justifié de recourir à tous les moyens nécessaires afin de gouverner, y compris l'usage de la violence contre ceux qu'il considère comme des ennemis.

8.2.3. Chauvinisme

Les idéologies fascistes sont façonnées par une *exaltation excessive et agressive du sentiment national*. Au cœur du fascisme repose l'idée que la nation (ou la patrie) constitue le « centre du monde », comme le premier sujet porteur de sens. Concrètement, cela se traduit par la soumission de tous les individus et de tous les groupes sociaux à l'ensemble national, lequel se présente comme un tout organique. L'intérêt national étant suprême pour le fascisme, les individus, les classes sociales ou toute autre entité sociale doivent s'effacer devant la nation. Dans son *Programma e statuti del partito nazionale fascista* (Programme et statuts du Parti national fasciste) de 1921, Mussolini définit en ces termes ce que représente la nation :

> La nation n'est pas la simple somme des individus vivants ni l'instrument des fins des partis, mais un organisme comprenant la série indéfinie des générations dont les individus sont des éléments passagers ; c'est la synthèse suprême de toutes les valeurs matérielles et spirituelles de la race...

Le programme chauviniste fasciste s'articule de différentes façons. Il se déploie d'abord par une glorification du sentiment national, qui passe par la mise en place ou le renforcement, par exemple, d'une radio d'État, de journaux nationaux à grand tirage, d'un cinéma national, par la création de programmes exaltant les vertus de la nation, par la diffusion d'emblèmes et de symboles nationaux, par la remémoration du glorieux passé de la nation, par la célébration de l'histoire nationale, des héros de la nation, etc. À cela viennent s'ajouter diverses mesures eugénistes (positives) d'encouragement à la natalité afin d'augmenter la démographie de la nation au nom de l'intérêt national ou l'appui au retour de nationaux expatriés. C'est ainsi que Hitler met par exemple en place dès sa prise du pouvoir des politiques natalistes en Allemagne qui interdisent l'avortement et encouragent les femmes de race aryenne à rester à la maison afin d'avoir plusieurs enfants.

Cette vision chauviniste, combinée avec une conception du pouvoir autoritaire, entraîne le fascisme à valoriser l'idéal d'un *État national fort*. Sur le plan interne, l'État doit être capable, au nom de l'intérêt national, d'exercer un contrôle strict sur l'ensemble de la population pour prévenir toutes menaces dirigées contre la nation. Le recours légitime à l'autorité et à la violence trouve appui sur ce désir de protéger à tout prix la nation. Sur le plan externe, il est également du premier devoir de l'État de veiller à préserver l'unité de la nation, en résistant aux pressions politiques, économiques, culturelles et militaires exercées par les autres nations qui l'entourent. Afin d'assurer la pleine intégrité du territoire national, les régimes fascistes militarisent leurs frontières, rétablissent le service militaire obligatoire, créent une milice nationale et mettent sur pied des mouvements paramilitaires

– on pense aux *Volkssturm* ou Levées populaires en Allemagne à la fin de la Seconde Guerre mondiale – dans le but de gonfler les effectifs de défense de la nation. Ils nationalisent également les industries d'armement et financent la recherche dans ce domaine. La nation étant le centre du monde, aucun effort n'est superflu lorsqu'il s'agit de veiller à sa sauvegarde.

Aussi la recherche par le fascisme de l'intérêt national conduit-elle naturellement celui-ci à vouloir réunir en un même État tous les membres de la nation. C'est pour cette raison que le fascisme adopte une politique extérieure agressive par laquelle il va tenter, au moyen de la guerre si nécessaire, de retracer les frontières géographiques de l'État national afin qu'elles se conforment aux limites de l'extension territoriale de la nation. À ses yeux, au nom de l'intérêt national, il importe que tous les membres de la nation soient réunis à l'intérieur d'un même foyer national. C'est d'ailleurs l'objectif que poursuit le régime nazi dans le cadre de sa politique pangermaniste lorsqu'il envahit certains territoires en Europe de l'Est avant le déclenchement de la Seconde Guerre mondiale, dont la région des Sudètes que se partagent aujourd'hui l'Allemagne, la République tchèque et la Pologne, et qu'il annexe, en 1938, l'Autriche sous la politique de l'*Anschluss* (le rattachement). L'Italie mussolinienne milite pour sa part, au nom du principe de l'« irrédentisme », afin d'obtenir, entre autres, l'union, au sein de l'Italie fasciste, des communautés composées de locuteurs italiens qui se trouvent dispersées sur la côte dalmate (en actuelle Croatie) et dans la région du Tyrol au nord. C'est au nom de cet idéal du rattachement à la mère patrie de tous les membres d'une même nation que l'Italie va par exemple occuper en 1922 la ville croate de Fiume. Ainsi, la stratégie de conquête des territoires germanophones et italophones par les régimes fascistes est pleinement conforme à leur programme chauviniste.

Fidèle à sa représentation du monde fondée sur la reconnaissance d'une hiérarchie sociale parmi les êtres humains et les nations, l'entreprise chauviniste fasciste se nourrit donc également d'ambitions impérialistes ou colonisatrices. Le chauvinisme fasciste débouche en effet logiquement sur le projet, pour une nation qui se sait supérieure, qui consiste à vouloir exercer sa domination sur les autres nations : parce qu'elles sont plus aptes que les autres, les nations fascistes doivent étendre leur autorité politique, économique, culturelle et militaire sur les nations plus faibles. D'un côté, cette stratégie expansionniste de la part de ces nations qui se sentent supérieures se justifie par un désir de pouvoir s'assurer le contrôle de certaines ressources naturelles vitales, nécessaires à leur économie. Dans le cas du nazisme, cette stratégie trouve également appui sur la notion d'espace vital (« *Lebensraum* »), soit l'idée que toute nation a besoin d'un territoire suffisamment grand pour s'épanouir, ce dont, estime le nazisme, était privée la nation allemande lorsque émerge dans ce pays cette famille idéologique d'extrême droite. Aussi le régime nazi se sent-il alors en droit d'envahir les territoires limitrophes de l'Allemagne en 1939 au nom de ce principe de l'espace vital. De l'autre côté, la stratégie chauviniste fasciste repose sur l'idée que les nations supérieures sont légitimitées de s'imposer aux nations inférieures, lesquelles sont de toute façon incapables de se gouverner elles-mêmes, et cela, afin de leur apporter les bienfaits et les avantages de la gouverne d'une nation supérieure. La colonisation se veut aussi un projet bienfaiteur pour les nations colonisées. C'est ainsi, en recourant à cette logique chauviniste, que l'Italie fasciste va par exemple raffermir dans les années 1930 son emprise coloniale sur la Somalie, la Libye, l'Albanie et l'archipel des Dodécanèse et qu'elle tente en 1936 de s'emparer de l'Abyssinie voisine (aujourd'hui l'Éthiopie et l'Érythrée).

8.2.4. Hostilité à l'égard de la raison

Les idéologies fascistes se montrent en général *très hostiles à l'égard de la raison*. Fidèle à l'attachement de ces idéologies à la droite du clivage politique, le fascisme conteste le rationalisme, soit ce mouvement de pensée suivant lequel l'être humain, pris individuellement ou en groupe, possède la capacité, puisqu'il est doté de cette faculté nommée « raison », de discerner par lui-même le vrai du faux, le juste de l'injuste. De surcroît, à l'instar du conservatisme, mais suivant un sens plus prononcé, les idéologies d'extrême droite rejettent l'idée que l'être humain est maître de son destin du fait qu'il est capable de se servir de la raison comme d'un instrument en vue de transformer le monde. Le fascisme n'est pas simplement sceptique quant aux capacités réelles de la raison de pouvoir transformer le monde, jugement auquel souscrit également le conservatisme par exemple, mais manifeste plutôt un rejet catégorique de cette idée.

Cette opposition au rationalisme a pour principale origine le sentiment d'hostilité qui anime le fascisme à l'égard des idéologies qui occupent l'aile gauche du clivage politique, lesquelles, comme nous l'avons montré au chapitre 2, ont précisément pour principe de légitimation celui de la « raison instrumentale » (voir p. 27). Dans l'esprit fasciste, au fondement de toute action politique efficace, ne se trouve point la raison, mais l'instinct. Voilà ce qui doit guider notre action. Alors que la nature a investi les plus aptes, les meilleurs, d'une autorité naturelle sur le reste de la société, ces derniers sont appelés à agir et à gouverner non pas en étant à l'écoute d'une quelconque raison, mais en se laissant guider par leurs instincts naturels, instincts qui précisément échappent à toute saisie rationnelle. Ce n'est pas en se soumettant aux impératifs d'un questionnement rationnel, d'une réflexion guidée par les exigences de raisonnements probants et soumis aux règles de la dialectique rationnelle, que les leaders fascistes doivent gouverner et attendre que ceux qu'ils dirigent les obéissent, mais en se laissant mener par leurs instincts naturels. La seule action efficace et légitime est celle qui vient du cœur, qui est fidèle à une impulsion vitale. Oswald Mosley (1896-1980), fondateur de l'Union des fascistes britanniques (*British Union of Fascists*), résumait de façon simple l'appel fasciste pour l'action obéissant à l'instinct lorsqu'il écrivit dans un texte en 1932 : « aucun homme ne va très loin s'il sait exactement où il va » (*The Greater Britain* [Pour une plus grande Bretagne]).

8.2.5. Mobilisation

L'action politique que prônent les idéologies fascistes repose sur un appel à la *mobilisation de tous les éléments de la nation*. Instaurer la société fasciste nécessite en effet la mise à contribution de l'ensemble des membres de la nation en ce que celle-ci, comme nous l'avons indiqué plus haut, forme un tout organique ; un ensemble dont la vitalité n'est assurée que si toutes les parties qui le composent peuvent collaborer entre elles. Pour faciliter cette mobilisation, le fascisme a recours à plusieurs stratégies.

Dans les efforts de mobilisation qu'il déploie, le fascisme valorise d'abord l'usage de la propagande. En diffusant le plus largement possible des idées simples et sans nuance, les régimes fascistes cherchent à conditionner l'opinion des populations afin de les convaincre de contribuer à l'effort national et à la construction du nouvel ordre fasciste. Ainsi, préférant la diffusion d'idées tranchées, dénuées de tout argumentaire complexe reposant sur une lecture rationnelle des enjeux de l'époque, les régimes fascistes ne se gênent pas pour altérer délibérément la réalité afin de recueillir la mobilisation la plus large et alimenter les passions populaires. Cette stratégie se voit par exemple dans la propagande antisémite élaborée par le régime nazi, qui blâme la race juive pour l'échec allemand de la Première Guerre mondiale et la crise économique qui a suivi. Par le biais de vastes campagnes de propagandes relayées par des radios publiques, des revues et des journaux à grand tirage, ce régime procède à une stigmatisation des autres races, notamment les populations slaves qui habitent avec les communautés germanophones en Europe de l'Est, en cherchant à montrer leur infériorité naturelle. Dans tous les cas, et au nom de cet idéal de mobilisation, l'intérêt de la nation doit s'imposer sur la rigueur, la justesse et la vérité. Joseph Goebbels (1887-1945), ministre de l'information et de la propagande durant le régime nazi, affirmait d'ailleurs sans mots voilés que la « vérité était le pire ennemi de l'État ».

Pour mobiliser la nation, il importe ensuite, estiment les idéologies fascistes, d'embrigader la population au sein de structures, d'organisations et de mouvements sur lesquels le régime peut exercer un contrôle en soumettant ceux-ci aux idéaux fascistes. Cet embrigadement doit non seulement favoriser une meilleure utilisation des forces vives de la nation en vue d'atteindre les objectifs internes ou externes du régime, au premier chef les objectifs militaires, mais également exercer un meilleur contrôle sur les idées et les convictions politiques de la population, poursuivant ainsi l'objectif de propagande. Cette stratégie va par exemple conduire en 1926, en Italie, à la création de l'Œuvre nationale Balilla (*Opera Nazionale Balilla*), une organisation paramilitaire regroupant les écoliers italiens qui vise à les conditionner aux idéaux fascistes avant qu'ils entrent à l'âge adulte dans les Faisceaux italiens de combats ou, à l'université, dans les Groupes universitaires fascistes (*Gruppi Universitari Fascisti* – GUF). En Allemagne, cela va conduire à la mise sur pied en 1922 par le parti nazi des Jeunesses hitlériennes (*Hitlerjugend* – HJ), qui poursuivent un but semblable.

Ce projet de mobilisation de la population conduit ensuite le fascisme à valoriser les classes sociales. En effet, tout comme des idéologies de gauche et d'extrême gauche, le fascisme admet qu'il existe naturellement dans toute société des classes sociales, c'est-à-dire qu'au fondement de toute société on trouve une telle division originaire entre différentes classes, organisées selon différentes catégories socioprofessionnelles auxquelles se rattachent les travailleurs, les artisans, les propriétaires, les patrons, etc. Toutefois, à la différence de la gauche qui propose de supprimer les classes sociales (le communisme) ou d'atténuer leur rapport conflictuel (le socialisme), le fascisme propose plutôt d'harmoniser celles-ci, du fait que cette division entre classes non seulement appartient à l'ordre naturel de la société, mais peut même contribuer au renforcement de l'unité de la nation. Ainsi, pour le fascisme, il importe de favoriser une collaboration entre les classes sociales et d'éviter la lutte entre celles-ci : la « collaboration des classes » doit donc remplacer la « lutte des classes ». Cessant de se livrer bataille dès que l'existence de chacune des classes sociales est reconnue et valorisée, il devient en effet plus facile d'obtenir leur appui, par leur mobilisation, au projet fasciste.

Pour mieux faciliter cette collaboration des classes entre elles et ainsi contribuer à leur mobilisation dans le projet fasciste, les régimes d'extrême droite vont s'appuyer sur les « corporations », qui réunissent à l'échelle nationale tous les individus exerçant la même profession. Hitler, dans *Mein Kampf*, définissait dans ces termes le rôle des corporations :

> La corporation nazie doit, […] grâce à la concentration organisée de groupes déterminés de participants à la vie économique

nationale, élever la sécurité de l'économie nationale même, renforcer sa force en écartant tout obstacle qui influerait d'une façon destructive sur le corps populaire national, renforcer aussi la force vive de la communauté populaire, afin que des obstacles ne portent pas préjudice à l'État et ne deviennent pas à la fin un malheur et une corruption pour l'économie elle-même.

L'acceptation d'une telle division entre les classes sociales et les corporations auxquelles elles sont associées et l'importance que revêt celle-ci dans la pensée fasciste s'expriment entre autres par les désignations «socialiste» et «travailleur» qui se retrouvent au sein même du nom du parti nazi (Parti national-socialiste des travailleurs allemands). Le fait que de nombreux militants du nazisme à ses débuts aient transité par le communisme et le syndicalisme révolutionnaire avant de s'engager dans cette idéologie d'extrême droite confirme également l'importance de la notion de classes sociales dans la pensée fasciste. Mussolini lui-même avait été un membre actif au sein du Parti socialiste italien avant de créer le premier «Faisceau de combats» à partir duquel naîtra le fascisme.

CONCLUSION

La famille idéologique fasciste, formée essentiellement autour des expériences fasciste italienne et nazie allemande, s'est ainsi développée dans un contexte historique particulier qui est celui de la crise des années 1930 en Europe. Le radicalisme qui caractérise cette famille d'extrême droite tire principalement son origine de l'état de grave crise sociale qui frappe à cette époque les sociétés allemandes et italiennes, dans lesquelles cette famille idéologique va parvenir à s'imposer en accédant au pouvoir. Pour les idéologies fascistes, il existe derrière la réalité un ordre naturel du monde qu'il convient, dans le présent contexte où dominent les idéaux pervers progressistes et libéraux, de remettre en place, en travaillant à des mesures qui s'y conforment.

Le fascisme repose sur cinq idées maîtresses. Premièrement, la plus importante de ces idées est celle de la hiérarchie sociale qui stipule qu'il existe des inégalités naturelles parmi les êtres humains. Cette hiérarchie sociale repose sur un mécanisme sélectif naturel grâce auquel les éléments les plus forts parviennent à s'imposer aux éléments les plus faibles. Deuxièmement, cette famille idéologique valorise l'autorité et l'usage illimité de la force de la part des plus aptes pour asseoir leur pouvoir. Troisièmement, le fascisme estime que la nation constitue le centre de gravité du monde et en est le principal acteur politique. Quatrièmement, les idéologies d'extrême droite se montrent hostiles à la raison, car à leurs yeux la vérité ne se trouve point dans la réflexion rationnelle, le dialogue ou l'argumentation, mais dans une action qui appelle aux instincts et à la passion. Enfin, cinquièmement, le fascisme estime que pour parvenir à ses fins il importe de mobiliser tous les éléments de la société, de force si nécessaire, sous la gouverne d'un parti unique.

BIBLIOGRAPHIE

Darré, Richard Walther (1930). *Neuadel aus Blut und Boden* (La Race – Nouvelle noblesse du sang et du sol).

Gentile, Giovanni (1929). *Origini e dottrina del fascismo* (Origines de la doctrine fasciste).

Gobineau, Arthur de (1853-1855). *Essai sur l'inégalité des races humaines*.

Hitler, Adolf (1934). *Mon combat*, trad. J. Gaudefroy-Demonbynes et A. Calmettes, Paris, Nouvelles éditions latines. Titre original : (1925-1926). *Mein Kampf*.

Mosley, Oswald (1932). *The Greater Britain* (Pour une plus grande Bretagne).

Mussolini, Benito (1919). *Manifesto dei Fasci italiani di combattimento* (Manifeste des Faisceaux italiens de combats).

Mussolini, Benito (1921). *Programma e statuti del partito nazionale fascista* (Programme et statuts du Parti national fasciste).

PARTIE 3

Familles d'idéologies au positionnement multiple sur le clivage gauche-droite

/ *Chapitre* 9

LE NATIONALISME

À la différence du positionnement des autres grandes familles idéologiques et des idéologies qu'elles rassemblent, celui du nationalisme sur le clivage politique ne se limite pas à une seule coordonnée, puisque le nationalisme occupe plus d'une place sur le clivage gauche-droite. Au gré des expériences nationales particulières, cette famille idéologique se décline en effet sous différentes formes, pouvant ainsi s'exprimer autant à gauche, à l'exemple de l'actuel nationalisme bolivarien d'Hugo Chavez au Venezuela, voire à l'extrême gauche, comme le nationalisme russe durant le règne de Joseph Staline (1928-1953), qu'à droite, tel le nationalisme portugais durant le règne de Salazar (1932-1969), voire à l'extrême droite, comme dans le cas italien sous Mussolini (1923-1945). S'ajoutent à ces deux extrêmes d'autres manifestations plus modérées, logeant ainsi au centre du clivage, avec une inclinaison ici plus à gauche, ailleurs plus à droite. On pense ici notamment aux différentes formes de nationalisme qui animent aujourd'hui les mouvements sécessionnistes québécois, catalan, écossais, mais aussi au nationalisme de nations instituées en États, comme celui des États-Unis d'Amérique, de la Russie ou du Canada, etc.

Cela dit, une constante se dégage de ce positionnement multiple. On remarque que sur le continent européen les idéologies nationalistes prennent la plupart du temps place à droite du clivage politique, positionnement qui se conjugue suivant la gamme offerte sur cette aile, depuis le centre droit jusqu'à l'extrême droite. Un tel cantonnement à droite est attribuable au fait que cette famille idéologique demeure encore à notre époque, dans l'imaginaire européen notamment, largement associé à l'expérience nazie (extrême droite fasciste), dont l'exaltation du sentiment national allemand par le régime hitlérien a conduit à justifier le projet d'expansion impérialiste à l'origine de la Seconde Guerre mondiale, de même que les exactions commises à l'endroit notamment des Juifs d'Europe et des Roms au nom précisément d'un idéal nationaliste. À l'opposé, dans les Amériques, mais surtout en Amérique latine, les idéologies nationalistes s'affichent généralement plus à gauche, se déclinant là aussi suivant une variété de tons de gauche, depuis le centre gauche jusqu'à l'extrême gauche. Le nationalisme québécois, depuis la Révolution tranquille, se rattache d'ailleurs ici à la tradition de centre gauche.

Ainsi, mieux comprendre ce qui fait le propre de cette famille d'idéologies exige une prise en compte de la grande diversité de formes par lesquelles le nationalisme s'est exprimé dans le temps et continue de le faire à notre époque. Nous reviendrons dans la dernière section du présent chapitre sur ses positions multiples sur le clivage politique.

9.1. SES ORIGINES HISTORIQUES

Le premier mouvement nationaliste d'importance à avoir vu le jour a été celui de la nation française pendant les événements de 1789. Le nationalisme sera responsable d'une nouvelle forme de sentiment de fidélité ou d'appartenance de la part des personnes à l'égard de la société, sentiment qui se voulait naturellement plus conforme à l'idéal de société « moderne » dont les profonds bouleversements politiques et sociaux qui marquent cette révolution allaient faire éclore. Dans les sociétés de l'Ancien Régime, la fidélité première des personnes, après celle qui les lie à leur entourage immédiat, que ce soit leur famille ou leur village, était toujours dirigée vers le monarque ou l'empereur, voire, dans une moindre mesure, à l'endroit de l'Église ou du pape dans le cas des chrétiens du culte catholique. Le sentiment d'appartenance et de loyauté était dirigé vers celui ou celle qui occupait, à titre de plus haut dirigeant, le sommet de la hiérarchie politique et sociale ; ce dont témoigne le fait qu'à l'époque, d'un point de vue politique ou juridique, les personnes étaient d'abord et avant tout considérées comme de simples « sujets du roi ». Sous l'impulsion du nationalisme, ce lien de fidélité va complètement s'épuiser, au profit d'un nouveau sentiment orienté non plus vers les dirigeants de la société, mais vis-à-vis de la communauté dans son ensemble, ce groupe d'hommes et de femmes duquel sont issus les individus ; *la nation* française – du latin *natio* qui signifie naissance. Désormais, est français celui non pas qui est sujet du roi – en raison donc d'une subordination à l'égard de l'autorité d'un monarque –, mais celui qui est membre de cette communauté unique et indivisible que représente la communauté nationale française. Afin d'illustrer cette profonde révolution à l'origine de laquelle se trouve le nationalisme, on peut souligner que c'est précisément à cette époque que le terme « citoyen », c'est-à-dire celui qui est considéré comme une personne civique, va entrer en usage en France, en remplacement du titre désormais désuet de « sujet ». Est citoyen celui qui est membre de la nation. Exemplaire de cette profonde mutation est aussi le changement de titre officiel du monarque français Louis XVI, qui doit abandonner en octobre 1789 le titre de « Roi de France et de Navarre », titre qu'avaient jusque-là porté tous les rois de France depuis Henri IV (1589-1610), pour adopter celui de « Roi *des Français* ». Aussi est-ce à ce titre que, lors des célébrations entourant le premier anniversaire de la prise de la Bastille, celui-ci a été invité à prêter serment en jurant « d'être à jamais fidèle à la *nation* ».

Or, dans ce contexte, l'importance du nationalisme se mesure également à l'impact qu'il a pu avoir sur le mouvement d'affirmation du peuple français dans sa quête d'accession à la souveraineté politique, ce à quoi les événements de 1789 vont largement contribuer. Par la nouvelle conception du lien d'appartenance et d'identité qu'il promeut, le nationalisme constitue, à l'instar du libéralisme et des autres idéologies de gauche, l'un des *principaux moteurs de démocratisation de la société moderne* au sortir de l'Ancien Régime. Comme nous avons eu l'occasion de le voir au chapitre 3, l'histoire de la modernité occidentale montre un processus graduel de démocratisation des sociétés – ici et là, ce processus empruntera des voies plus abruptes, comme en France en 1789 –, par lequel le peuple, entendu ici comme premier sujet politique, en est venu à s'approprier le pouvoir politique, au détriment de ceux qui, dans l'Ancien régime, en avaient jusque-là été les détenteurs et exécutants, les monarques, seigneurs, ecclésiastiques et autres dirigeants de la société traditionnelle. Ce transfert de souveraineté depuis le haut (les hautes classes sociales) vers le bas (le peuple) n'aura été possible que parce qu'il aura été accompagné, comme son corollaire, par un transfert du sentiment d'appartenance des individus vers le peuple, entendu ici comme nation. Si le peuple a pu en venir un jour à se déclarer premier sujet politique, cela tient en bonne partie à ce qu'il se représente lui-même en tant que communauté nationale, bref, à ce qu'il a conscience qu'il forme une nation. De même, réciproquement, si le premier sentiment d'appartenance et d'identité des citoyens a pu se rattacher à la nation, cela tient en grande partie au fait qu'en elle se trouve le premier sujet politique, le peuple comme porteur de la souveraineté. Nation et peuple souverain forment bien, dans ce processus de démocratisation dans lequel s'engage la société française à partir de la Révolution, les deux côtés d'une même pièce.

Bien que ce ne soit qu'au cours de la Révolution française que le nationalisme va émerger comme véritable force politique en Europe, celle-ci a été précédée d'un long mouvement de gestation qui a débuté bien avant les événements de 1789. Les origines de cette tradition idéologique remontent en effet au traité de paix de Westphalie (1648) qui mit fin à la guerre de Trente Ans (opposant les protestants et les catholiques en Europe de l'Ouest) et la révolte des Pays-Bas (qui opposa les paysans et l'Espagne dans la région actuelle des Pays-Bas). L'émergence du nationalisme est en cela corollaire à l'apparition de cette nouvelle forme d'organisation politique qui va graduellement s'imposer partout en Occident au début de l'époque moderne, avant de devenir l'organisation politique par excellence pour l'ensemble des sociétés de la planète, soit «l'État» moderne. L'une des principales conséquences de ce traité a été la création d'une multitude de nouveaux États sur les décombres de ce qui était alors le Saint Empire romain germanique (plus ou moins l'actuelle Allemagne et l'Autriche). La réorganisation de la carte européenne autour d'États et la disparition de l'empire comme mode d'organisation politique en Europe auxquelles va conduire ce traité de paix est venue marquer la consécration d'un nouveau principe en droit international, celui de la «souveraineté» étatique. Avec ce traité, on reconnaît alors implicitement que cette nouvelle entité politique et juridique qu'est l'État est détentrice d'un pouvoir absolu sur terre, c'est-à-dire qu'elle possède cette capacité d'user sans limites et d'une manière absolue, sur un territoire donné et sur une population, de tout pouvoir qu'elle estime nécessaire afin d'imposer sa loi. L'État, par l'intermédiaire d'une force policière, de forces armées, d'un système de lois, d'une capacité de lever des impôts et d'un système d'impression de la monnaie, etc., assumera ce que l'on désigne habituellement par les fonctions «régaliennes» de l'État. Ce qui garantit le caractère souverain de l'État est le fait que plus aucun autre État (voire toute autre organisation politique) n'est désormais autorisé à venir limiter ou enfreindre ce pouvoir dont dispose l'État. Ce droit est ce que l'on désigne aujourd'hui par le principe de «non-ingérence». Or, dans cette nouvelle configuration du droit international telle qu'elle va se développer au fil des événements politiques décisifs de la modernité, au premier plan les grandes révolutions démocratiques, l'État s'articule toujours sous la forme d'un État-*nation*, c'est-à-dire que le sujet politique auquel donne corps cette puissance absolue sur terre est toujours celui d'une nation. Dans la conception moderne de l'État, nation et État apparaissent en effet comme foncièrement indissociables ; la nation étant l'élément subjectif de l'État et l'État, la forme politiquement organisée de la nation. C'est bien en ce sens que le nationalisme trouve ses origines dans la paix de Westphalie. Le nationalisme naît donc au début de la modernité en tant que prolongement de la place centrale acquise par la nation dans la consécration de l'État-nation comme nouvelle forme d'organisation politique souveraine. Comme nous aurons l'occasion de le voir plus loin, ce lien intime entre nation et État constitue le premier enjeu de tout nationalisme.

Par ailleurs, malgré la grande influence du nationalisme et des idéologies qui s'en réclament sur le cours de l'histoire de la modernité occidentale, il faut noter qu'à l'instar du conservatisme, par exemple, il n'existe presque aucun ouvrage classique du nationalisme. L'histoire occidentale abonde d'ouvrages pamphlétaires à saveur nationaliste, mais il n'existe à peu près aucun ouvrage de référence du nationalisme, autrement dit, aucun ouvrage classique exposant les grandes lignes de cette famille idéologique dans une perspective universelle. On ne trouve pas d'ouvrages dont l'importance auprès de ses partisans serait comparable par exemple à celle du *Manifeste du parti communiste* d'Engels et de Marx auprès des socialistes-communistes ou du *Second traité du gouvernement civil* de Locke dans les cercles libéraux. Aussi est-ce par-dessus tout dans l'action, celle menée par les mouvements nationalistes dans le contexte de luttes nationalistes particulières, que les idéologies nationalistes se sont développées et qu'elles continuent aujourd'hui de le faire partout en Occident et ailleurs.

Soulignons enfin que le terme « nationalisme » est d'un usage assez récent. Il serait en effet apparu pour la première fois en 1867 sous la plume d'un essayiste français et ancien ministre, Lucien-Anatole Prévost-Paradol (1829-1870), dans un ouvrage aujourd'hui oublié portant sur des questions de politique contemporaine, *Essais de politique et de littérature*.

9.2. DÉFINITIONS DU CONCEPT « NATION »

Avant de pouvoir saisir le sens de cette famille idéologique, il importe de s'attarder au concept de « nation » sur lequel repose l'idéologie nationaliste. Soulignons d'entrée de jeu que cette communauté d'hommes et de femmes que l'on appelle depuis l'époque moderne « nation » est d'origine récente. Il n'existait en effet pas, à proprement parler, de nations dans l'Antiquité, pas plus qu'il n'y en avait au Moyen Âge. Dans toute l'histoire de l'humanité, se sont succédé des tribus, des clans, des peuples, des royaumes, des empires, mais jamais, à proprement parler, de nations. La nation est une entité moderne par définition. Ainsi qu'il a été mentionné plus haut, la première manifestation d'une prise de conscience de la part d'un peuple de son identité particulièrement nationale, a été celle des Français durant la Révolution française ; dans son sillage, plusieurs autres nations vont alors rapidement prendre conscience d'elles-mêmes et émerger partout en Europe, notamment sous l'effet de l'occupation de nombreux pays européens par les troupes françaises de la Grande Armée de Napoléon Bonaparte, entre 1808 et 1814, que ce soit en Prusse, en Autriche ou en Espagne par exemple. Le propre de notre époque est bien en effet d'avoir redessiné la carte de l'humanité autour de communautés nationales, c'est-à-dire d'avoir circonscrit la totalité de l'espace planétaire par l'agencement de communautés aux frontières plus ou moins figées, qui se côtoient dans une relation de mutuelle exclusivité (les frontières de l'une commencent où cessent celles des autres). Aussi parle-t-on aujourd'hui d'une scène « inter*nationale* » ou de la « communauté des *nations* » pour désigner l'ensemble du monde, lorsqu'il est entendu dans la diversité qui le compose. Mais qu'est-ce que la « nation » ?

Le concept de nation présente une profonde polysémie, laquelle n'est pas étrangère à la charge politique que revêt ce terme en tant qu'élément fondateur d'une famille d'idéologies politiques. Définir en quoi consiste la nation relève déjà en soi d'un travail politique, puisque cette définition donnera l'orientation générale et le véritable sens du nationalisme qui en découle. De cette polysémie, on retiendra deux principales manières de donner sens à ce concept.

D'une part, la première définition de la nation est celle à laquelle souscrivent généralement les partisans les plus fidèles du nationalisme. Il s'agit ici d'une définition que l'on peut qualifier d'« essentialiste ». La nation désigne une communauté de personnes ayant en partage certains traits distinctifs manifestes et indéniables, notamment ceux d'une culture commune, d'une même langue (bien qu'une nation puisse avoir deux ou plusieurs langues nationales), d'une même religion (bien qu'une nation puisse également avoir plus d'une religion, voire aucune religion particulière), d'une même origine ethnique et, par-dessus tout, d'une même histoire. Est membre de la nation, celui ou celle qui partage l'ensemble ou la plupart de ces signes identitaires forts.

D'autre part, la seconde définition la plus courante de la nation est celle que privilégient normalement ceux qui sont moins favorables à cette idéologie, voire ceux qui y sont carrément hostiles. Cette seconde définition prend ses distances face au caractère essentialiste de la nation soutenu dans la première définition, préférant plutôt mettre l'accent sur son caractère « artificiel ». Selon cette perspective « constructiviste », la nation s'offre d'abord et avant tout comme une construction sociale qui n'a de véritable existence que celle que les membres veulent bien lui donner ou celle que les élites, qui sont derrière le peuple, veulent bien donner à l'idéal national. Une nation n'existe que dans la mesure où ses membres *se sentent appartenir* à cette dernière et non pas en raison d'un donné, auquel ces derniers ne pourraient rien, que ce soit une langue (qu'on ne choisit pas à sa naissance ; bien que l'on puisse en apprendre une autre plus tard), une histoire (que l'on reçoit en héritage), une religion (dans laquelle on est élevé) ou tout autre trait qui caractérise une nation suivant la première définition. Cette définition recoupe par ailleurs largement la définition proposée par l'essayiste Ernest Renan (1823-1892), auteur du texte classique *Qu'est-ce que la nation ?* (1882), lorsqu'il écrivait qu'une nation n'existe toujours que sous la forme d'un «plébiscite de tous les jours, comme l'existence de l'individu est une affirmation perpétuelle de vie». Dans cette perspective artificielle, la nation s'offre ainsi non pas comme un donné, mais bien plutôt comme quelque chose à laquelle les individus appartiennent à la suite d'un libre choix.

9.3. SON IDÉE MAÎTRESSE : L'EXALTATION DU SENTIMENT NATIONAL

À la différence des autres grandes familles idéologiques, le nationalisme se distingue par le fait qu'il repose sur une seule idée maîtresse, celle d'une *exaltation du sentiment national*. La conception du monde qui anime les idéologies se réclamant de cette tradition repose sur l'admission que la nation constitue en quelque sorte, à la manière de «l'individu» dans le libéralisme, le «centre du monde», comme objet de toutes les préoccupations et premier sujet porteur de sens, suivant que l'ensemble du réel se conçoit essentiellement autour de ce sujet. Comme programme politique qui en découle, toute action nationaliste prend la forme d'une entreprise, à dimensions multiples selon les contextes, visant à éveiller, développer, glorifier, stimuler, protéger et défendre l'intérêt national.

En tant que programme d'action politique, le nationalisme vise à fortifier, voire à construire, le lien essentiel qui unit «État» et «nation». Pour reprendre la définition classique du sociologique allemand Ernest Gellner dans son ouvrage classique *Nations et nationalismes* (1983), «le nationalisme est essentiellement un principe politique, qui affirme que l'unité politique et l'unité nationale doivent être congruentes». Autrement dit, les frontières de tout État devraient correspondre aux limites d'une nation et les pourtours de la communauté nationale devraient coïncider avec les frontières territoriales de l'État. Pour toute nation un État – l'État est la manifestation politique de la nation en tant que communauté politique – et au cœur de chaque État une nation – la nation étant le prolongement de l'État comme organisation politique. Tout programme nationaliste quel qu'il soit, et cela, indistinctement de la manière dont la nation est conçue – que ce soit suivant une conception «essentialiste» ou «constructiviste» –, présente inévitablement un intérêt prononcé pour ce couple indissociable.

Concrètement, le programme politique du nationalisme prend généralement la forme de deux projets distincts, sur la base desquels il est possible de distinguer au sein de la famille idéologique deux principales variantes. D'une part, il existe un nationalisme «sécessionniste», celui des nations sans États, et d'autre part, un nationalisme «étatique», celui des nations déjà instituées en État. Analysons tour à tour ces deux principales variantes politiques du nationalisme.

Le nationalisme sécessionniste est un mouvement politique par lequel une nation cherche à acquérir son indépendance d'un État. Il s'agit alors pour une nation de se séparer de l'État dans lequel elle se trouve, en vue de fonder un nouvel État indépendant au sein duquel elle pourrait en quelque sorte être «chez elle». Cette première variante de nationalisme, qui se déploie généralement en tant que mouvement de libération nationale, est celui des nations sans État, comme les nations corse, acadienne ou amérindiennes dans de nombreuses parties des Amériques par exemple, ou des nations organisées en demi-État ou quasi-État, soit celles qui vivent au sein d'un État ne jouissant pas totalement d'une pleine souveraineté, comme les nations québécoise, catalane, flamande ou écossaise par exemple. Soulignons par ailleurs que cette première forme de nationalisme sécessionniste privilégie généralement une conception essentialiste de la nation afin de faire valoir la nécessité pour cette communauté, dont l'identité nationale particulière apparaît à ses membres indéniable, de pouvoir se constituer en État, à la manière de toutes les autres nations du monde.

De plus, dans le droit international, cette première forme de nationalisme trouve habituellement appui sur un principe aujourd'hui bien connu, qui est celui du droit à *l'autodétermination des peuples*. Ce droit, qui est notamment enchâssé dans la *Charte des Nations Unies* de 1945, stipule que tout peuple – il n'est pas explicitement question de «nation» dans la charte onusienne – a le droit de déterminer lui-même l'État dont il souhaite faire partie, ainsi que la forme de régime politique qui doit organiser cet État. Ce droit, qui a servi de fer de lance à de nombreux mouvements nationaux durant l'époque de décolonisation qui a marqué le milieu du XXe siècle en Afrique et en Asie, sera également interprété par plusieurs mouvements nationalistes sécessionnistes comme l'autorisation pour tout peuple de faire sécession d'un État dans lequel l'histoire l'aurait (contre son gré) intégré, en vue de pouvoir fonder un nouvel État qui lui serait propre. Tel a en effet été l'argument qui a servi à la création à l'échelle planétaire d'une centaine de nouveaux États depuis 1945.

La seconde variante du nationalisme est «étatique», c'est celle des nations déjà instituées en État. Ce nationalisme étatique se caractérise généralement par un mouvement d'affirmation nationale à deux dimensions. D'une part, à l'intérieur de l'État, il s'articule par la mise en place d'une politique d'affirmation de l'identité nationale, voire, là où l'identité nationale n'est pas encore totalement constituée, en une construction identitaire nationale (*nation building*). Cette entreprise d'exaltation du sentiment national peut se décliner en de multiples formes, passant ici par l'imposition d'une langue officielle (la langue nationale), la mise sur pied ou le renforcement d'un système d'éducation nationale, d'une radio et d'une télévision d'État, d'emblèmes ou de symboles nationaux (tel un hymne national), etc. Tous ces différents mécanismes ont pour objectif de venir renforcer l'identité de la nation, c'est-à-dire le sentiment d'appartenance de tous les membres à la nation, et de contribuer à le créer chez les nouveaux arrivants ou chez les populations au sein desquelles ce sentiment est inexistant ou faible. D'autre part, sur la scène internationale, ce nationalisme d'État s'exprime généralement par le désir pour cet État de revendiquer un statut au sein de la communauté des nations qui soit à la hauteur de la représentation que cet État-nation a de lui-même. Dans le cas de petits États, il peut s'agir ainsi de revendiquer une plus grande indépendance vis-à-vis d'un autre État (ou d'une communauté d'États) avec lequel ce dernier serait lié, que ce soit économiquement, militairement ou politiquement. Dans le cas d'un État au statut plus important, notamment chez les États appartenant aux grandes puissances, le nationalisme peut venir soutenir sur la scène internationale une position forte, voire à prétention hégémonique. Dans les deux dimensions de cette forme de nationalisme se trouve un désir fort d'affirmer l'intérêt national par-dessus toute autre considération.

En pratique, que ce soit aussi bien de la part de plus petits que de plus gros États, cette forme de nationalisme étatiste peut revêtir, dans certains cas, une forme exacerbée. Ce sentiment d'affirmation nationale peut en effet servir à justifier un certain chauvinisme, c'est-à-dire un sentiment par lequel une nation en vient à s'afficher, par-delà le simple fait qu'elle puisse se percevoir, à l'instar de toutes les autres nations, comme le « centre du monde », comme *supérieure aux autres*; ce qui, par suite, permettrait de justifier le statut privilégié auquel elle estime avoir droit, mais surtout la domination des autres nations, qu'elle juge « inférieures » à elle. Cette forme de nationalisme exacerbé conduit généralement à des politiques expansionnistes, voire impérialistes, de la part des États concernés, sous prétexte précisément de cette supériorité nationale. L'histoire des XIXe et XXe siècles abonde en exemples de politiques expansionnistes et impérialistes en Afrique et en Asie de la part d'États européens au nom du nationalisme.

Après cette exposition des deux grandes formes de nationalisme, une remarque s'impose. Le nationalisme ne doit pas être confondu avec un autre phénomène, celui du « patriotisme », avec lequel il partage certes de nombreuses ressemblances. Bien que ces deux phénomènes puissent, dans certains contextes particuliers, montrer une certaine complémentarité, il s'agit tout de même de deux phénomènes distincts. D'une manière générale, le patriotisme désigne un sentiment de fierté et d'appartenance d'un peuple à l'égard de son pays (du latin *patria*, qui signifie «patrie»), entendu ici dans un sens très large, qui inclut aussi bien la communauté sociale que l'organisation politique de cette communauté. En ce sens, le patriotisme n'est pas un phénomène exclusivement moderne, puisqu'on trouve une abondance d'exemples de sentiment patriotique dans l'histoire de l'Occident, que l'on pense notamment à celui démontré par les Athéniens durant la période classique, à celui des Gaulois au début de notre ère, voire à celui des Espagnols durant la reconquête. Bien que le nationalisme puisse également se manifester par un sentiment de fierté, dirigé ici à l'endroit de la nation – être nationaliste, c'est effectivement toujours montrer une certaine *fierté* à l'égard de sa nation –, ce qui distingue le patriotisme du nationalisme est le fait que, dans ce phénomène, il ne s'agit pas encore d'une idéologie. Le patriotisme ne définit qu'un *sentiment de fierté*, alors que le nationalisme présente une complexité immensément plus grande. Ainsi que nous avons jusqu'ici pu le voir, en tant que force idéologique le nationalisme est porteur d'une conception du monde soutenue par une réflexion complexe et porteuse de sens, que prolonge un programme d'action politique particulier. Ajoutons que, bien que le patriotisme soit antérieur au nationalisme, il est possible d'en identifier une version moderne, coexistant ainsi avec le nationalisme. Dans sa version moderne, le patriotisme peut être défini comme un sentiment de fierté de la part des citoyens, indistinctement de leur appartenance nationale particulière, à l'égard de leur État, que ce soit relativement à ses réalisations sur la scène mondiale, à la hauteur des principes politiques sur lesquels il se fonde et qu'il défend, à son histoire, à sa puissance économique, etc. Aussi existe-t-il un patriotisme étasunien, canadien, français, allemand, etc. En comparaison, dans tout nationalisme, ce vers quoi est dirigé le sentiment de fierté n'est jamais directement l'État comme tel, mais bien toujours premièrement la communauté nationale dans son ensemble.

Cette description générale du nationalisme ayant été menée, il convient enfin de mieux comprendre ce qui explique le positionnement multiple de cette famille idéologique sur le clivage politique, autrement dit, ce qui permet d'expliquer les raisons pour lesquelles le nationalisme peut se décliner aussi bien à gauche, qu'au centre et à droite.

9.4. SON POSITIONNEMENT MULTIPLE SUR LE CLIVAGE POLITIQUE

Le positionnement multiple du nationalisme sur le clivage politique repose sur la dépendance qu'entretiennent les idéologies appartenant à cette famille idéologique à l'égard aux autres grandes idéologies politiques. En effet, en comparaison des autres grandes idéologies, toute idéologie nationaliste ne se manifeste jamais dans la sphère politique de manière entièrement indépendante et autonome, car, si elle peut donner corps à une conception du monde et à un programme d'action politique – en ce sens, constituer une véritable idéologie politique –, cela n'est possible que dans la mesure où elle doit se *conjuguer avec une autre grande idéologie politique*. Toute idéologie appartenant à la famille nationaliste n'existe toujours que sous la forme d'un assemblage souvent fort complexe et flexible, dans lequel se combinent l'idée maîtresse sur laquelle elle se fonde et certaines des idées maîtresses au cœur des autres grandes idéologies auxquelles elle se rattache.

Cette dépendance à l'égard des autres idéologies de la part du nationalisme est attribuable au caractère relativement vague de son idée maîtresse, celle de l'exaltation du sentiment national. Ce recours systématique aux idées maîtresses des autres grandes idéologies permet de venir en quelque sorte compenser cette généralité, en venant donner à cette idée un contenu plus riche et plus précis. Cela ne signifie toutefois pas que le nationalisme puisse, dans tous les contextes, être compatible avec chacune des idées maîtresses des grandes idéologies politiques avec lesquelles il peut se lier. Le nationalisme n'est pas à ce point dépourvu de spécificité propre qu'il puisse se confondre avec n'importe quelle autre idée politique. Néanmoins, le nationalisme est une famille idéologique qui montre une très grande capacité d'adaptation au contexte politique particulier dans lequel il se manifeste, réussissant ainsi, au gré des luttes politiques, à se combiner avec une ou plusieurs des idées maîtresses servant de fondement aux autres idéologies. Ainsi, suivant les expériences nationales particulières et la configuration des forces politiques en présence, le nationalisme se décline toujours en tant que nationalisme à tendance libérale, conservatrice, socialiste-communiste ou fasciste. À l'exception des idéologies anarchistes et libertariennes, et cela, principalement en raison de l'accent trop prononcé que mettent ces idéologies sur la liberté individuelle, les rendant ainsi incompatibles avec toute idéologie qui fait de la communauté nationale le « centre du monde », le nationalisme se décline en pratique à toutes les sauces idéologiques. Aussi est-ce précisément ce lien intrinsèque entre le nationalisme et les autres grandes idées maîtresses caractéristiques des grandes idéologies qui explique le positionnement multiple de cette famille idéologique sur le clivage politique. Si le nationalisme peut être, dans la pratique, de gauche, de centre ou de droite, cela tient à ses multiples déclinaisons en fonction des différentes combinaisons possibles avec l'ensemble des autres grandes idéologies, lesquelles occupent chacune

une place assez bien définie sur le clivage politique. Passons donc brièvement en revue les principales filiations idéologiques découlant de ces combinaisons possibles.

La combinaison la plus courante entre les idéologies nationalistes et toute autre grande idéologie politique est celle qui lie cette dernière avec la grande famille idéologique la plus influente dans le monde occidental depuis les débuts de la modernité, le *libéralisme*. Cette alliance repose principalement sur le fait que le nationalisme trouve dans l'idéal de *liberté* la première, et certainement la plus importante, des idées maîtresses du libéralisme, une justification théorique fort précieuse. Cet idéal permet effectivement de venir soutenir l'idée que la nation constitue, ainsi que l'entend le nationalisme, le « centre du monde » : car, avec cette idée, la nation peut dès lors être conçue comme un agent de liberté, comme le principal agent autour duquel toute la réalité semble devoir s'organiser. Des deux principales formes de nationalisme, le nationalisme sécessionniste est celui chez qui cet idéal de liberté tient probablement le rôle le plus déterminant. Suivant cette combinaison idéologique, être libre consiste principalement, pour la nation, à jouir de la possibilité d'être maître de soi-même, car être libre – entendu ici dans sa forme « positive » (voir p. 44-45) –, c'est être autonome, donc maître de sa destinée. Autrement dit, être libre c'est, pour une *nation*, jouir de la capacité de *déterminer* par elle-même l'État dans lequel elle souhaite vivre et la forme d'organisation politique dont elle souhaite se doter. Le droit à l'autodétermination des peuples, qui sert, depuis sa formulation au milieu du siècle dernier, de principe à de nombreux mouvements nationalistes sécessionnistes, porte incontestablement la marque du libéralisme. On peut voir que le nationalisme à tendance libérale reprend donc à son compte l'idéal de liberté promu par le libéralisme, en l'appliquant cette fois à la nation dans son ensemble : la nation étant dès lors conçue comme une sorte d'individu dans le sens libéral, puisqu'elle s'affiche, comme lui, autonome et libre. C'est pourquoi, dans une perspective nationaliste, la nation peut prétendre être à l'échelle planétaire l'unité de base indivisible et constitutive de l'humanité, un peu à la manière des individus au sein des sociétés libérales. Ainsi, de cette première combinaison découle pour le nationalisme un positionnement au *centre* du clivage politique, sur cet espace occupé par le libéralisme qui s'étend depuis le centre gauche jusqu'au centre droit.

La seconde filiation est celle qui unit le nationalisme au *conservatisme*. Dans cette seconde filiation, la famille nationaliste trouve là encore un appui théorique afin de venir bonifier son idée maîtresse. Toute l'idéologie nationaliste, qu'elle s'inscrive dans une tendance sécessionniste ou étatiste, s'exprime par l'exaltation du sentiment national. En appeler à un tel mouvement se justifie habituellement dans un contexte où il existe une *menace*, potentielle ou réelle, dirigée contre la nation, une menace qui puisse venir en quelque sorte mettre en péril son unité ; la menace jouant ici en quelque sorte un rôle de catalyseur de ce mouvement d'exaltation. Or, précisément, le nationalisme peut trouver dans le conservatisme un compagnon de route de premier choix, car chez lui cette idée tient déjà lieu de repère fort, puisqu'il agit du constat de départ duquel peuvent découler une conception du monde et un programme politique. Toutefois, à la différence du conservatisme, dans le cas du nationalisme, bien qu'elle puisse partiellement y renvoyer, cette menace ne se limitera pas habituellement au seul domaine moral. Elle portera en effet généralement sur l'ensemble des repères identitaires de la nation, qu'ils soient culturels, économiques, politiques, religieux, démographiques, etc. Concrètement, cette menace peut s'articuler sous plusieurs formes : l'effritement de repères identitaires dans le contexte d'une immigration croissante, la perte d'un statut et d'une influence politique en raison d'un déclin démographique de la nation à l'intérieur de l'État ou sur le plan international, la diminution du poids économique de la nation par suite d'une crise économique, un déclin de puissance militaire à la suite d'une défaite militaire, etc. Le nationalisme s'offre alors comme ce qui peut venir contrer ces diverses menaces. En effet, nationalisme et conservatisme en appellent bien tous deux à un certain « redressement » de la société afin de faire face à la menace de déclin ou de décadence qui pèse sur celle-ci, aussi diversifiée soit cette menace. De plus, si dans le cas du nationalisme étatiste la source de cette menace, voire la menace elle-même, est perçue comme provenant presque toujours de l'extérieur – elle est celle des autres États ou des autres nations –, dans le cas du nationalisme sécessionniste cette menace est, au contraire, généralement perçue comme venant de l'intérieur, c'est-à-dire de l'État central au sein duquel la nation sécessionniste se sent maintenue contre sa volonté et dont elle cherche à se séparer. Ainsi, dans cette seconde version, le nationalisme occupe à la manière du conservatisme la *droite* du clivage politique.

La troisième filiation est celle qui unit le nationalisme aux principales idéologies de gauche, le *socialisme* et le *communisme*. En théorie, on peut présumer que les idéologies de gauche peuvent difficilement servir de soutien au nationalisme, tant les divergences qui existent entre ces idéologies et la famille nationaliste qui fait de la nation le centre du monde apparaissent importantes. Pensons notamment à l'hostilité que vouaient Karl Marx et Friedrich Engels et, dans le sillage de leur pensée, tous ceux qui vont suivre, à l'égard précisément de la « nation ». Pour eux, il ne s'agissait que d'un concept bourgeois, donc à bannir. Toutefois, en pratique, on trouve chez de nombreux mouvements nationalistes une forte influence des idéologies de gauche. Cette influence semble d'ailleurs se faire sentir d'une manière plus nette dans le nationalisme sécessionniste. Sauf dans le cas des pays à obédience socialiste ou communiste, le nationalisme étatiste se cantonne presque toujours plus à droite, dans une forme libérale, conservatrice ou, plus rarement, fasciste. On peut par exemple voir cette filiation entre le nationalisme et les idéologies de gauche exercer une influence considérable au sein de nombreux mouvements sécessionnistes dits de libération nationale. Le principal élément sur lequel repose cette combinaison entre nationalisme et idéologies de gauche est le constat de *domination* (et de l'idéal de *libération* qui en découle), qui est au cœur de la conception du monde et du programme d'action politique du socialisme et du communisme. Toute l'action politique de gauche se résume en effet à une lutte par laquelle les classes opprimées sont appelées à se libérer de la domination dans laquelle elles sont maintenues par les classes dominantes, au premier chef, la bourgeoisie. Or, une telle conception du jeu politique ne peut que trouver un écho favorable auprès des nationalistes dont, précisément, tous les efforts s'articulent comme une lutte en vue de la libération nationale ; libérer la nation de la domination par le biais de la sécession ou de la création d'un nouvel État, tel est bien l'objectif que vise tout nationalisme sécessionniste. Dans cette forme de nationalisme à tendance socialiste-communiste, on assiste alors simplement à un remplacement de la catégorie « classe sociale », laquelle est centrale dans les idéologies de gauche, par celle de « nation » ; la logique présidant au mouvement d'ensemble demeurant quant à elle pratiquement la même. Cette alliance entre nationalisme et socialisme-communisme place donc aussi le nationalisme à *gauche* ou à *l'extrême gauche* du clivage politique.

Enfin, la dernière combinaison est celle, plus rare, qui lie le nationalisme dernière aux idéologies *fascistes*. Nous avons brièvement eu l'occasion de traiter de cette question plus haut en rappelant combien, dans l'imaginaire européen, la famille nationaliste reste largement associée à l'expérience du fascisme allemand sous le règne du parti nazi. Dans cette alliance entre nationalisme et fascisme, laquelle peut s'actualiser au sein de mouvements nationalistes aussi bien sécessionnistes qu'étatiques, on assiste à une radicalisation du sens de l'idée maîtresse sur laquelle se fonde le nationalisme, radicalisation qui prend alors la forme d'un chauvinisme. Si, dans le nationalisme, la nation est simplement conçue comme le « centre du monde », dans le nationalisme fasciste elle s'affiche dans sa « supériorité » par rapport aux autres. La nation défendue par tout nationalisme à tendance fasciste apparaît toujours dans sa grandeur et sa magnificence, que la présence des autres nations vient en quelque sorte ternir. Aussi, de cette conception hiérarchique du monde, au sommet duquel trône une nation « élue », découle inévitablement un programme d'action politique d'expansion impérialiste, par lequel cette nation se donne pour mandat de dominer les autres nations, voire le monde, au nom précisément de cet idéal de supériorité nationale. Comme nous avons pu le voir dans le chapitre consacré au fascisme (voir p. 139), cela peut même, dans certains cas, tel l'exemple nazi, se combiner avec une forme de racisme, soit un dénigrement systématique de tous ceux qui n'appartiennent pas à la nation, ici associée à la race, sur la base de leur « infériorité ». Cette dernière alliance entre fascisme et nationalisme place donc cette combinaison idéologique à *l'extrême droite* du clivage politique.

CONCLUSION

Les idéologies nationalistes reposent avant tout sur le concept de nation. L'apparition de l'État comme organisation politique moderne, au milieu du XVIIe siècle, a donné naissance à un élément dont il est aujourd'hui indissociable, la nation. Il existe deux manières de concevoir la famille nationaliste. Selon une définition essentialiste, la nation désigne une communauté de personnes ayant en partage certains traits distinctifs manifestes et indéniables, que ce soient une culture, une langue, une histoire commune, etc. On lui attribue aussi parfois un caractère plus artificiel, en la définissant alors comme une construction sociale qui n'a de véritable existence que celle que lui accordent ses membres.

Le nationalisme est guidé par une seule idée maîtresse, celle *d'une exaltation du sentiment national*. Le programme politique des idéologies se réclamant du nationalisme vise toujours à construire ou à fortifier le lien qui existe entre l'État et la nation, en s'articulant ainsi sous la forme de deux projets distincts. D'une part, lorsque la nation cherche à acquérir son indépendance d'un État et qu'elle s'inscrit dans un mouvement de libération, on qualifiera celui-ci de nationalisme sécessionniste. D'autre part, si l'action d'une nation vise plutôt à affirmer son identité au sein de sa communauté ou sur la scène internationale, on qualifiera son programme de nationalisme étatique. Peu importe le projet politique auquel il adhère, tout nationalisme est d'abord animé par un sentiment de fierté à l'égard de la communauté nationale dans son ensemble et met en avant les intérêts de la nation qu'il représente.

Enfin, bien que l'idée maîtresse du nationalisme soit claire, cette manière de saisir la nation comme le centre du monde ne suffit pas en elle-même à donner naissance à un programme concret d'action politique. Aussi le nationalisme doit-il s'associer à certaines idées maîtresses des autres idéologies pour exister comme force politique distincte dans la sphère politique. On le verra positionné à différents endroits sur le clivage politique selon l'autre grande idéologie à laquelle il sera affilié. Le nationalisme s'affichera ainsi dans certains contextes au centre, se combinant alors avec le libéralisme, à gauche, en trouvant appui sur le socialisme ou le communisme, ou à droite, en lien avec le conservatisme ou le fascisme.

BIBLIOGRAPHIE

Charte des Nations Unies. (1945)

Gellner, Ernest (1989). *Nations et nationalisme*, trad. B. Pineau, Paris, Payot. Titre original : (1983). *Nations and Nationalism.*

Prévost-Paradol, Lucien-Anatole (1867). *Essais de politique et de littérature.*

Renan, Ernest (1882). *Qu'est-ce que la nation?*

/ *Chapitre* **10**

L'ÉCOLOGISME

L'écologisme est la dernière des grandes familles d'idéologies politiques ; son apparition remonte à la fin des années 1960. Il est né d'une prise de conscience plus marquée de la part des citoyens et des acteurs politiques de toutes les sociétés occidentales à l'égard des questions liées au respect ou à la sauvegarde de l'environnement, dans le contexte où celui-ci subit de plus en plus les effets négatifs qui résultent de l'activité humaine. Au cœur de cette nouvelle préoccupation pour la nature et des idéologies écologistes résident en effet des questions liées à la pollution de l'air et de l'eau, à la disparition d'espèces animales et végétales, au dérèglement climatique de la planète, à l'augmentation des gaz à effet de serre, à la diminution de la couche d'ozone, etc. Autour de ce nouvel enjeu politique vont se forger de nouvelles idéologies politiques, dotées d'une conception du monde particulière et d'un programme d'action politique y correspondant.

Comme pour le nationalisme, le positionnement de l'écologisme sur le clivage politique ne se limite pas à une seule coordonnée. Suivant les différentes expériences ou les divers courants se réclamant de cette famille idéologique, l'écologisme peut aussi bien se décliner à gauche, au centre ou à droite. Cela dit, on remarque que son centre de gravité tend plus souvent vers la gauche. Cette tendance plus marquée pour le progressisme de la part de l'écologisme est largement attribuable au fait que son postulat de départ, à la manière du sentiment qui anime toutes les idéologies de gauche et d'extrême gauche, témoigne de l'insatisfaction à l'endroit de l'ordre établi, insatisfaction qui se fonde sur la reconnaissance que les institutions actuelles, de même que les principes qui guident nos pratiques et nos comportements, ne sont pas suffisamment respectueux de l'environnement. Aussi le programme politique qui découle de cette conception du monde présente-t-il de grandes ressemblances avec celui des idéologies progressistes en ce qu'il vise, lui aussi, à sa façon, à changer le monde.

Ce positionnement multiple des idéologies écologistes sur le clivage politique est attribuable au fait que celles-ci n'existent toujours que sous la forme d'une combinaison avec les autres grandes idéologies politiques. Comme c'est le cas avec le nationalisme, l'écologisme n'existe jamais de manière parfaitement autonome, puisqu'il se manifeste toujours associé avec l'une des autres grandes idéologies. Ainsi, au gré d'alliances diverses, l'écologisme pourra se montrer ici plus modéré, lorsqu'il sera de tendance libérale ou conservatrice, par exemple, et ailleurs plus radical, lorsqu'il s'affichera de tendance socialiste, voire carrément révolutionnaire, lorsqu'il sera associé à l'anarchisme.

10.1. SES ORIGINES HISTORIQUES

Si l'émergence des *idéologies* écologistes remonte à la fin des années 1960, l'écologisme, comme mouvement général d'idées fondé sur le respect de la nature, est d'origine beaucoup plus ancienne. Il n'a pas fallu attendre les problèmes environnementaux majeurs du XXe siècle pour voir apparaître les premières mesures politiques inspirées par les idéaux écologistes. Par exemple, la France a décrété au XIVe siècle une loi visant à protéger les forêts contre le prélèvement excessif d'arbres et de certaines espèces par l'industrie navale. L'Angleterre interdit la combustion de la houille au début du XIIIe siècle dans Londres afin de contrer la pollution de l'air. Ce n'est toutefois qu'avec l'essor des nouvelles technologies modernes à partir du XIXe siècle – on pense aux machines à vapeur, aux nouveaux outils mécanisés, aux nouvelles techniques de production, etc. – que cette préoccupation pour l'environnement va progressivement gagner en importance. Ces nouvelles technologies vont conduire à une exploitation accrue des ressources naturelles, au point d'entraîner une dégradation de plus en plus inquiétante de la nature. L'écologisme entend offrir des solutions pour remédier à cette dégradation. En ce sens, la pensée écologiste se nourrit d'abord et avant tout d'une réaction face à cette fragilisation de l'environnement qui résulte de l'utilisation de ces nouvelles technologies. Cette préoccupation grandissante partout en Occident pour l'environnement va entraîner la création à la fin du XIXe siècle de groupes de pression qui sensibiliseront la population et les dirigeants politiques à l'importance de ce nouvel enjeu, ainsi que de groupes d'experts voués à l'étude scientifique des effets des actions des êtres humains sur la nature. Ainsi vont naître des organisations comme le Sierra Club aux États-Unis en 1892, le Club de Rome en 1968,

Greenpeace en 1970 au Canada, les Amis de la Terre en France en 1971 ou, plus récemment, le Groupe d'experts intergouvernemental sur l'évolution du climat (GIEC) en 1988.

De ce mouvement général voué à la sensibilisation ou à l'étude des enjeux environnementaux va graduellement émerger à partir de la fin des années 1960 un mouvement politique qui, à terme, a donné naissance à de nouvelles idéologies politiques distinctes de toutes celles qui avaient jusque-là dominé la scène politique occidentale depuis le début de la modernité : l'écologisme. À l'instar de la naissance du mouvement écologiste, l'apparition de la famille idéologique écologiste, qui va suivre dans le sillage de ce mouvement, est directement liée à l'état de dégradation de la nature. Les problèmes associés à la préservation de l'environnement étant relativement récents, il a fallu attendre que les effets de cette détérioration de la nature sur la vie humaine ou celle des animaux et des plantes qui nous entourent se fassent suffisamment sentir pour que l'écologisme parvienne à consolider les bases théoriques de sa pensée, autrement dit, à élaborer une conception du monde particulière et un programme politique s'y rattachant. À cet égard, on peut considérer le premier choc pétrolier en 1973, par l'ampleur de la prise de conscience qu'il suscita dans toutes les sociétés occidentales, comme l'un des événements déclencheurs ayant le plus contribué à l'émergence de cette nouvelle famille idéologique. Avec cette crise, qui a pour origine une augmentation phénoménale du prix de l'essence de la part des premiers pays producteurs de pétrole, les sociétés occidentales ont pu prendre conscience des pénuries qui guettent l'humanité si rien n'est fait pour préserver l'environnement.

De nombreux ouvrages ont contribué à la genèse de l'écologisme, parmi lesquels *Walden ou la vie dans les bois* (1854) de l'écrivain étasunien Henry David Thoreau (1817-1862), *L'Homme et la nature* (1864), de l'essayiste étasunien George Marsh (1801-1882) ou *L'Homme et la terre* (1906), du géographe et anarchiste français Élisée Reclus (1830-1905). Plus récemment, des ouvrages comme *Halte à la croissance ?* (1972), dirigé par les scientifiques étasuniens Donnela et Dennis Meadows, *Pour une société écologique* (1976), du militant écologiste étasunien Murray Bookchin (1921-2006), *Gaïa : un nouveau regard sur la planète* (1979), du scientifique anglais James Lovelock, *Le Principe responsabilité* (1979), du philosophe allemand Hans Jonas (1903-1993), et le court pamphlet *The Deep Ecology Platform* (La plateforme de l'écologie profonde ; 1984) des philosophes norvégien Arne Naess (1937-2004) et étasunien George Sessions ont eu une très grande influence sur cette famille idéologique.

Enfin, notons que le terme « écologie » a été forgé par le zoologiste allemand Ernst Haeckel (1834-1919) en 1866. Ce néologisme est composé des termes grecs οἶκος, qui signifie «maison» ou, plus largement, «habitat», et λόγος, qui équivaut à «savoir» ou «connaissance». Au départ, ce terme servait à désigner un nouveau domaine des sciences de la nature qui étudie les relations entre les diverses espèces vivantes. Ce n'est que plus tard que sa déclinaison «écologiste» pourra servir à nommer un mouvement d'idées et une force politique. Enfin, l'écologisme a comme signe distinctif la couleur verte, qui représente son lien avec la nature. Par extension, cette couleur symbolise aussi l'ensemble du mouvement lui-même : on parle alors du «mouvement vert», de l'«idéologie verte» ou simplement des «verts».

10.2. SON IDÉE MAÎTRESSE : LE RESPECT DE L'ENVIRONNEMENT

L'écologisme est animé par une seule idée maîtresse : *le respect de l'environnement*. Toute la conception du monde que développent cette famille idéologique et le programme politique auquel elle conduit s'articule autour de cette idée que la nature doit être respectée. Avant d'expliciter la signification et la portée de cette idée, il convient d'expliquer le postulat de départ duquel émane cette idée maîtresse.

Le point de départ de l'écologisme est celui d'un constat : *la planète est frappée par une crise environnementale sans précédent qui est le fait de l'activité humaine*. L'environnement est en péril. La nature est malade. La qualité de l'air ne cesse de se détériorer, les cours d'eaux sont de plus en plus pollués, de nombreuses espèces animales ou végétales ont déjà disparu de la planète ou sont en voie d'extinction, le climat de la planète ne cesse de se dérégler, les réserves de certaines ressources naturelles sont pratiquement épuisées, etc. Et, pour l'écologisme, l'activité humaine est la principale cause de ce désordre écologique. En raison de l'utilisation abusive que font les êtres humains des ressources naturelles, de la pollution qu'ils produisent par leur surconsommation de biens, de la pression énorme qu'ils font subir à de nombreux habitats naturels, ils sont les principaux responsables de cette dégradation effrénée de la nature. L'idée qu'il faut respecter l'environnement, idée maîtresse des idéologies écologistes, tire toute sa pertinence de la validité de ce postulat initial. Voyons maintenant comment s'articule cette idée maîtresse.

La famille écologiste est principalement traversée par deux grands courants, lesquels reposent sur deux façons divergentes d'interpréter l'idée de respecter l'environnement, c'est-à-dire de comprendre sa portée comme conception du monde particulière et comme programme politique cohérent. Ces deux grandes tendances sont l'écologisme *anthropocentriste* et l'écologisme *écocentriste*. Cette division fondamentale tient à la manière de saisir le rapport entre *l'être humain* et la *nature*, les deux éléments constitutifs de l'environnement, leur milieu de rencontre et d'interaction. Le courant anthropocentriste, le plus important, accorde une prééminence à l'être humain, au détriment de la nature. Plus modéré, il tend généralement à se décliner au centre, à gauche ou à l'extrême gauche. Dans le courant écocentriste, minoritaire, la nature s'affiche comme un tout dont l'être humain ne constitue qu'une partie. Plus radical, on le retrouve généralement à droite. Analysons ces deux courants séparément.

Le premier courant écologiste est dit anthropocentriste, dans la mesure où il place l'être humain au centre de ses préoccupations. Ce courant modéré s'inscrit donc dans une certaine tradition d'humanisme. Il estime que, si la nature mérite d'être respectée, c'est qu'elle est essentielle *au maintien de la vie humaine*. Si l'on doit se préoccuper de la crise écologique, cela tient au fait que, si rien n'est fait pour la contenir, celle-ci risque de déboucher sur des pénuries de ressources essentielles dont l'être humain ne peut se priver pour vivre. Ainsi, puisque nous ne pourrions continuer à vivre sans les précieuses ressources que nous procure la nature, la respecter, en cessant de la dégrader inutilement, va de la survie de l'humanité. Ce premier courant écologiste se fonde donc implicitement sur l'idée que la gravité de la crise écologique ne tient essentiellement qu'aux conséquences qu'elles entraînent ou risque d'entraîner sur l'humanité. Du coup, dans ce courant, la nature se trouve alors à être considérée dans la seule perspective de son utilité pour la survie des êtres humains.

La conception du monde et le programme politique qui se rattache à ce premier courant écologiste témoignent de son caractère modéré. En effet, la manière dont ce courant anthropocentriste saisit le rapport qu'entretient l'être humain avec la nature est parfaitement conforme à la manière dont l'Occident le fait depuis les débuts de la modernité ; sa conception du monde s'inscrit donc dans le prolongement d'une tradition bien ancrée et n'a rien de radical. Ainsi le programme politique qui en découle est-il tout aussi modéré. Faire face à la crise écologique consiste essentiellement pour les tenants de ce courant à assurer la survie de l'espèce humaine, et cela, en préservant la nature de toute dégradation abusive. À cette fin, l'écologisme anthropocentriste propose un vaste programme, plus ou moins poussé suivant les cas, qui vise à réduire les effets dévastateurs de l'activité humaine sur l'environnement. Concrètement, ce programme de sauvegarde de la nature implique notamment des mesures de réduction de la pollution de l'air (interdiction d'utiliser certains gaz, lois contrôlant certaines émissions de gaz, etc.) ou de l'eau (mise en place de systèmes de traitement des eaux usées, interdiction d'utilisation de certains produits polluants dans les cours d'eau, etc.), de sauvegarde de certaines espèces actuellement menacées d'extinction (interdiction de chasser certaines espèces animales, établissement de listes d'espèces menacées, création d'aires naturelles protégées, etc.), de développement de nouvelles technologies plus respectueuses de l'environnement (développement de véhicules de transport plus économes en énergie, d'appareils ménagers moins énergivores, etc.), d'utilisation d'énergies renouvelables (énergie éolienne, marémotrice, solaire, etc.). Ce vaste programme vise donc à réformer la façon dont l'être humain se comporte à l'égard de la nature, par l'adoption de comportements plus respectueux de l'environnement, sans pour autant remettre en cause le rapport utilitariste qu'il entretient vis-à-vis de la nature.

Le deuxième courant de l'idéologie écologiste est dit écocentriste dans la mesure où, contrairement au premier, il place plutôt la nature – οἶκος, entendu au sens large comme « habitat » – au centre de ses préoccupations. Ce courant radical est également connu sous le nom de mouvement d'« écologie radicale » ou d'« écologie profonde » (*deep ecology movement*). Il est né d'une vive réaction à la manière dont la nature est conçue dans le courant écologiste dominant. En effet, ce courant radical rejette catégoriquement la conception de la nature qui voit dans celle-ci simplement une « ressource » à la disposition de l'être humain afin d'assouvir ses besoins essentiels. Au contraire, la nature représente une totalité à l'intérieur de laquelle vit l'être humain. L'espèce humaine ne représente qu'une simple partie à l'intérieur de ce tout englobant. Cette conception trouve son illustration dans l'idée de « biosphère » ou « écosphère » popularisée par ce courant écologiste, c'est-à-dire l'idée que la nature terrestre représente un gigantesque organisme vivant qui, fonctionnant de manière autonome, serait capable d'autorégulation – dans le même ordre d'idées, James Lovelock préfère plutôt parler de la planète terre comme « Gaïa », d'après le nom de la déesse de la mythologie grecque identifiée à la terre-mère ; la terre étant notre mère à tous. Dans cette optique, l'humanité n'apparaît plus qu'en tant que simple espèce parmi d'autres au sein de la nature.

Ainsi, pour le courant écologiste écocentriste, si la nature mérite notre respect, c'est précisément parce que *nous faisons partie d'elle*. Respecter l'environnement ne saurait donc se réduire à une simple logique utilitariste, comme si dans la préservation de l'environnement il en allait seulement de l'espèce humaine. Selon ce courant radical, s'il faut protéger la nature, c'est d'abord et avant tout pour la nature elle-même. La conséquence la plus importante de l'admission de cette conception totalisante de la nature est que l'espèce humaine doit être traitée sur un pied d'égalité avec les autres espèces qui l'entourent et qui composent avec elle la totalité de la nature. Pour illustrer cette idée, on peut citer le premier article tiré du pamphlet d'Arne Naess et George Sessions, *The Deep Ecology Platform*, dont les réflexions sont à l'origine du courant d'écologisme radical :

> Le bien-être et l'épanouissement de la vie humaine et non humaine sur terre possèdent une valeur inhérente ou intrinsèque, une valeur en soi. La valeur des formes de vie non humaines est indépendante de l'utilité instrumentale que représente le monde non humain par rapport aux objectifs de l'humanité.

L'espèce humaine ne vaut pas plus que les autres espèces. Si la nature mérite notre respect, ce n'est pas en raison d'une quelconque utilité pour la seule espèce humaine, mais pour elle-même. Respecter la nature constitue une fin en soi.

Tout comme sa conception du monde, le programme politique qui se rattache au courant écologiste écocentriste se distingue par sa radicalité. La portée des propositions politiques que défend ce courant minoritaire est considérable, dans la mesure où ces propositions obligent à revoir de fond en comble les fondements et les pratiques qui président actuellement à nos sociétés, en ce qui a trait à notre rapport avec la nature et avec les espèces avec qui nous partageons l'environnement. Puisque toutes les espèces vivantes sur terre sont égales, toutes ont droit, comme l'espèce humaine, de continuer à vivre et de prospérer. Deux lignes d'actions politiques complémentaires découlent principalement de ce courant écologiste.

L'écologisme radical avance d'abord des solutions dans lesquelles l'espèce humaine devra être contrainte de « laisser plus de place » aux autres espèces vivantes. En effet, compte tenu de l'hégémonie dont jouit cette espèce sur toutes les autres dans le présent ordre écologique planétaire – la domination du genre *homo sapiens sapiens* sur l'ensemble des autres espèces vivantes est incontestable –, respecter ce principe d'égalité des espèces commande de mettre en place des mesures de privation importantes pour cette espèce privilégiée, sous la forme d'une réduction draconienne des ressources dont elle doit pouvoir disposer pour assurer son bien-être et sa survie, et cela, dans le but de les rendre disponibles pour les autres espèces vivantes. Surmonter la présente crise écologique, estime l'écologisme radical, ne sera possible que si l'espèce humaine est prête à consentir à des sacrifices importants, à défaut de quoi tous les efforts actuellement déployés pour surmonter cette crise risquent d'être vains.

Ensuite, pour la branche la plus radicale du courant écocentriste, faire une plus grande place aux autres espèces vivantes doit passer par une *réduction pure et simple du nombre d'êtres humains sur Terre*. Citons à nouveau la plateforme rédigée par Arne Naess et George Sessions, dans son article 5 :

« La vie humaine peut s'épanouir avec une *réduction substantielle de sa population* qui est requise pour l'épanouissement de la vie non humaine [nous soulignons]. » En effet, puisque l'espèce humaine a une tendance à toujours utiliser une quantité disproportionnée de ressources naturelles pour satisfaire ses besoins, et cela, en comparaison des autres espèces vivantes, surmonter la présente crise écologique ne sera possible que si l'humanité se résigne à prendre toutes les mesures qui s'imposent, aussi radicales soient-elles. Pour réduire la pression injustifiable qu'elle fait subir à la planète et aux autres espèces qui l'entourent, l'humanité n'a d'autre choix que de travailler à carrément réduire sa population. Force est de reconnaître que la Terre et le reste des autres espèces vivantes ne pourront vraisemblablement plus longtemps continuer à soutenir les milliards d'êtres humains qui habitent notre planète. À problème grave, solution radicale.

10.3. SON POSITIONNEMENT MULTIPLE SUR LE CLIVAGE POLITIQUE

À l'instar des idéologies nationalistes, les idéologies écologistes n'occupent pas qu'une seule coordonnée sur le clivage politique. Ce positionnement multiple sur l'axe gauche-droite tient à la dépendance qu'entretiennent ces dernières vis-à-vis des autres grandes idéologies politiques. Bien que l'écologisme constitue une famille idéologique distincte, avec sa conception du monde et son programme politique propre, les idéologies qui s'y rattachent ne se manifestent toutefois jamais dans la sphère politique de manière entièrement indépendante, puisqu'elles se *conjuguent toujours avec une autre grande idéologie politique*. Aussi, au gré des expériences et des contextes, l'écologisme pourra s'afficher ici comme étant radical, modéré, réactionnaire ou révolutionnaire. Cette exigence s'explique par le caractère relativement imprécis, voire vague, de son idée maîtresse ; cette alliance permet d'enrichir et de préciser l'idée du *respect de l'environnement*. Limitons-nous à décrire les cinq déclinaisons écologistes les plus courantes : l'écologisme libéral, socialiste-communiste, anarchiste, conservateur et fasciste. Comme nous le verrons, les trois premières combinaisons sont issues du courant plus modéré de l'écologisme, le courant « anthropocentriste », alors que les deux dernières prennent généralement appui sur le courant écologiste radical ou « écocentriste ».

Premièrement, l'écologisme trouve dans le *libéralisme*, particulièrement dans les idéologies libérales qui penchent à gauche, ses principaux alliés. L'écologisme voit dans l'idéal de liberté, la première idée maîtresse du libéralisme, et dans son articulation politique et juridique au sein de cette famille d'idéologies une manière féconde de défendre et de promouvoir l'idéal du respect de la nature. Ainsi que nous avons eu l'occasion de le voir au chapitre 3, le libéralisme soutient que les individus sont foncièrement libres, la liberté étant constitutive de la nature humaine. La liberté est conçue par cette famille idéologique comme un *droit inaliénable*, c'est-à-dire un droit qui ne peut être enfreint sous aucun prétexte. En d'autres mots, derrière la reconnaissance de ce droit se cache l'idée que toute atteinte à la liberté des individus signifierait ni plus ni moins qu'une atteinte à l'intégrité humaine des individus. Priver un être humain de liberté, c'est le priver d'humanité. Or, dans cette consécration de la liberté comme droit inaliénable, l'écologisme trouve un modèle particulièrement efficace dans la défense et la promotion de son idée maîtresse. Si l'être humain peut continuer à espérer vivre librement, encore faut-il qu'il puisse continuer à vivre *tout court*. L'écologisme de tendance libérale reprend donc à son compte l'articulation politique et juridique de la liberté en faisant valoir que jouir d'un environnement sain, propice au maintien de la vie humaine, constitue *un droit inaliénable* au même titre que la liberté. Assurer aux êtres humains un environnement qui garantisse leur survie d'abord, puis leur bien-être, représente un droit dont aucun être humain ne devrait être privé. Cela commande donc de mettre en place des mesures écologistes de sauvegarde de la nature telles que celles prônées par le courant écologiste modéré. Ainsi l'écologisme trouve-t-il dans le libéralisme un allié de choix pour la promotion du caractère impérieux et urgent des mesures auxquelles il appelle.

L'écologisme se décline deuxièmement sous une forme *socialiste-communiste*. De manière plus précise, cette alliance implique plus fréquemment les idéologies socialistes que les communistes; la gauche révolutionnaire tend habituellement à être moins réceptive aux préoccupations écologistes que la gauche réformiste. Comme nous l'avons brièvement expliqué au début du chapitre, cette alliance est d'abord attribuable au fait que l'écologisme tend plus naturellement vers le progressisme dans la mesure où, à l'instar de ce camp idéologique, son postulat de départ en est un *d'insatisfaction à l'endroit de l'ordre établi*. Aux yeux de l'écologisme, les institutions actuelles, de même que les principes qui guident nos comportements et nos pratiques, ne sont pas suffisamment respectueuses de l'environnement. Cela dit, la combinaison entre l'écologisme et les idéologies socialistes tient plus qu'au simple partage d'une pareille attitude commune à l'égard de l'ordre établi.

En vérité, cette alliance découle du fait que l'idée maîtresse de l'écologisme, le respect de l'environnement, trouve un milieu très propice à sa réception et à sa promotion dans les deux premiers schémas explicatifs sur lesquels se fonde principalement le socialisme (voir p. 24), à savoir celui qui voit dans le rapport de domination de la part du « petit nombre » à l'endroit du « grand nombre » la première source de l'iniquité du présent ordre politique ou le second, qui estime plutôt que le caractère injuste de l'ordre établi tient dans le rapport d'exploitation que les « pays dominants » entretiennent avec les « pays dominés ». Ces deux schémas permettent à l'écologisme de développer un argumentaire particulièrement simple et efficace en faveur du respect de l'environnement, qui s'exprime de la façon suivante : si la crise écologique constitue un enjeu incontournable auquel il importe de réagir, cela tient au fait que celle-ci vient aggraver le caractère inéquitable de l'ordre établi. En effet, selon l'écologisme de tendance socialiste, les problèmes écologiques frappent inéquitablement les individus et les pays. Ses premières victimes sont en effet généralement les éléments les plus fragiles, que ce soient les populations les plus pauvres (ou le grand nombre), suivant le schéma explicatif traditionnel de la gauche, ou les populations des pays du Sud, suivant le second schéma. Bien que les effets négatifs de la crise écologique soient par nature globaux dans la mesure où ils touchent l'ensemble de la planète – personne sur Terre n'est totalement à l'abri de cette crise –, il reste que ce sont généralement les populations les plus défavorisées qui subissent plus durement ces effets. Cela s'explique doublement. D'un côté, disposant de plus de moyens, les classes favorisées, qu'il s'agisse du petit nombre selon le premier schéma ou des populations des pays industrialisés (ou les « pays dominants ») suivant le second, peuvent plus facilement consentir à une réduction des ressources naturelles qu'elles utilisent pour survivre que ceux qui ne jouissent pour vivre que des seuls biens de nécessité les plus élémentaires. Les efforts prescrits en vue de sauvegarder la nature apparaîtront toujours plus exigeants pour ceux qui arrivent à peine à subvenir à leurs besoins fondamentaux. D'un autre côté, les classes plus favorisées peuvent également plus facilement parer aux effets négatifs engendrés par la crise écologique, que ce soient les dérèglements climatiques, la montée du niveau des eaux, la pollution de l'eau, etc., puisqu'elles ont plus facilement accès que les populations démunies à des technologies capables d'atténuer ces effets – systèmes de climatisation efficaces, digues et systèmes de pompage, installations de traitement des eaux usées, etc. L'écologisme anthropocentriste trouve donc dans les deux premiers schémas explicatifs de la gauche un argumentaire efficace en vue de promouvoir le bien-fondé de l'idée qu'il faut respecter l'environnement.

L'écologisme se conjugue troisièmement avec l'anarchisme. Cette combinaison repose principalement sur la grande compatibilité qui existe entre l'idéal d'organisation collectiviste de la société promu par cette famille d'idéologies d'extrême gauche et les exigences requises en vue de fonder une société qui soit plus respectueuse de l'environnement, ainsi que le souhaite l'écologisme modéré. Comme nous l'avons vu au chapitre 6, l'anarchisme prône une conception égalitariste de la société, soit l'idée que tous les citoyens devraient être parfaitement égaux. Rejetant l'organisation traditionnelle du pouvoir et la propriété sous toutes ses formes, l'anarchisme défend l'idée que seule une conception «collectiviste» de la société peut soutenir adéquatement cette vision égalitariste de la société. Dans ce modèle, tous les individus se voient également garantir un libre accès à tout ce dont ils ont véritablement besoin pour vivre – ce qui inclut tous les biens essentiels à la vie, que ce soient des vêtements, un toit, de la nourriture, l'accès à des moyens de transport, etc. – selon le principe «à chacun selon ses besoins, de chacun selon ses capacités». Ainsi peut-on aisément voir à quel point cette vision de la société qui repose sur ce principe collectiviste est propice à une réorganisation de la société fondée sur le principe de la modération et d'une consommation réduite de ressources naturelles, qui respecte la nature. Pour l'écologisme de tendance anarchiste, le collectivisme offre le seul véritable modèle de société écologiquement viable.

Enfin, la dernière combinaison écologiste se fait avec les idéologies de droite, au premier chef le *conservatisme*, et, dans une moindre mesure, le *fascisme*. Le libertarianisme se montre pour sa part en général assez insensible aux questions environnementales. Cette position est principalement redevable au très fort accent placé dans cette famille idéologique sur la liberté individuelle et sur le droit à la propriété privée, qui se veut le prolongement de cette liberté, accent qui la rend donc très peu réceptive à l'idée d'imposer une quelconque restriction, aussi modérée soit-elle, aux êtres humains dans leur utilisation des ressources naturelles. Toute mesure environnementale ne peut être autrement perçue par les défenseurs de ces idéologies de droite qu'en tant que contrainte exercée sur les individus, ou, autrement, comme une atteinte portée à ce droit inaliénable à la liberté.

Les combinaisons les plus courantes entre l'écologisme et les idéologies de droite engagent principalement le courant «écocentriste». Cette préférence pour ce courant écologiste radical de la part de la droite découle de la très grande affinité qui existe entre la conception de la nature qui est propre à ce courant écologiste et la conception du monde que partagent les idéologies de droite. Comme nous l'avons vu plus haut, le courant «écocentriste» conçoit la nature comme une totalité au sein de laquelle les êtres humains prennent place, ces derniers n'étant considérés que simples parties de ce tout, comme une espèce parmi d'autres. Dans cette optique, sauvegarder la nature consiste pour l'humanité à la respecter non pas en fonction d'une quelconque utilité qu'elle pourrait en tirer pour elle-même, mais pour ce que la nature est comme totalité. Or, cette façon de concevoir la nature comme une totalité concorde parfaitement avec la manière dont les idéologies conservatrice et fasciste conçoivent la réalité. En effet, comme nous l'avons vu aux chapitres 4 et 8, ces deux familles d'idéologies, chacune à sa façon, la dernière étant plus radicale que la première, soutiennent que derrière la réalité se trouve un «ordre du monde», c'est-à-dire un processus structurant qui assure à cette dernière son organisation harmonieuse et sa stabilité: dans le conservatisme, cet ordre est celui de la «tradition», alors qu'il est celui de «la nature» dans le fascisme. Toute l'action politique de ces deux ensembles d'idéologies de droite consiste à travailler à préserver cet ordre. Dans l'écologisme radical, la nature apparaît elle aussi, en tant que totalité, comme un processus structurant qui garantit à la réalité son organisation harmonieuse, sa stabilité et, ajoutons ici, sa *survie*. Derrière la réalité, estime l'écologisme de droite ou d'extrême droite, se cache un «ordre écologique» auquel l'ensemble du genre humain est soumis – à ne pas confondre ici avec l'«ordre naturel» du fascisme qui renvoie à l'idée d'un ordre appartenant à la «nature humaine» plutôt qu'à un ordre écologique, c'est-à-dire relevant de la nature biologique de la planète. Pour l'écologisme de tendance conservatrice ou fasciste, la survie de la planète tient au maintien et au bon fonctionnement de cet ordre écologique. Ajoutons qu'à cette conception d'un ordre écologique naturel peut venir s'ajouter, dans le cas de la droite religieuse, une dimension divine. Pour la droite religieuse écologiste, s'il faut protéger la nature, c'est que celle-ci est l'œuvre de Dieu. Ne pas être respectueux de l'environnement, c'est porter atteinte à cette création divine.

CONCLUSION

L'écologisme est la famille idéologique la plus récente. Au cœur de ses préoccupations se retrouvent la nature, son respect et sa sauvegarde. Apparu au tournant du XXe siècle sous la forme d'un mouvement de sensibilisation aux enjeux environnementaux, l'écologisme va émerger comme véritable force idéologique, avec sa conception du monde et son programme politique propre vers la fin des années 1960.

Le respect de l'environnement est l'unique idée maîtresse de l'écologisme. Cette idée découle d'un constat clair, celui de la crise environnementale qui frappe la planète et dont l'activité humaine est la cause principale. La famille idéologique écologiste est divisée en deux grands courants qui se distinguent par leur vision particulière du rapport entre la nature et l'être humain. D'un côté, le courant «anthropocentriste» place l'être humain au centre de la nature et considère que la nature doit être protégée, car elle est essentielle au maintien de la vie humaine. C'est le courant le plus modéré et le plus présent dans nos sociétés actuelles. D'un autre côté, le courant «écocentriste» est plus radical. Il considère la nature comme un tout dont l'être humain est une partie. Toutes les espèces vivantes sont égales au sein de ce tout et l'être humain ne doit pas être considéré comme une espèce privilégiée par rapport aux autres. Cependant, d'un côté comme de l'autre, l'écologisme repose sur une idée commune à ses deux courants, celle de la nécessité de respecter la nature. La survie de la planète en dépend.

À l'instar du nationalisme, l'écologisme existe toujours en combinaison avec d'autres grandes idéologies politiques. Ainsi se positionne-t-il à de multiples endroits sur le clivage politique, de la gauche jusqu'à la droite en passant par le centre. Les combinaisons les plus courantes de l'écologisme sont avec le libéralisme, le socialisme, l'anarchisme, le conservatisme et le fascisme.

BIBLIOGRAPHIE

Bookchin, Murray (1976). *Pour une société écologique*, trad. inconnu, Paris, Christian Bourgois. Titre original: (1974). *Toward an Ecological Society*.

Jonas, Hans (1990). *Le principe responsabilité. Une éthique pour la civilisation technologique*, trad. J. Greisch, Paris, Cerf. Titre original: (1979). *Das Prinzip Verantwortung. Versuche einer Ethik für die technologische Zivilisation*.

Lovelock, James (1986). *Gaïa: un nouveau regard sur la planète*, trad. G. Blanc, Paris, Éditions Le Rocher. Titre original: (1979). *Gaia: A New Look at Life on Earth*.

Marsh, George (2008). «L'Homme et la nature; ou la géographie physique modifiée par l'action humaine», *Écologie et Politique*, vol. 35, p. 157-176, et vol. 36 (à paraître). Titre original: (1864). *Man and nature*.

Meadows, Donnela *et al*. (1972). *Halte à la croissance? Rapport sur les limites de la croissance*, trad. J. Delaunay, Paris, Fayard. Titre original: (1972). *The Limits to Growth*.

Naes, Arne et George Sessions (1984). *The Deep Ecology Platform* (La plateforme de l'écologie profonde).

Reclus, Élisée (1906). *L'Homme et la terre*.

Thoreau, Henry David (1967). *Walden ou la vie dans les bois*, trad. G. Landré-Augier, Paris, Aubier. Titre original: (1854). *Walden; or, Life in the Woods*.

/ **PARTIE 4**

Conclusion

/ CONCLUSION

Cette synthèse comparative nous a permis d'apprécier *l'extrême hétérogénéité qui se dégage des positions défendues par les principales familles d'idéologies politiques*. En plusieurs endroits, nous avons pu voir cette diversité s'articuler sous forme de tensions ou de divergences irréconciliables. Soulignons entre autres la question fondamentale de la liberté, sur laquelle il existe un profond désaccord entre, d'un côté, le libéralisme et les idéologies de gauche et d'extrême gauche et, de l'autre, le conservatisme et le fascisme. Alors que les premières soutiennent que la nature a fait tous les êtres humains libres, les dernières, au contraire, estiment que nous sommes soumis à un ordre qui nous dépasse tous et contre lequel nous ne pouvons rien. Entre ces deux positions, aucune conciliation n'est possible. Pareillement, nous avons pu voir combien sont inconciliables les positions soutenues par l'anarchisme et le libertarianisme en ce qui a trait à la question de la propriété ; si, pour la famille de droite, la propriété constitue un droit inaliénable, pour celle d'extrême gauche celle-ci est totalement illégitime et devrait être abolie.

À l'opposé, il se dégage également de cette synthèse comparative la présence de nombreux points de convergence entre les positions soutenues par certaines familles idéologiques au sujet de questions particulières, notamment parmi les familles qui occupent la même aile politique. En témoignent par exemple les positions défendues par le socialisme-communisme et l'anarchisme en ce qui a trait à la question de l'égalité ou celles qui sont défendues par les familles conservatrice et fasciste sur la question de l'autorité. Dans ces deux cas, se donnent alors à voir des positions analogues.

Au surplus, au-delà de ces convergences et de ces divergences de positions, cette synthèse trace un portrait très contrasté des positions à l'égard de certaines questions. En effet, si des questions peuvent faire l'objet d'une préoccupation centrale, d'une critique ou d'un traitement positif de la part de certaines familles idéologiques, chez d'autres familles ces mêmes questions sont complètement absentes. D'un côté, certaines questions sont si importantes qu'elles donnent corps à des idées maîtresses particulières, alors que de l'autre elles ne constituent aucunement, sinon à peine, un enjeu sur lequel il importe de se prononcer. À titre d'exemple, si la question du capitalisme représente un enjeu central pour le libertarianisme, qui estime qu'il faut le renforcer, ainsi que pour les idéologies de gauche et d'extrême gauche, qui se montrent très critiques à son égard, au contraire cette question ne préoccupe aucunement ni le conservatisme ni le fascisme. Dans le même ordre d'idées, la question de la propriété constitue un enjeu majeur pour de nombreuses familles d'idéologies, que ce soient le libéralisme, le socialisme-communisme, l'anarchisme ou le libertarianisme – et cela, quelles que soient les positions soutenues par chacune d'elles –, alors qu'à l'opposé elle laisse complètement indifférents le conservatisme et le fascisme.

Le clivage politique représente donc bien plus qu'un simple outil de classification et d'analyse des familles idéologiques. Car cet axe bipolaire agit comme espace de rencontre entre toutes les forces idéologiques, qui opèrent comme un véritable *processus structurant* de la sphère politique. Comme tel, il permet à chacune des familles idéologiques de trouver sa place à l'intérieur de ce vaste réseau complexe de rencontres, de tensions ou de convergences. Ce processus opère à deux niveaux. D'abord, il conduit à l'organisation du champ politique en deux camps opposés auxquels toute famille idéologique doit inévitablement se rapporter, la *gauche* et la *droite*. Même les familles d'idéologies qui peuvent occuper plus d'une place sur cet axe, que ce soit le nationalisme ou l'écologisme, ne peuvent éviter de s'y rapporter en se joignant à une autre famille idéologique qui occupe une place sur cet axe. Aucune famille idéologique ne peut échapper à ce référent bipolaire. Ajoutons aussi que ces deux axes étant gradués en trois niveaux (dans le camp progressiste, on trouve l'*extrême gauche*, la *gauche* et le *centre gauche*; dans le camp conservateur, le *centre droit*, la *droite* et l'*extrême droite*), le clivage politique permet d'assigner à chacune des familles idéologiques une coordonnée propre à l'intérieur de chacun de ces deux camps.

Ensuite, le clivage politique, en plus de déterminer une coordonnée propre à chacune des familles d'idéologies, place celles-ci dans un rapport de concurrence réelle les unes vis-à-vis des autres. Cette mise en concurrence, qui contribue à la structuration générale des idéologies, fait intervenir deux mécanismes opposés. D'un côté, elle provoque des divisions, des heurts et des collisions. Elle pousse chacune des familles d'idéologies à reconnaître ses adversaires, c'est-à-dire ceux dont les positions sont irréconciliables avec les siennes. Elle fait voir les familles

CONCLUSION

idéologiques contre lesquelles il importe de lutter politiquement. D'un autre côté, elle favorise des collusions, des rapprochements et des associations. Elle invite chacune des familles à identifier ses alliés réels et potentiels, ceux avec qui une entente ou une alliance est possible, dans la mesure où les positions défendues par ceux-ci sont compatibles avec les siennes. Bref, *le clivage politique force les familles idéologiques à choisir leur camp.*

Les multiples échanges auxquels conduisent ces rencontres ne sont pas sans laisser d'effets sur les familles idéologiques. Celles-ci ne sont pas des univers de pensée hermétiques ou immuables; l'environnement dans lequel elles évoluent exerce souvent un effet considérable sur elles. Autrement dit, ces rencontres provoquent irrémédiablement chez les familles idéologiques des remises en cause, des changements, des mutations. Au gré des contextes politiques et des rapports de force, des familles d'idéologies peuvent exercer sur d'autres une influence importante. L'influence qu'ont exercée les idéologies de gauche sur le libéralisme entre le milieu des années 1930 et la fin des années 1970 est d'ailleurs un exemple notable de ce phénomène. C'est en effet sous le poids des idéaux chers aux idéologies socialistes et communistes que la famille libérale va, partout en Occident à cette époque, s'incliner un peu plus à gauche. C'est ce dont témoigne l'évolution de l'État libéral qui, durant cette période, va manifester une préoccupation grandissante pour le sort des classes défavorisées, enjeu central traditionnel des idéologies progressistes. Le libéralisme va alors se faire le promoteur d'une conception distributive de la justice, dont l'État-providence est le symbole.

Dans la mesure où le clivage gauche-droite tient lieu de mise en concurrence de tous ces choix idéologiques, son principal rôle consiste à montrer *l'éventail des possibles dans le domaine politique.* Il ouvre un monde de possibilités d'actions politiques et de manières de concevoir le monde, de saisir le sens qui se dégage de la configuration du pouvoir dans une société. Cet éventail est marqué par des bornes, c'est-à-dire les limites à l'intérieur desquelles l'action politique peut être envisagée dans un contexte particulier. Cette riche gamme de possibilités laisse aussi voir les nuances et les dissemblances qui existent entre les diverses positions. En ce sens, le clivage politique offre une pluralité de vues, une diversité de positions. Toute idée ou action politique doit, en définitive, trouver sa place à l'intérieur de cet horizon, en se rattachant à l'une ou l'autre des principales familles d'idéologies politiques. Si, comme l'estime Fernand Dumont, dont nous avons évoqué la pensée dans l'introduction du présent livre (voir p. 3), les idéologies n'existent toujours que dans le « pluralisme des idéologies », on peut dire que *le clivage politique agit comme le lieu d'émergence de cette pluralité.*

Enfin, cet ouvrage a permis de survoler les idées maîtresses des grandes familles idéologiques. Ce survol, espérons-le, saura être utile à une saisie des grandes lignes de force qui traversent tout le champ politique, du moins en Occident. Maintenant, une compréhension additionnelle des familles idéologiques et des idéologies qui composent ces ensembles exigera une lecture plus approfondie des grands textes qui les ont forgées.

/ ANNEXES

Tableau A
Synthèse des idées maîtresses des grandes familles d'idéologies

FAMILLES D'IDÉOLOGIES DE CENTRE, DE GAUCHE ET DE DROITE				
L'EXTRÊME GAUCHE	**LA GAUCHE ET L'EXTRÊME GAUCHE**	**LE CENTRE**	**LA DROITE**	**L'EXTRÊME DROITE**
L'anarchisme	Le socialisme-communisme	Le libéralisme	Le conservatisme	Le fascisme
1. Rejet de toute forme d'autorité politique 2. Égalité 3. Rejet de toute forme de propriété	1. Égalité 2. Liberté 3. Abolition des classes sociales 4. Anticapitalisme	1. Liberté 2. Égalité 3. Société atomistique 4. Méfiance à l'égard de l'autorité politique 5. Propriété	1. Respect de la tradition 2. Hiérarchie sociale 3. Moralisme 4. Cohésion sociale	1. Hiérarchie sociale 2. Autoritarisme 3. Chauvinisme 4. Hostilité à l'égard de la raison 5. Mobilisation
			Le libertarianisme 1. Antiétatisme 3. Liberté 4. Laisser-faire 5. Propriété privée	

FAMILLES D'IDÉOLOGIES AU POSITIONNEMENT MULTIPLE SUR LE CLIVAGE GAUCHE-DROITE	
LE NATIONALISME	**L'ÉCOLOGISME**
• Exaltation du sentiment national	• Respect de l'environnement

Tableau B
Synthèse du rapport des grandes familles d'idéologies à l'endroit de certaines notions clés

LES GRANDES FAMILLES D'IDÉOLOGIES

		LIBÉRALISME	CONSERVATISME	SOCIALISME ET COMMUNISME	FASCISME	ANARCHISME	LIBERTARIANISME
LES NOTIONS CLÉS	Liberté	✓	✷	✓	✗	✓	✓
	Égalité	✓	✗	✓	✗	✓	✗
	Autorité	✗	✓	✓	✓	✗	✗
	Capitalisme	✓	✷	✗	✷	✗	✓
	Propriété	✓	✷	✗	✷	✗	✓

Indice des signes

✓	Indique que cette famille d'idéologies est **favorable à cette notion**, c'est-à-dire qu'elle souhaite son maintien ou son renforcement selon le cas.
✗	Indique que cette famille d'idéologies est **opposée à cette notion**, c'est-à-dire qu'elle souhaite sa suppression ou montre une certaine méfiance à son égard.
✷	Indique que cette famille d'idéologies est **indifférente à cette notion**.

Tableau C
Synthèse des traits distinctifs de la gauche et de la droite

	GAUCHE	DROITE
Conception du monde	L'ordre établi est inéquitable	L'ordre du monde est légitime
Programme politique	Il faut changer l'ordre établi	Il faut préserver l'ordre du monde
Schémas explicatifs		
Premier	Déséquilibre entre le « grand nombre » et le « petit nombre »	L'ordre du monde est issu de la tradition
Deuxième	Déséquilibre entre les « pays dominants » et les « pays dominés »	L'ordre du monde est d'origine divine
Troisième	Injustice à l'endroit des « minorités » par la « majorité »	L'ordre du monde repose sur des processus spontanés
Quatrième		L'ordre du monde consiste en une sélection naturelle
Principes de légitimation	Raison instrumentale	Résignation devant l'ordre du monde
Conception de l'histoire	L'histoire du monde est celle d'un progrès du genre humain	L'histoire du monde est celle d'une décadence

Tableau D
Schéma relationnel des grandes familles d'idéologies

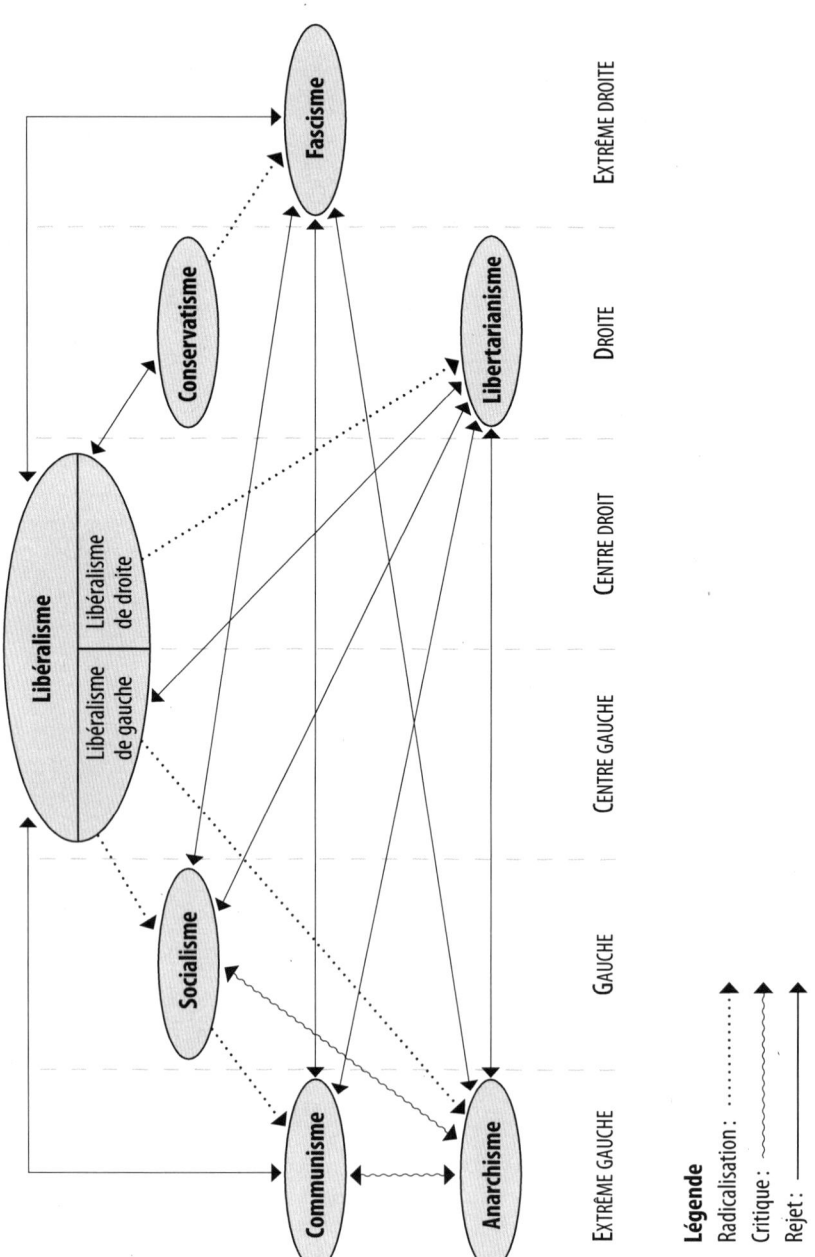

Légende
Radicalisation : ....
Critique : ~~~~~~~~
Rejet : ⎯⎯⎯⎯

MARQUIS
Marquis imprimeur inc.

Québec, Canada
2012

Imprimé sur du papier Rolland opaque 50
50% postconsommation, accrédité ÉcoLogo et fait à partir de biogaz.